POR UMA TEOLOGIA
FUNDAMENTAL
LATINO-AMERICANA

Dados Internacionais de Catalogação na Publicação (CIP)
(Câmara Brasileira do Livro, SP, Brasil)

Paula, Flavio José de
  Por uma teologia fundamental latino-americana : desafios para compreensão da revelação a partir dos pobres/ Flavio José de Paula; sob a coordenação de Waldecir Gonzaga – Petrópolis: Vozes ; Rio de Janeiro: PUC-Rio, 2023. – (Série Teologia PUC-Rio)

  Bibliografia
  ISBN 978-85-326-6670-3 (Vozes)
  ISBN 978-85-8006-300-4 (PUC-Rio)

  1. América Latina – Religião 2. Cristianismo 3. Espiritualidade 4. Teologia 5. Teologia da libertação I. Título. II. Série.

23-177220   CDD-230

Índices para catálogo sistemático:

1. Teologia : Cristianismo   230

Eliane de Freitas Leite – Bibliotecária – CRB 8/8415

Flavio José de Paula

POR UMA TEOLOGIA FUNDAMENTAL LATINO-AMERICANA
Desafios para compreensão da revelação a partir dos pobres

SÉRIE **TEOLOGIA PUC-RIO**

EDITORA PUC RIO

INTER SEÇÕES

Vozes Acadêmica

© 2023, Editora Vozes Ltda.
Rua Frei Luís, 100
25689-900 Petrópolis, RJ
www.vozes.com.br
Brasil

© Editora PUC-Rio
Rua Marquês de São Vicente, 225
Casa da Editora PUC-Rio
Gávea, Rio de Janeiro, RJ
CEP: 22451-900
Tel.: (21) 3527-1838
edpucrio@puc-rio.br
www.editora.puc-rio.br

Todos os direitos reservados. Nenhuma parte desta obra poderá ser reproduzida ou transmitida por qualquer forma e/ou quaisquer meios (eletrônico ou mecânico, incluindo fotocópia e gravação) ou arquivada em qualquer sistema ou banco de dados sem permissão escrita da editora.

CONSELHO EDITORIAL
Diretor
Volney J. Berkenbrock

Editores
Aline dos Santos Carneiro
Edrian Josué Pasini
Marilac Loraine Oleniki
Welder Lancieri Marchini

Conselheiros
Elói Dionísio Piva
Francisco Morás
Gilberto Gonçalves Garcia
Ludovico Garmus
Teobaldo Heidemann

Secretário executivo
Leonardo A.R.T. dos Santos

Editoração: Débora Spanamberg Wink
Diagramação: Raquel Nascimento
Revisão gráfica: Nilton Braz da Rocha
Capa: Editora Vozes

ISBN 978-85-326-6670-3 (Vozes)
ISBN 978-85-8006-300-4 (PUC-Rio)

Este livro foi composto e impresso pela Editora Vozes Ltda

Para as mulheres de minha vida: minha mãe, Geralda,
e minha esposa, Anabel.

Agradecimentos

Ao bom Deus, que é misericórdia, revelado por Jesus Cristo Libertador, sob a inspiração do divino Espírito.

À minha mãe, Geralda de Paula, mulher lutadora e trabalhadora, que fez de tudo para que eu pudesse sempre continuar estudando.

A toda minha família, que sempre me incentivou, em especial à minha irmã, Claudia Regina de Paula, e a meus irmãos, Rodrigo de Paula Rodrigues e Rafael de Paula Rodrigues, bem como aos meus queridos sobrinhos: Leonardo Brenno de Paula Miranda, Brunno de Paula Coutinho e Gael Santos Rodrigues.

À minha sogra, Solange Medeiros de Azerêdo, por toda compreensão nesses tempos de estudo, e ao meu sogro, Adelquison Rangel de Azerêdo, por todo incentivo.

À minha querida enteada, Andresa de Medeiros Tostes, que, mesmo a distância, sempre fez parte de minha vida e de meus projetos.

À minha amada companheira e esposa, Anabel Medeiros Azerêdo de Paula, por todo carinho, incentivo e compreensão. É a mulher que me ajuda, dia a dia, a ser mais consciente e crítico em relação às explorações presentes em nosso meio; mulher que é minha inspiração para estudar cada vez mais; mulher que me torna cada vez mais humanizado.

À PUC-Rio pela excelência acadêmica de seus cursos, e, em especial, à Vice-reitoria para Assuntos Acadêmicos, pela concessão da Bolsa VRAC I.

Aos professores do Departamento de Teologia da PUC-Rio por toda a seriedade na pesquisa, no ensino e nas publicações, em especial ao Prof. Waldecir Gonzaga, diretor desse departamento, pela disponibilidade em ajudar a todos que precisam.

À estimada Profa. Ana Maria de Azeredo Lopes Tepedino (*in memorian*) por todo carinho e toda atenção aos alunos e por toda inspiração para seguir pesquisando a Teologia latino-americana.

Aos colegas e amigos estudantes de Teologia na PUC-Rio por todas as ideias trocadas, pelo incentivo e pela ajuda crítica na construção desta pesquisa.

À espiritualidade franciscana por me trazer a dimensão libertadora do evangelho, em especial à Ordem Franciscana Secular (OFS), família da qual faço parte e que me ajuda a compreender minha missão no mundo.

À minha orientadora, Profa. Maria Clara Lucchetti Bingemer, pelo incentivo à pesquisa, pelas aulas de Teologia Fundamental e pela perspectiva teológica latino-americana; por toda inspiração que transborda de seus textos e de suas aulas e por toda atenção, compreensão e carinho para conosco.

O presente trabalho foi realizado com apoio da Coordenação de Aperfeiçoamento de Pessoal de Nível Superior – Brasil (Capes), código de financiamento 001.

A teologia da América Latina capta de modo novo a revelação de Deus e promove o encontro dos cristãos com o Deus vivo e verdadeiro, reconhecido em novas imagens como Deus dos excluídos. [...] Deus se revela na história não para explicar o mundo, mas para transformá-lo.

Vitor G. Feller *em* A revelação de Deus a partir dos excluídos

Lista de siglas

ACO	Ação Católica Operária
CDF	Congregação para a Doutrina da Fé
CEBs	Comunidades Eclesiais de Base
Cehila	Comissão de Estudos de História da Igreja na América Latina
Celam	Conselho Episcopal Latino-americano
CIC	Catecismo da Igreja Católica
DAp	Documento de Aparecida
DH	Compêndio dos símbolos, definições e declarações de fé e Moral (*Denzinger / Hünermann*)
DM	Documento de Medellín
DP	Documento de Puebla
DSD	Documento de Santo Domingo
DV	Constituição Dogmática *Dei Verbum*
EG	Exortação Apostólica *Evangelii Gaudium*
FR	Carta Encíclica *Fides et Ratio*
FT	Carta Encíclica *Fratelli Tutti*
GS	Constituição Pastoral *Gaudium et Spes*
Iseb	Instituto Superior de Estudos Brasileiros
JAC	Juventude Agrária Católica
JEC	Juventude Estudantil Católica
JIC	Juventude Independente Católica
JOC	Juventude Operária Católica
JUC	Juventude Universitária Católica
LG	Constituição Dogmática *Lumen Gentium*
LS	Carta Encíclica *Laudato Si'*
MV	Bula *Misericordiae Vultus*
QA	Exortação Apostólica Pós-Sinodal Querida Amazônia
TdL	Teologia da Libertação

Sumário

Prefácio, 15
Introdução, 17

Capítulo 1 | Teologia Fundamental: perspectivas e tensões, 25
    1.1. Dar razão da esperança: da crise à fundamentação da fé, 26
    1.2. Pontos de partida distintos – Teologia Fundamental distinta, 28
    1.3. O caráter interdisciplinar da Teologia Fundamental, 30
    1.4. Modelos de Teologia Fundamental, 33
        1.4.1. Modelos pré-conciliares, 33
        1.4.2. Modelos pós-conciliares, 35
    1.5. Identidade e funções da Teologia Fundamental, 40
        1.5.1. Identidade da Teologia Fundamental, 41
        1.5.2. Funções da Teologia Fundamental, 44
    1.6. Conclusões: caminho aberto para uma Teologia Fundamental Latino--americana?, 45

Capítulo 2 | O conceito de revelação, 49
    2.1. A revelação no contexto pré-conciliar, 52
        2.1.1. A "ideia" de revelação em Trento, 53
        2.1.2. O conceito de revelação no Concílio Vaticano I, 56
        2.1.3. A crise do conceito de revelação, 62
    2.2. O conceito de revelação a partir do Concílio Vaticano II, 67
        2.2.1. Os movimentos de renovação, 67
        2.2.2. A revelação na Constituição Dogmática *Dei Verbum*, 73
    2.3. Conclusões: inter-relação entre Teologia Fundamental e revelação, 82

Capítulo 3 | Teologia da Libertação latino-americana, 85

    3.1. Das raízes ao pontificado de Francisco: a centralidade dos pobres, 87

        3.1.1. Raízes e fases da teologia latino-americana, 88

            3.1.1.1. Raízes profundas da Teologia da Libertação latino-americana, 89

            3.1.1.2. As fases da Teologia da Libertação latino-americana, 94

        3.1.2. A opção preferencial pelos pobres no magistério latino-americano, 98

    3.2. A questão do método teológico latino-americano, 106

        3.2.1. O método ver, julgar e agir, 108

        3.2.2. Problematizações do método teológico latino-americano, 113

            3.2.2.1. Críticas ao método "ver, julgar e agir", 113

            3.2.2.2. Defesa da metodologia latino-americana, 116

    3.3. Conclusões teológico-latino-americanas, 122

Capítulo 4 | Por uma Teologia Fundamental Latino-americana, 124

    4.1. Questões de método na América Latina: o lugar dos pobres, 127

        4.1.1. Os pobres enquanto "lugar hermenêutico" e "lugar social", 127

        4.1.2. Os pobres enquanto "lugar teológico", 134

            4.1.2.1. A discussão acerca da(s) fonte(s) da revelação, 135

            4.1.2.2. Os pobres como "lugar teológico (próprio?)" na teologia latino-americana, 139

    4.2. Características de uma Teologia Fundamental Latino-americana, 144

        4.2.1. Quanto à manifestação/revelação de Deus na história atual, 146

        4.2.2. Quanto à opção preferencial pelos pobres, 149

        4.2.3. Quanto ao método, 152

        4.2.4. Quanto à identidade e às funções, 154

        4.2.5. Quanto ao modelo, 156

    4.3. Conclusões: por uma Teologia Fundamental para encontrar Deus no chão da América Latina, 158

Conclusão, 163

Posfácio – Revelação-fé e os pobres e marginalizados, 171

Referências, 187

Prefácio

Na vida acadêmica, quando acompanhamos alunos os mais diversos em seus trabalhos de conclusão, vivemos as mais diversas experiências. Alguns nos surpreendem pelo negativo – entenda-se: esperava-se mais do trabalho e este saiu apenas correto. Outros nos surpreendem em outro sentido, ou seja, não se esperava tanto e se superaram as expectativas. Há, porém, aqueles dos quais desde o início se constata a capacidade intelectual, a disciplina, a entrega ao trabalho, mas que entregam um produto final que vai muito além do que se poderia imaginar, mesmo acompanhando por meses o itinerário do aluno e do trabalho.

Assim é a dissertação que o leitor tem em mãos. É um trabalho primoroso do ponto de vista de pesquisa rigorosa e escrita fina e correta; um texto que convida à leitura e à reflexão; mas sobretudo um fruto raro de paixão e dedicação à teologia. Raro porque revela uma vocação. Muitos textos teológicos hoje já não se interessam tanto por realizar um trabalho sistemático no sentido mais nuclear do termo. A teologia então dialoga com outros saberes, os autores dialogam entre si. As consequências são bons textos teológicos, mas que não mergulham no centro ardente e exigente da doutrina e do método em si mesmos, puramente expostos.

Isso é o que Flavio faz em sua dissertação. Debruça-se sobre o coração da Teologia Fundamental na perspectiva dos pobres e da libertação, apresenta uma leitura rigorosa e, por vezes, exaustiva de autores importantes e se alimenta das afirmações e descobertas que o próprio tema lhe vai fornecendo. Não se contenta em apenas oferecer ao leitor o fruto de uma longa e bem-feita leitura e pesquisa – constrói seu próprio pensamento, extrapolando as fronteiras do que se esperaria de um mestrado e aproximando-se das fronteiras de um doutorado.

No trabalho de Flavio que agora é posto à disposição da comunidade eclesial e do público em geral, refulge não só o rigor do método, mas também a paixão pela teologia. Trata-se de alguém que fez da opção pelos pobres sua vida, mais do que seu trabalho e sua reflexão acadêmica. É, portanto, um jovem pesquisador que promete um futuro risonho para a academia e a Igreja.

O texto deste livro seguramente inspirará novas pesquisas que queiram navegar em mares mais altos na produção teológica latino-americana que situou os pobres na frente do pensar teológico. O desejo do Papa Francisco, de uma Igreja dos pobres, pode ser sentido como inspiração de fundo a este trabalho, deixando a esperança de que muitos mais virão, se Deus quiser.

Profa. Dra. Maria Clara Lucchetti Bingemer
Programa de Pós-Graduação em Teologia da PUC-Rio

Introdução

O estudo que pretendemos realizar se centra na possibilidade da existência de uma Teologia Fundamental tipicamente latino-americana, a qual aponta os desafios para a compreensão da revelação a partir dos pobres. A Teologia Fundamental realizada na América Latina e a partir da perspectiva deste continente deveria refletir, evidentemente, sobre a possibilidade de aceitação da revelação de Deus num contexto específico marcado por uma imensa massa de pobres e excluídos. Por isso mesmo, tal teologia deve conter especificidades e questões que a diferenciam de outros modelos de Teologia Fundamental.

O interesse por pesquisar as características de uma Teologia Fundamental Latino-americana surgiu da relação entre as diferentes áreas teológicas de nosso interesse. Por um lado, o estudo de Teologia Fundamental no curso de graduação, na Pontifícia Universidade Católica do Rio de Janeiro (PUC-Rio), ministrado pela Profa. Dra. Maria Clara L. Bingemer, marcou nossa caminhada acadêmica: as leituras de K. Rahner, J. B. Libanio, J. L. Segundo, entre outros, cativaram em nós o desejo de conhecer mais essa área teológica. As discussões em aula acerca dos conceitos principais dessa disciplina fizeram com que quiséssemos aprofundar, para além dos conteúdos abordados em sala, aquelas questões que ali se apresentaram. Dessa forma, muitas leituras de textos complementares surgiram, fazendo com que, cada vez mais, ficássemos interessados naquelas discussões que pareciam não ter fim. Além disso, ainda na graduação, tivemos a oportunidade de acompanhar como ouvinte no curso de pós-graduação a disciplina "Questões Especiais de Teologia Fundamental", ministrado pela mesma professora. Por fim, na pós-graduação, fizemos novamente o curso, dessa vez como aluno regular, e como de praxe já havia outro conteúdo programático, mostrando a profundidade das questões que envolvem a Teologia Fundamental.

Por outro lado, mesmo antes de entrar na graduação em Teologia na PUC-Rio, já nos interessávamos pela Teologia da Libertação latino-americana. De fato, os primeiros livros eminentemente teológicos que tivemos a oportunidade de ler foram de autores com essa perspectiva, tais como L. Boff, G. Gutiérrez, C. Mesters, J. Comblin, entre tantos outros, que nos estimularam a compreender a teologia latino-americana. Assim, durante a graduação e a pós-graduação, estudando as diversas disciplinas, sempre procuramos compreender como aquilo que estávamos estudando se relacionava com a proposta de libertação. De maneira especial, também nesse caso a Profa. Dra. Maria Clara L. Bingemer foi uma referência constante, seja por suas aulas em geral, que procuram contextualizar determinados assuntos na perspectiva da teologia latino-americana, seja por seus livros publicados sobre o tema, que ajudam a compreender a história, o desenvolvimento e os desafios atuais da Teologia da Libertação.

Assim, por nos interessarmos por Teologia Fundamental e por Teologia da Libertação latino-americana, propomo-nos a aprofundar essa relação, conforme expomos no primeiro parágrafo, e, consequentemente, procuramos a orientação da Profa. Dra. Maria Clara L. Bingemer, que nos acolheu com generosidade.

Acreditamos que o assunto de nossa pesquisa seja extremamente relevante por dois motivos básicos: 1) porque a Teologia da Libertação se propôs a repensar todos os tratados da fé e, portanto, também o tratado de Teologia Fundamental. De fato, conforme aponta G. Gutiérrez, a Teologia da Libertação não apenas propõe um novo tema a ser estudado pela teologia, mas também pretende ser uma nova maneira de fazer teologia, uma reflexão crítica da práxis histórica, de maneira que todos os tratados teológicos podem e devem ser repensados a partir de uma "teologia em perspectiva latino-americana"[1]; 2) porque, na prática, parece haver poucos livros de Teologia Fundamental latino-americanos que tratem *integralmente* do assunto da revelação a partir da ótica dos pobres e excluídos. Há, contudo, muitos escritos que abordam o tema de forma tangencial, como um capítulo a mais ou como uma conclusão à parte; poucos, entretanto, parecem ser escritos sob a perspectiva exclusiva da América Latina[2].

O objetivo geral da pesquisa, portanto, é descrever as características de uma Teologia Fundamental em perspectiva latino-americana. Para isso, temos como objetivos específicos: 1) investigar a Teologia Fundamental, enquanto dis-

---

1. GUTIÉRREZ, G., Teología de la Liberacíon, p. 38-41.

2. Nesta pesquisa não analisaremos exclusivamente os manuais de Teologia Fundamental latino-americanos; mas, baseados em Costadoat, podemos afirmar que são poucos os que assumem como um todo a perspectiva da libertação. Costadoat, investigando como se apresentam a revelação e a tradição nos manuais de Teologia Fundamental na América Latina, cita quatro livros como referência: *La opción creyente: introducción a la teología fundamental*, de Antonio Benté (Santiago: Editorial Tiberíades, 2006); *Teología Fundamental: apuntes de clases*, de Sergio Silva (Santiago: Pontifícia Universidad Católica de Chile, 1989 – não publicado); *Dar razón de nuestra esperanza: Teología fundamental de la praxis latinoamericana*, de Alberto Parra (Bogotá: Pontifícia Universidad Javeriana, 1988); e *Teologia da Revelação a partir da Modernidade*, de João Batista Libanio (São Paulo: Edições Loyola, 2012). Cf. COSTADOAT, J., Revelación y Tradición en los Manuales de Teología, p. 245-263. Acrescentamos, como livro próprio de Teologia Fundamental na perspectiva Latino-americana, *A revelação de Deus a partir dos excluídos*, de Vitor Feller (São Paulo: Paulus, 1995).

ciplina teológica, descrevendo suas principais propriedades; 2) analisar o contexto a partir do qual as questões de Teologia Fundamental surgem; 3) descrever os diferentes modelos de Teologia Fundamental e seus respectivos objetivos; 4) pesquisar o conceito de revelação, enquanto objeto de estudo da Teologia Fundamental, sobretudo a maneira como se apresenta a partir do Concílio Vaticano II; 5) apresentar as especificidades do conceito pós-conciliar de revelação a partir de um contraste com as ideias pré-conciliares; 6) estudar, de maneira mais concreta, o conceito de revelação na Constituição Dogmática *Dei Verbum*; 7) examinar as principais características da Teologia da Libertação latino-americana; e 8) aprofundar as questões de metodologia teológicas próprias do fazer teológico latino-americano. A partir disso, julgamos que poderemos descrever as características do conceito de revelação próprio de uma Teologia da Libertação.

Convém destacar, entretanto, que não pretendemos com esta pesquisa fazer um tratado de Teologia Fundamental latino-americano, mas recolher os elementos críticos que nos parecem necessários para isso. Trata-se, portanto, de um estudo prévio, que pode ser de extrema utilidade àqueles e àquelas que quiserem, posteriormente, escrever sobre Teologia Fundamental e sobre a revelação a partir da ótica da libertação. Fica, portanto, aberto um caminho para um prosseguimento da pesquisa, talvez num nível mais elevado.

Como se pode deduzir pelos objetivos desta pesquisa, ao investigarmos os desafios próprios de uma Teologia Fundamental que leve em consideração o ponto de vista dos empobrecidos, pretendemos relacionar três perspectivas, a saber, a *Teologia Fundamental* enquanto disciplina teológica, com seus diversos pontos de partida, seu caráter interdisciplinar, seus modelos, sua identidade própria e suas funções; o *conceito de revelação* enquanto objeto de estudo daquela disciplina teológica, sobretudo a forma como é compreendido, de modo geral, a partir dos desafios da Modernidade e, de maneira específica, a partir das intuições e resoluções do Concílio Vaticano II; e a *Teologia da Libertação latino-americana* enquanto perspectiva que contextualiza o fazer teológico a partir da centralidade dos pobres e de uma metodologia própria.

Tal empreendimento, por sua natureza, busca o diálogo entre a teologia e o mundo moderno, e, nesse sentido, configura-se como um fazer teológico que assume a "virada antropológica"; isto é, parte de uma concepção que procura investigar o que as afirmações centrais da fé e seus problemas dizem sobre a vida humana. Essa abordagem, que se tornou incontornável a partir do Concílio Vaticano II, fez com que a teologia atual se apresentasse como um discurso científico realizado explicitamente a partir da fé de um sujeito situado no tempo e no espaço, dirigido a um interlocutor, também especificamente situado, a fim de lhe comunicar (ou comunicar a si mesmo) a razoabilidade da fé. Ora, tal abordagem está no cerne das linhas estruturais de pesquisa teológica produzidas pela PUC--Rio[3]. Por isso, esta pesquisa encontra, no Departamento de Teologia da referida instituição, um espaço próprio para seu desenvolvimento, sobretudo em seu programa de pós-graduação, voltado ao progresso da reflexão teológica acadêmica. Entre as grandes áreas de concentração das pesquisas do programa, esta dissertação vincula-se à "Área de Teologia Sistemático-pastoral", e, entre as subdivisões dessa área, pertence à "Linha de Pesquisa Religião e Modernidade", justamente por abordar um tema relacionado às questões que a Modernidade traz à fé e ao pensamento teológico. Dentro dessa linha de pesquisa, o espaço próprio para a investigação que pretendemos fazer é no projeto de pesquisa "A experiência do divino nas religiões do Livro", coordenado pela Profa. Dra. Maria Clara L. Bingemer, projeto esse que diz respeito ao conceito e à experiência de Deus, bem como à dinâmica da revelação[4].

Esta pesquisa trata dos desafios para compreender a revelação a partir de uma Teologia Fundamental que, realizada a partir do contexto latino-americano, leve em consideração a perspectiva dos empobrecidos. Assim, o objeto material desta dissertação é a revelação de Deus, compreendida como totalidade da manifestação divina realizada uma vez por todas em Jesus Cristo, mas ainda se realizando na história, em cada época e lugar. Seu objeto formal, no entanto, é a Teologia da Libertação latino-americana enquanto perspectiva de determinada Teologia Fundamental, que estuda a revelação a partir da ótica dos pobres e excluídos.

Nossa hipótese central é que existe uma Teologia Fundamental Latino--americana subjacente a toda Teologia da Libertação, mas que muitas vezes não está explícita de forma sistemática. Essa Teologia Fundamental, por um lado, tem características comuns – isto é, contém elementos presentes nos mais diversos tratados da área –, sobretudo aqueles de base antropológica, que buscam tornar compreensível o discurso da fé na Modernidade e na Pós-modernidade. Entretanto, existem alguns aspectos próprios da América Latina que tornam a recepção da revelação particularmente diferente.

A recepção da fé no contexto latino-americano não enfrenta os mesmos problemas que existem em outros lugares do mundo, ou, pelo menos, enfrenta-os de maneira distinta. Sua problemática não é tanto as questões sobre as quais muito

---

3. MORAES, A. O., Entre mistério divino e humano, p. 151-159.

4. Para ver as áreas de concentração, as linhas de pesquisa e os projetos de pesquisa em Teologia da PUC--Rio, acesse: http://www.pos.teo.puc-rio.br/

se debruçaram os teólogos europeus, que refletem acerca do ateísmo, da secularização, da relação entre fé e ciência e, de maneira particular, da forma como essas noções afetam o campo da Teologia Fundamental, sobretudo no que diz respeito à possibilidade de adesão à revelação, à crença numa palavra revelada e escrita, à crise do magistério, entre outros; mas sim a especificidade da revelação e a característica própria da fé que se apresenta de maneira distinta em nossa realidade sociocultural. Por isso, julgamos que a Teologia Fundamental deste continente também deva ser distinta.

Não se trata, contudo, apenas de analisar uma Teologia Fundamental produzida "na" América Latina, mas sobretudo de pesquisar os elementos constitutivos de uma "Teologia Fundamental Latino-americana". Como dissemos, parece-nos que muitos tratados de Teologia Fundamental escritos "na" América Latina apresentam as mesmas questões que os manuais de outros lugares, cuidando apenas de acrescentar àquelas discussões alguns pontos específicos da teologia latino-americana; poucos abordam a questão de maneira integrada. O que pretendemos investigar é a maneira como essa perspectiva, às vezes apresentada como um apêndice, constitui, na verdade, o próprio núcleo da Teologia Fundamental Latino-americana.

Para tal, a primeira delimitação do tema que precisamos fazer se refere ao âmbito da discussão propriamente dita: o tratado da Teologia Fundamental. Este estuda a revelação enquanto processo de autocomunicação de Deus a todos os seres humanos e enquanto fé, que é a resposta à ação divina. Seu objetivo não é tanto explicitar o conteúdo da revelação, e sim, sobretudo, entender a racionalidade desse processo e explicá-lo à luz de um diálogo permanente com as ciências. Trata-se de uma "justificação da fé cristã", ou seja, de uma elucidação dos fundamentos da Teologia da Revelação, enquanto ciência, a partir das principais questões que se apresentam no mundo moderno. Entretanto, não pretendemos debater todos os aspectos abordados pela Teologia Fundamental, mas apenas daqueles que se farão mais necessários para compreender as especificidades da América Latina. Assim, vamos nos centrar na questão da possibilidade de crer na revelação a partir do contexto em que se vive. Portanto, embora tenhamos que abordar algumas questões em geral, nosso objetivo será perceber como o ser humano, situado num determinado contexto, pode dar sua adesão à proposta de Deus. Pelo mesmo motivo, vamos também nos delimitar a falar do conceito de revelação, sem entrar em seus desdobramentos, tais como os relacionados à Palavra de Deus, como canonicidade, inspiração e inerrância, e os ligados às questões como Dogma, Tradição e Magistério – embora essas sejam básicas em qualquer Teologia Fundamental. De fato, tocaremos transversalmente essas questões apenas na medida em que se fizerem necessárias para a compreensão do núcleo central da pesquisa.

Com o objetivo de apontar os principais elementos de uma Teologia Fundamental Latino-americana, nosso estudo subdivide-se em quatro partes, em um percurso que aborda a Teologia Fundamental (capítulo 1), o conceito de revelação a partir do Concílio Vaticano II (capítulo 2), a Teologia da Libertação latino-americana (capítulo 3) e, por fim, nossa meta: a Teologia Fundamental Latino-americana (capítulo 4).

No capítulo 1, analisaremos os aspectos principais da Teologia Fundamental a partir do Concílio Vaticano II, apontando para as dificuldades que fazem brotar esse tipo de teologia, os modos distintos de se concebê-la, o seu caráter interdisciplinar, seus modelos pré e pós-conciliares, a sua identidade e as suas funções, e, com isso, a possibilidade de uma Teologia Fundamental Latino-americana. Nessa parte, vamos nos fundamentar, sobretudo, nos teólogos J. B. Libanio, S. Pié-Ninot, R. Fisichella e K. Rahner.

No capítulo 2, abordaremos o conceito de revelação a partir do Concílio Vaticano II. Veremos como esse conceito foi se desenvolvendo na história da Teologia até se tornar um "problema" na Modernidade, principalmente a partir do advento da Ciência da Religião, e apresentaremos também a maneira como os teólogos conciliares, baseando-se no movimento de renovação da Igreja, começaram a repensá-lo. De modo especial, dedicaremos uma parte importante do capítulo para tratar da forma como o tema se apresenta na Constituição Dogmática *Dei Verbum*. Nesse trecho da pesquisa, teremos como principais referências R. Latourelle e os próprios documentos conciliares.

No capítulo 3, dedicado à Teologia da Libertação latino-americana, investigaremos as raízes do fazer teológico na América Latina, passando pela questão da "opção preferencial pelos pobres", pela história da própria Teologia da Libertação e pelo método "ver, julgar e agir". Abordaremos também os questionamentos direcionados a essa teologia, bem como a sua defesa contra eles. Os principais teólogos citados nesta parte serão M. C. L. Bingemer, L. Boff, G. Gutiérrez, bem como os documentos conclusivos do Conselho Episcopal Latino-americano (Celam).

Com isso, em nosso quarto e mais importante capítulo, tentaremos relacionar em uma síntese as perspectivas apresentadas ao longo deste texto, sendo a meta descrever as características principais de uma Teologia Fundamental Latino-americana. De maneira especial, discutiremos o lugar do pobre – social, hermenêutico e/ou teológico –, a fim de compreender melhor essa Teologia da Revelação a partir dos excluídos. Relacionando a Teologia da Libertação com a Teologia Fundamental, apontaremos quais nos parecem ser as principais características de uma Teologia Fundamental Latino-americana no que diz respeito à compreensão da revelação de Deus na história atual, à opção preferencial pelos pobres, ao método teológico, às identidades e funções dessa teologia e aos modelos através dos quais ela se concretiza na América Latina. Nesse percurso, teremos por referências principais F. Aquino Júnior e J. Costadoat, os quais faremos dialogar com os autores anteriormente citados.

Em breve conclusão, faremos um resgate do percurso percorrido, com o objetivo de apontar as relações entre as partes do texto e fazer uma avaliação crítica do caminho trilhado, apontando de que maneira ele está aberto a aprofundamentos em investigações posteriores.

O estudo será realizado, conforme já apontado, a partir de pesquisa bibliográfica, através da qual buscaremos realizar um estudo comparativo entre a perspectiva encontrada na Teologia Fundamental impulsionada pelo Concílio Vaticano II e as intuições próprias da teologia latino-americana acerca dos temas de revelação e fé.

Há que se destacar, entretanto, uma dificuldade particular encontrada no decorrer desta pesquisa: a pandemia de Covid-19, que se alastrou pelo mundo, ceifando mais de 6 milhões de vidas, cerca de 10% delas em nosso país. O descaso dos órgãos públicos, especialmente na esfera federal, levou a um desastre sem medida. Mais uma vez, como sempre, os pobres foram – e continuam sendo – os mais afetados. Esse drama humano, embora não tenha sido objeto de nossa pesquisa, afetou-nos de maneira direta em nossa produção. Ao escrever sobre a revelação de Deus, que se manifesta nos pobres e excluídos, como não pensar nos homens e mulheres que morreram na pandemia, tal qual Cristo crucificado, não mais pelos pregos, mas sim pela falta de oxigênio nos hospitais, sobretudo na crise de Manaus? Como não relacionar a opção preferencial pelos pobres com a fome, que volta a assolar o país, e com todo o desprezo que nossa sociedade, aporofóbica, demonstra pelos excluídos? Como não ouvir, com constância, os apelos do Papa Francisco por uma Igreja mais humana, mais servidora, mais acolhedora, cujos pastores tenham cheiro das ovelhas? Como ignorar a monstruosidade da guerra, que mata milhares de inocentes, arranca milhões de pessoas de suas casas e gera uma crise global de migração? Como não olhar para a crise da política brasileira e da própria democracia, que parece retroceder cada vez mais em direitos conquistados com muita luta e sangue? Como não ser afetado pelos problemas ambientais, ainda mais os relativos à Amazônia, que se relacionam com a possibilidade de vida humana no futuro? Como não ver o desmantelamento dos órgãos responsáveis pela preservação ambiental e os constantes assassinatos de importantes líderes locais, indigenistas e jornalistas? Como não perceber que tudo isso tem a ver com o tema de nossa pesquisa, uma vez que a revelação de Deus se dá nesta situação e é neste contexto que Ele vem a nós? Entretanto, por uma questão de recorte temático e pela metodologia utilizada, não abordaremos essa situação. Fica aqui mais um desafio para uma investigação posterior: Como relacionar as características de uma Teologia Fundamental Latino-americana com a situação atual?

A pandemia trouxe para esta pesquisa também outro problema de ordem prática: Como acessar as bibliotecas? De fato, a própria biblioteca da PUC-Rio ficou por muito tempo fechada e, quando aberta, com muitas restrições. Em nossa pesquisa utilizamos, portanto, além dos principais livros sobre o tema, cujos autores já foram mencionados, muitos artigos acadêmicos, em virtude da facilidade de serem acessados pela internet.

De qualquer maneira, julgamos ter aprendido muito através desta pesquisa e esperamos que o leitor possa desfrutar do resultado dela. Devido ao seu caráter de dissertação, ela tem seus limites; entretanto, acreditamos que este trabalho traz, sim, algumas novidades que podem ajudar a pesquisa a continuar o seu progresso. De fato, não é nossa pretensão esgotar o tema, muito menos ter uma palavra final sobre os aspectos que abordaremos, mas consideramos que nosso trabalho pode ajudar a todos aqueles e aquelas que buscam compreender o absurdo da revelação de Deus no chão ensanguentado da América Latina.

Capítulo 1 | Teologia Fundamental: perspectivas e tensões

A teologia sempre tentou pensar Deus a partir do contexto vigente, procurando apontar caminhos para as grandes questões que a envolvem num determinado contexto. Problemas acerca de Deus, do ser humano, da Palavra de Deus, entre outros, muitas vezes permearam as discussões teológicas. Algumas dessas questões tangem o conteúdo próprio da fé; isto é, abordam diretamente o que se crê, o que se espera e o que se deve fazer, como acontece, por exemplo, nos tratados de Trindade, Escatologia e Moral. Contudo, a teologia pode e deve também investigar um âmbito que não faz referência direta e exclusiva ao conteúdo da revelação, mas sim às possibilidades da existência e do desenvolvimento da fé em um contexto sociocultural concreto. Nesse sentido, a teologia tem um aspecto de "hermenêutica de fronteira", pois, é inevitável, precisa atravessar limites, numa espécie de relação entre mundos, buscando, por exemplo, as relações entre "fé e razão", "cristianismo e cultura" e "Igreja e sociedade"[5]. A Teologia Fundamental, assim como a compreendemos a partir do Concílio Vaticano II, procura estabelecer esse diálogo entre a revelação, enquanto conteúdo próprio da fé, e as diversas ciências, que se debruçam sobre as realidades sociais, econômicas, políticas e culturais, porque sabemos que "é dentro de suas experiências que o ser humano interpreta a revelação"[6]; ela parte, portanto, da fé concreta de um crente que se questiona acerca das possibilidades de sua própria esperança no contexto em que vive. Em termos rahnerianos, podemos dizer que tal intento é uma espécie de

---

5. DUQUE, J. M., A Teologia como hermenêutica da fronteira, p. 13-14. O fato de a Teologia Fundamental não ter uma identificação demasiado rígida permite inserir nela problemáticas que surgem do caráter histórico da teologia e do confronto com as diversas situações culturais que a desafiam. Por isso, muitas "questões de fronteira" encontram espaço de análise em seu seio (FISICHELLA, R., Introdução à Teologia Fundamental, p. 52).

6. LIBANIO, J. B., Teologia da Revelação a partir da Modernidade, p. 167. É por isso que o filósofo P. Sloterdijk afirma que, com a Modernidade e sua tendência de submeter tudo à experiência, "a religião individual [...] é a forma adequada da 'relação' com a transcendência" (SLOTERDIJK, P., Pós-Deus, p. 256).

"justificação da fé a um primeiro nível de reflexão", que objetiva dar razão da própria crença, sendo, contudo, anterior à multiplicidade de especialização das ciências teológicas, mas não anterior à fé em si mesma[7].

Neste capítulo, pretendemos apontar, sucintamente, a passagem da Apologética à Teologia Fundamental, com ênfase particular a partir do Concílio Ecumênico Vaticano II, destacando, sobretudo, a maneira como essa disciplina surgiu das dificuldades que o mundo lhe impôs, os modos distintos de elaborar tal teologia, o seu caráter interdisciplinar, os diferentes modelos possíveis e, por fim, sua identidade e suas funções. No conjunto desta pesquisa, essa abordagem é introdutória ao tema que nos interessa: o conceito de revelação que se desenvolve a partir do Vaticano II, em especial na teologia latino-americana.

1.1. Dar razão da esperança: da crise à fundamentação da fé

Como disciplina, a Teologia Fundamental, ainda sobre o título de Apologética, surgiu apenas no século XIX, embora a expressão já tivesse aparecido no início do século XVIII[8]. Contudo, do ponto de vista histórico, o cristianismo, desde seus princípios, sentiu-se impelido não apenas a explicitar o conteúdo de sua fé, mas também a estar sempre pronto a *"dar razão* de sua esperança" (1Pd 3,15), defendendo-se dos mais variados tipos de ataques. A partir do século II uma série de autores se empenhou, explicitamente por causa dessa passagem petrina, a justificar sua fé. É o que se vê em textos importantes de Clemente de Alexandria, Orígenes, Eusébio, Crisóstomo, Cirilo de Alexandria e Agostinho, culminando, no século XII, com o nascimento da Escolástica[9]. Certo tipo de Teologia Fundamental embrionária, portanto, sempre existiu na história da Igreja quando esta pretendeu defender-se dos ataques que se faziam à fé cristã, sejam aqueles vindos de ambiente externo, como o paganismo, sejam aqueles internos ao próprio cristianismo, como as heresias[10]. No entanto, por mais que se desenvolvessem argumentos para um estudo sólido da defesa da fé, tal apologética jamais conseguiu – ou pretendeu – esgotar a riqueza da revelação, uma vez que, no máximo, tais intentos se esforçaram para apontar que "a revelação *existe*", mas de forma alguma teriam dito *"o que ela é"*[11].

---

7. RAHNER, K., Curso fundamental da fé, p. 19-21.
8. PIÉ-NINOT, S., La Teología Fundamental, p. 30.
9. PIÉ-NINOT, S., La Teología Fundamental, p. 27.
10. LIBANIO, J. B., Introdução à Teologia Fundamental, p. 55-57.
11. LATOURELLE, R., Teologia da Revelação, p. 7, grifo do autor.

Com a Modernidade, uma série de indagações foi dirigida à fé, de maneira que a compreensão da revelação cristã se encontrou diante de enormes empecilhos[12]. J. B. Libanio faz questão de listar os principais[13]: o primeiro problema – não próprio apenas da Modernidade, mas que se tornou agudo nesse período – foi o paradoxo de o fato particular apresentado pela fé cristã ter uma pretensão universal. É verdade que o acontecimento em que se baseia o cristianismo é estritamente particular, localizado no tempo (século I), no espaço (Palestina), em uma determinada cultura (judaica) e em uma pessoa específica (Jesus). A ideia de apresentá-lo como palavra última e definitiva da história, portanto, choca-se frontalmente com a mentalidade moderna e pós-moderna, que "prima por ser tolerante, relativista, de um ecumenismo religioso espiritual amplo" e que, "por isso, refuta altamente as pretensões totalitárias da verdade por particulares, quaisquer sejam elas: estado, partido, classe, raça, cultura ou religião"[14]. A segunda dificuldade, o caráter de obrigatoriedade da fé, teve derivação direta da primeira (a pretensão de universalidade). Nesse sentido, percebeu-se a fé como uma imposição autoritária que se choca de frente com um dos principais pilares da Modernidade, a saber, a autonomia do sujeito[15]. Uma terceira questão que se impôs foi o conflito com as ciências literárias, que, a partir de metodologias críticas, passaram a analisar os escritos da revelação como obras humanas, sujeitas a todas as regras de qualquer escritura, e, portanto, não mais intocáveis. Outro impasse foi o confronto com a nova mentalidade anti-intervencionista, que, partindo do método científico, passa a compreender a ordem natural como uma realidade fechada, de sorte que qualquer interferência divina na história passou a ser vista como violência contra a autonomia, a liberdade, a maturidade, a responsabilidade, a integridade e a autenticidade humanas[16].

Além dessas barreiras, passíveis de serem entendidas como gerais, uma vez que, tendo surgido na Europa Central, aos poucos espalharam-se por vários lu-

---

12. Um desses fatores se dá porque a religião, na Modernidade, "está sob o signo da vulnerabilidade perante a observação dos não membros" (SLOTERDIJK, P., Pós-Deus, p. 254).

13. Apresentaremos neste parágrafo, de maneira resumida, os pontos que, segundo J. B. Libanio, constituíram uma "verdadeira muralha" para a Revelação cristã na Modernidade. Cf. LIBANIO, J. B., Teologia da Revelação a partir da Modernidade, p. 21-26.

14. LIBANIO, J. B., Teologia da Revelação a partir da Modernidade, p. 22.

15. Poderíamos destacar aqui a reivindicação de Kant para que o ser humano saia de sua "menoridade". Segundo esse filósofo, essa menoridade "é a incapacidade de fazer uso de seu entendimento sem a direção de outro indivíduo" e acontece por culpa própria quando, por falta de coragem de se servir de seu próprio entendimento, o ser humano se apoia em outros (KANT, I., Resposta à pergunta: que é "Esclarecimento"?, p. 100).

16. LIBANIO, J. B., Teologia da Revelação a partir da Modernidade, p. 24.

gares, J. B. Libanio lista também outros três obstáculos, que se aplicam mais à realidade latino-americana[17]. Para o autor, a primeira dificuldade que desafia a credibilidade da revelação em nossas terras são as estruturas sociais injustas. A fé vê-se confrontada com certa "ineficácia para a transformação de uma realidade social" e é acusada de ser "conivente e justificadora dessa situação"[18]. A segunda questão é a realidade de pobreza do continente que, derivada daquelas estruturas, percebe-se em uma massa de empobrecidos dos mais diversos matizes, que lutam para sobreviver a todo custo, mesmo estando em meio à maior população cristã do mundo. Por fim, a situação de domínio cultural a que a América Latina está submetida[19] torna-se igualmente um desafio, uma vez que a Igreja também foi, por muito tempo, uma colonizadora que não respeitou a autonomia das culturas presentes nas terras conquistadas[20].

Todas essas dificuldades, cada uma à sua época e à sua maneira, fizeram com que os pensadores cristãos se questionassem e produzissem uma reflexão acerca dos pilares básicos da fé. Dos argumentos exclusivamente defensivos à Teologia Fundamental em si, um longo caminho foi percorrido, que não cabe aqui traçar. Contudo, é necessário compreender essa lógica elementar: são os desafios e questionamentos próprios de cada época que provocam a fé cristã a se repensar e a se explicar de uma maneira nova, buscando dar sempre "razão de sua esperança" (1Pd 3,15).

1.2. Pontos de partida distintos – Teologia Fundamental distinta

Diante de todas essas dificuldades do mundo moderno, a fé que tenta dar razão de si faz dois movimentos diferenciados e complementares: um para fora (*ad extra*), buscando compreender o mundo ao seu redor, com todos os seus problemas, suas formas de pensar e suas metodologias científicas, e outro para dentro (*ad intra*), buscando compreender-se a si mesma, numa busca de

---

17. O autor aponta que o impacto da Modernidade "aconteceu fundamentalmente, e em primeiro lugar, no mundo centro-europeu. Em nossas terras, repercutiu tardia e reflexamente". A lista específica das dificuldades na América-Latina encontra-se em: LIBANIO, J. B., Teologia da Revelação a partir da Modernidade, p. 24-26.

18. LIBANIO, J. B., Teologia da Revelação a partir da Modernidade, p. 24.

19. LIBANIO, J. B., Teologia da Revelação a partir da Modernidade, p. 25-26.

20. O Papa Francisco, na Exortação Apostólica Sinodal Querida Amazônia, depois de apontar que "muitos missionários chegaram lá [na Amazônia] com o Evangelho, deixando os seus países e aceitando uma vida austera e desafiadora junto dos mais desprotegidos" (QA 18), reconhece que "o joio se misturou com o trigo" e que "os missionários nem sempre estiveram do lado dos oprimidos". Por isso, o papa, deplorando tal atitude, pede "humildemente perdão, não só pelas ofensas da própria Igreja, mas também pelos crimes contra os povos nativos durante a chamada conquista da América" (QA 19).

autoconsciência, que leva em conta toda a revelação[21]. Esse duplo movimento da fé que objetiva compreender (*fides quaerens intellectum*) se relaciona – embora não possa ser confundido – com duas formas distintas de se fazer Teologia Fundamental. A primeira delas tem por metodologia colocar-se na posição do não crente, de alguém que não se encontrou com o fato da revelação e que, por isso mesmo, posiciona-se de maneira distanciada da fé, suspeitando dela. Assim, haveria um esforço teórico de desfazer os argumentos contrários e apontar as razões de conveniência e, até mesmo, de necessidade da fé. Esse é o procedimento chamado *apologético*, um caminho de Teologia Fundamental que se apresenta tanto em moldes tradicionais quanto em forma atualizada. A segunda, que é nossa posição, considera a Teologia Fundamental um primeiro ato da fé que procura inteligência, partindo da pessoa que já crê no interior da Igreja. Isso significa que quem vai refletir sobre a revelação é o cristão; no nosso caso, mais especificamente aquele que vive os dramas e sofrimentos da América Latina[22].

Essa segunda posição deixa mais clara a intenção teológica que está presente nos dois movimentos da Teologia Fundamental, tal qual explicamos antes. Seja buscando compreender a realidade à sua volta, seja tentando entender a própria fé, "a teologia é *teo-logia*", discurso sobre Deus – e isso significa estudo da revelação e da recepção desta pela fé –, de maneira que desde o início devemos assumir que sua tarefa hermenêutica mediadora jamais é neutra, mas sempre é realizada com referência à sua compreensão própria acerca de Deus e do ser humano[23].

Se por um lado só podemos fazer uma teologia a partir da *fé*, por outro há que se especificar em que sentido se está usando o termo. S. Pié-Ninot afirma que, a partir dos estudos contemporâneos, podemos chegar a três aspectos bíblicos da fé: o conhecimento e a confissão da ação salvífica de Deus na história; a confiança e a submissão à Palavra de Deus e a seus preceitos; e a comunhão de vida com Deus, orientada para a escatologia[24]. Tais aspectos, contudo, podem ser encontrados também na discussão tomista acerca das três expressões do ato de crer[25]: 1) A fé como *Credere Deum* explicita o caráter cognoscitivo da fé e seu

---

21. EUFRÁSIO, T. M.; GOMES, T. F., Fides quaerens intellectum, p. 166.
22. LIBANIO, J. B., Teologia da Revelação a partir da Modernidade, p. 20.
23. DUQUE, J. M., A Teologia como hermenêutica da fronteira, p. 16.
24. PIÉ-NINOT, S., La Teología Fundamental, p. 174.
25. É verdade que a tradição teológica utiliza com frequência duas formas da expressão da fé (*fides quae creditur* e *fides qua creditur*), seguindo Agostinho. Cf. PIÉ-NINOT, S., La Teología Fundamental, p. 189. Contudo, a tripartição apresentada se apoia em Tomás de Aquino. Esse teólogo medieval destacou a importância dos dois aspectos presentes em Agostinho, especificando-os como *credere Deum* e *credere Deo*, e isso

conteúdo próprio, Deus e/ou Cristo, e é teologicamente designada como *fides quae*, ou seja, a fé que se crê; é, portanto, *teo-cêntrica*, uma vez que tem Deus (em Cristo) como centro de toda revelação e de toda fé; 2) A fé como *Credere Deo* manifesta o aspecto formal do ato de crer; isto é, o motivo pelo qual se crê, e costuma ser descrita como *fides qua*, o que significa a fé pela qual se crê; é, por isso, *teo-lógica*, já que tem Deus (em Cristo) como motivo e fundamento de todo discurso acerca da revelação e da fé; 3) A fé como *Credere in Deum* explicita o aspecto de comunhão escatológica, ou ainda a tarefa da própria vontade, que, impulsionada por sua vocação ao bem, tenderia para a concordância com a revelação, o que se poderia designar como *itinerarium fidei*, o itinerário da fé; é, assim, *teo-teleo-lógica*, pois tem Deus (em Cristo) como meta e finalidade da revelação e da fé[26].

Estando, de certa forma, atentos a essa diferenciação, podemos dizer que a teologia em geral pode ser entendida como "*fides quaerens intellectum*", ou seja, como a fé que busca inteligência, e nesse sentido ela é sempre uma "ciência segunda" em relação à fé, nascendo apenas no momento que a fé é questionada, deparando-se com dificuldades e oposições[27]. Entretanto, a Teologia Fundamental, sem deixar de ser fé que busca inteligência, dedica-se mais explicitamente a questões formais (*fides qua creditur*), ligadas à própria estrutura do ato de crer e à sua compreensão teológica, bem como à própria estrutura epistemológica da teologia em geral[28].

1.3. O caráter interdisciplinar da Teologia Fundamental

Para poder compreender a estrutura do ato de crer e sua epistemologia, a Teologia Fundamental necessita do diálogo com outros âmbitos do saber, como a filosofia, a antropologia, a sociologia, entre outros, a fim de evitar um círculo vicioso, ou seja, uma pretensão de justificar a possibilidade de fé a partir, apenas,

---

demonstra como ambos pertencem à inteligência da fé, embora uma remeta ao objeto material (a fé da Igreja) e outra ao objeto formal (o ato de fé). No entanto, Tomás de Aquino acrescenta uma terceira noção (*credere in Deum*), a qual identifica a tarefa da própria vontade, que visa e tende ao bem, estimulando o intelecto a concordar com a verdade revelada. Cf. OLEKSOWICZ, M., Ragionevolezza della fede, p. 149.

26. PIÉ-NINOT, S., La Teología Fundamental, p. 189. Pelo fato de os teólogos medievais se centrarem no assentimento intelectual, esse terceiro aspecto foi, de certa maneira, marginalizado. Além disso, embora os escolásticos diferenciassem o *credere in Deum* do *credere Deo*, nunca chegaram a uma explicação unânime. A interpretação agostiniana era dominante e via o *credere in Deum* como expressão da fé viva e, portanto, maior e mais importante do que o *credere Deo*. Cf. PIÉ-NINOT, S., La Teología Fundamental, p. 189-190.

27. LIBANIO, J. B., Teologia da Revelação a partir da Modernidade, p. 18-19.

28. DUQUE, J. M., O conceito de Deus na Teologia Fundamental, p. 229.

da própria fé[29]. Assim, de acordo com o que dissemos, por um lado a Teologia Fundamental é a ciência de um crente – ela parte da fé e das questões que ele se coloca a si mesmo, perguntando-se honestamente acerca dos problemas que lhe surgem ao descrever a sua adesão à revelação; por outro, as respostas que procura não podem ter como fonte exclusiva o depósito da fé a que ele aderiu, pois dessa forma estaria caindo em um círculo vicioso, e as respostas que daí derivariam nem mesmo ao próprio crente seriam convincentes de verdade. Esse equilíbrio entre as duas posições exige que se almeje uma "unidade entre Teologia Fundamental e Teologia Dogmática, entre fundamentação da fé e reflexão sobre o conteúdo da fé"[30], sem descuidar do contexto a partir do qual se vive aquela adesão. Nas palavras de K. Rahner:

> Em vista da realidade mesma, portanto, é bem possível uma unidade intrínseca entre teologia fundamental e teologia dogmática. E isso é verdade de modo especial também quando partimos do correto pressuposto tomista de que a teologia fundamental é feita sob a "luz da fé" e constitui justificação da fé pela fé. É em favor da fé e na presença da fé. Mas como poderia ocorrer isso sem que a pessoa reflita sobre a própria realidade que se crê e não só sobre o fato formal da revelação como tal?[31]

Esse núcleo de tensões permanentemente presente nessa área de estudo, sobretudo aquelas oriundas da passagem da Apologética à Teologia Fundamental, sempre dificultaram uma simples definição do que seja essa disciplina. Por isso, R. Latourelle afirmava que a Teologia Fundamental estava insegura quanto à sua especificidade, ao seu método e à sua natureza, gerando um mal-estar epistemológico entre os estudantes[32]. Para sair de um simples impasse, o teólogo apontou algumas pistas que ajudam a entender o caminho da Teologia Fundamental. Em primeiro lugar, R. Latourelle descreveu o que *não é* Teologia Fundamental. Em resumo, J. B. Libanio apresenta seus argumentos:

> Negativamente, a apologética não é a arte de conversão. Para tanto existe uma pastoral própria. Nem é um sistema de defesa contra os adversários, mas uma ciência positiva. Nem também simples tratado filosófico-histó-

---

29. Evita-se sobretudo partir da autoridade de Deus revelador e, assim, ter por ponto de partida a Bíblia, a Tradição ou o Magistério, pois isso "suporia a fé e então se cairia no círculo vicioso" (LIBANIO, J. B., Introdução à Teologia Fundamental, p. 64).
30. RAHNER, K., Curso fundamental da fé, p. 23.
31. RAHNER, K., Curso fundamental da fé, p. 24.
32. LATOURELLE, R., Apologétique et fondamentale, 1965, p. 256 *apud* LIBANIO, J. B., Teologia da Revelação a partir da Modernidade, p. 62.

rico, já que é verdadeira teologia, situada no interior mesmo da fé. Nem mera filosofia da religião, pois sua perspectiva é teológica. Muito menos ainda, uma "salada russa" onde se misturassem ingredientes de filosofia, sociologia, psicologia da religião, história das religiões, ecumenismo etc. Verdadeira pantologia[33].

Em segundo lugar, apresenta, de maneira positiva, certo consenso acerca dessa disciplina: ela é verdadeiramente teológica; é uma ciência sobre a credibilidade humana em relação à revelação; exerce função eclesial ao apontar a coerência humana da fé; visa a uma certeza moral acerca da ação de Deus na história; exige uma mentalidade serena, ecumênica e consciente da complexidade da realidade em que estamos inseridos, bem como dos limites da própria teologia que fazemos[34].

Para compreendemos, portanto, a Teologia Fundamental, faz-se necessário perceber o que é específico dessa disciplina – mesmo sabendo das tensões que a cercam – e entender que existem diferentes modelos de Teologia Fundamental vigentes. Quanto ao específico dessa área, J. B. Libanio destaca a função "absolutamente imprescindível" de tratar da questão da revelação e da fé, e isso significa abordar a automanifestação e autodoação de Deus à humanidade enquanto novidade cristã, além de estudar temas fronteiriços, como as relações entre cristianismo e história, a inter-relação entre revelação, Tradição e Escritura, entre outros temas que se relacionam com a recepção da fé, como a função do Magistério e do sentir comum dos fiéis (*sensus fidei*). Todos eles, logicamente, estudados a partir da "credibilidade da revelação de Deus em Jesus Cristo"[35]. Esse específico se dá sempre por meio de um determinado ponto de vista, que acaba delineando os contornos e horizontes da Teologia Fundamental. Assim, quando observada a partir da perspectiva antropocêntrica atual, essa disciplina adquire tanto uma função crítica de toda teologia, que a leva a verificar a condição de possibilidade histórica e transcendental da fé, quanto uma função hermenêutica do fazer teológico em geral, que a leva a tentar desvendar a significação permanente dos enunciados centrais da fé a partir da própria inteligência autocrítica e da relação desse ser humano com a realidade à sua volta. Quando observada a partir de uma perspectiva social e política, a Teologia Fundamental analisa criticamente a situação concreta em que o ser humano vive, tais como a história, o meio social, as estruturas econômicas, a secularização, a exploração e a opressão a que deter-

---

33. LIBANIO, J. B., Teologia da Revelação a partir da Modernidade, p. 63.
34. LIBANIO, J. B., Teologia da Revelação a partir da Modernidade, p. 63.
35. LIBANIO, J. B., Teologia da Revelação a partir da Modernidade, p. 64.

minados povos estão submetidos, entre outros, para daí pensar de que maneira a revelação e a fé podem ser razoáveis nesses contextos[36].

1.4. Modelos de Teologia Fundamental

Considerando todas essas variantes, chegamos a diferentes modelos de Teologia Fundamental[37], cada um deles buscando responder a uma questão específica, a partir de um lugar teológico, social e cultural bem-determinados. J. B. Libanio elenca sete modelos, por meio dos quais objetiva uma visão panorâmica sobre as diferentes formas de se trabalhar a Teologia Fundamental, sem pretender, com isso, analisar todas as produções da área, nem indicar que um modelo exclua o outro, ou ainda que um mesmo autor, sob perspectivas diferentes, não possa se enquadrar em mais de um modelo[38]. Por uma questão metodológica, apresentaremos esses modelos a partir de dois grupos: o primeiro, relacionado aos modelos existentes antes do Concílio Vaticano II; e o segundo, referente aos modelos que brotaram da fecundidade desse Concílio, seja por causa de seus documentos, que esboçaram noções fundamentais acerca da revelação, seja devido ao desenvolvimento da teologia posterior.

1.4.1. Modelos pré-conciliares

Antes do Concílio Vaticano II, de maneira geral, predominava a apologética como método teológico. Uma vez que seu surgimento se deu, basicamente, no confronto com a polêmica iluminista e racionalista[39], o conteúdo de sua reflexão se centrou em demonstrações racionais do conteúdo da fé. Assim, sua compreensão de revelação "sustentava um imperdoável dualismo entre 'fato' da revelação e seu 'conteúdo'" e muitas vezes era explicada por meio de "argumentações ex-

---

36. LIBANIO, J. B., Teologia da Revelação a partir da Modernidade, p. 64-65.

37. Estamos cientes de que os modelos apresentados a seguir são apenas *uma* maneira de organizar a pluralidade da Teologia Fundamental. J. P. Torrel, referindo-se ao período pós-conciliar, utiliza a expressão "novas correntes de Teologia Fundamental", embora aponte para a limitação dessa expressão diante da multiplicidade do fenômeno. Assim, o autor prefere destacar quatro aspectos mais importantes dessas correntes: a persistência da incerteza acerca da natureza da Teologia Fundamental; a entrada dos teólogos protestantes nessa disciplina antes reservada aos teólogos católicos; o renovado interesse pela apologética; e os problemas referentes ao apelo à experiência na teologia moderna. Cf. TORREL, J. P. Novas correntes da teologia fundamental no período pós-conciliar, p. 15-29.

38. LIBANIO, J. B., Teologia da Revelação a partir da Modernidade, p. 66-73.

39. A crítica do Iluminismo se direcionou, a princípio, à tradição e à autoridade, abrindo as portas rapidamente para a crítica à religião (METZ, J. B., A fé em história e sociedade, p. 57).

ternas" ao próprio acontecimento[40]. Nesse período, dois modelos apologéticos coexistiam: um tradicional (ou clássico), que buscava ser estritamente objetivo; e outro, a "apologética da imanência", que, surgindo como crítica à ineficiência do primeiro, objetivou um maior diálogo com a subjetividade humana. Vale destacar que, para compreender e avaliar um modelo, é necessário considerar o horizonte histórico mais amplo no qual ele se estruturou: no caso, o contexto imediato desses modelos apologéticos é o da Teologia Escolástica, também conhecida por "teologia dos manuais"[41].

a) Modelo apologético tradicional: O objetivo principal consiste em atestar racionalmente, através de três passos, como a Igreja Católica é a única religião verdadeira revelada[42]. O primeiro passo corresponde à demonstração da necessidade da religião como uma exigência da natureza humana; o segundo consiste em provar como a religião cristã é a única revelada por Deus; e o terceiro tenta provar que a Igreja Católica (no sentido institucional) é a única e a verdadeira Igreja de Cristo. Trata-se de uma autojustificação da fé, no estilo de um argumento lógico-escolástico, que procura responder às objeções de seus "adversários": o primeiro passo se dirige aos ateus, a quem se pretende justificar a necessidade da religião; o segundo, aos deístas, a quem se dirige o argumento da fé cristã; e o terceiro, aos protestantes, contra os quais se pretende demonstrar os erros da existência de outras Igrejas não católicas. O método, que é estritamente racional e que, por isso, pretende não apelar para a fé, consiste em um raciocínio dedutivo, que visa estabelecer premissas universais, evidentes e irrefutáveis, capazes de demonstrar a lógica de todo o processo argumentativo, excluindo qualquer possibilidade de dúvida. Parte-se de um pressuposto filosófico, a metafísica clássica, e de um antropológico, o ser humano como animal racional. Assim, acredita-se que o argumento é dirigido a esse ser racional, que, ao comprovar a lógica do argumento, submeteria sua vontade pela necessidade da adesão à verdade[43].

---

40. FISICHELLA, R., Introdução à Teologia Fundamental, p. 25.

41. FISICHELLA, R., Introdução à Teologia Fundamental, p. 17-27. Segundo o autor, a apologética, ainda não entendida pejorativamente, era a característica predominante desse período, que se exprime, como veremos, em um tratado tripartite, com a particularidade, entretanto, de ser do gênero "manual" e de ter um método puramente defensivo.

42. Um exemplo é a obra de Hettinger, de 1878. O autor escreve duas partes de um Tratado de "Teologia Fundamental" ou "Apologética", na qual, na primeira parte, procura demonstrar a religião cristã como verdadeira e, na segunda, a Igreja Católica como a única verdadeira. Já no início da primeira parte, o autor explica o que entende por apologética: "A Apologética Católica (Teologia Fundamental, *Demonstratio Christiana et catholica*) é aquela disciplina teológica que expõe as provas científicas do cristianismo como religião absoluta revelada por Deus, a qual se manifesta, guarda, ensina e comunica a todo o gênero humano na Igreja Católica, única verdadeira" (HETTINGER, F., Tratado de Teología Fundamental o Apologética, p. 19).

43. LIBANIO, J. B., Introdução à Teologia Fundamental, p. 63-66.

b) Modelo apologético da imanência: Entre o fim do século XIX e o início do século XX, percebeu-se a insuficiência da apologética tradicional, em especial por seu caráter extrinsecista, surgindo, assim, um novo modelo, a apologética da imanência[44]. Neste, critica-se não a apologética clássica em si, mas sua ineficácia diante do mundo moderno e sua incapacidade de dialogar com o ser humano de seu tempo levando em consideração sua dimensão de abertura à fé. Por isso, buscou-se demonstrar de que maneira os anseios humanos correspondem aos conteúdos da revelação, considerando-se, por um lado, a pessoa concreta, que está em determinada situação histórica, e, por outro, seu espírito, que se constitui a partir de seu destino sobrenatural[45]. Portanto, há um esforço de se articular imanência, sobretudo a partir de "uma apologética feita dentro da filosofia, sem deixar de ser filosófico", na qual "a intenção apologética era mais subjetiva e interior que objetiva e externa". Externa e objetivamente, tratava-se de filosofia, mas, na realidade, era verdadeira apologética[46].

1.4.2. Modelos pós-conciliares

A partir do Concílio Vaticano II, com a renovação de toda a teologia, criticaram-se os modelos de Teologia Fundamental em vigor, surgindo novas formas de abordar a questão[47]. A Constituição Dogmática *Dei Verbum*, por um lado, havia consolidado os progressos realizados na área nos últimos trinta anos; por outro, tinha se tornado um importante fundamento para novas pesquisas em diálogo com o mundo contemporâneo. A Teologia Fundamental, a partir desse

---

44. Este tipo não é apresentado como um modelo por J. B. Libanio, mas é tratado à parte, como fase intermediária entre a apologética clássica e a Teologia Fundamental. Cf. LIBANIO, J. B., Teologia da Revelação a partir da Modernidade, p. 54-58. Entretanto, colocamos este modelo nesta seção por uma questão metodológica de listar as diferentes concepções de apologética.

45. Este modelo é basicamente comentado por J. B. Libanio como a posição de M. Blondel. Algumas críticas, tanto de cunho filosófico quanto de cunho teológico, foram feitas a esse autor. A filosofia, em nome da razão, rejeita a posição de Blondel por encontrar nela uma tentativa apologética, negando à filosofia sua autonomia; a teologia, nos meios escolásticos, critica Blondel acusando-o de certo "ontologismo discreto", que reduz o sobrenatural à dialética da ação (LIBANIO, J. B., Teologia da Revelação a partir da Modernidade, p. 56).

46. LIBANIO, J. B., Teologia da Revelação a partir da Modernidade, p. 54-58.

47. Na verdade, conforme aponta R. Fisichella, "tudo o que levara [...] ao surgimento da apologética foi também o que levou à sua substituição". De fato, quando faltaram os "inimigos" iluministas e racionalistas, de quem se pretendia defender a fé; quando se redescobriu a necessidade preferencial e normativa da Palavra de Deus; quando, enfim, percebeu-se que se deveria dialogar com o mundo moderno, a apologética teve de adotar uma identidade diversa (FISICHELLA, R., Introdução à Teologia Fundamental, p. 27). E. Schillebeeckx destaca ainda que a apologética não é uma tentativa de purificar a fé, mas, ao contrário, um modo de mostrar o quanto, apesar de tudo, ela é intocável; e conclui que hoje a melhor fundamentação da fé é descobrir a sua inteligibilidade ou a sua compreensibilidade (SCHILLEBEECKX, E., História humana, p. 114).

documento conciliar, já não tem mais seu ponto de partida apoiado na Apologética clássica, com seu conceito geral de revelação, mas parte do "acontecimento concreto da revelação realizada em Jesus Cristo, e isso com um método histórico e teológico"[48]. O acento acerca da revelação deixa de ser pautado num discurso puramente racional para se centrar num Deus que se revela aos seres humanos porque quer "manifestar e comunicar-se a si mesmo os decretos eternos de sua vontade a respeito da salvação dos homens, para os fazer participar dos bens divinos, que superam absolutamente a capacidade da inteligência humana". Não se nega que se possa conhecer Deus com certeza "pela luz natural da razão a partir das criaturas", mas se acrescenta que o Concílio professa também que se deve atribuir "à sua revelação poderem todos os homens conhecer com facilidade, firme certeza e sem mistura de erro aquilo que nas coisas divinas não é inacessível à razão humana"[49].

O Vaticano II dá sua contribuição decisiva à Teologia Fundamental sobretudo por dois aspectos: primeiro, porque apresenta a revelação a partir da estrutura da economia da salvação em perspectiva sacramental, destacando o princípio da encarnação – e, com isso, a centralidade absoluta da pessoa de Jesus Cristo – como parâmetro para a compreensão da revelação e da Igreja; segundo, porque propõe uma renovada teologia dos signos de credibilidade a partir de um enfoque próprio, centrado em Cristo, que é, ao mesmo tempo, sinal da autenticidade da revelação e de sua plenitude[50]. De maneira geral, o Concílio aponta que a revelação é crível não só pelos sinais externos que a acompanham, mas também porque em Cristo se encontra a chave de inteligibilidade para se compreender o próprio ser humano, uma vez que "o mistério do homem só no mistério do Verbo encarnado se esclarece verdadeiramente"[51]. Com essa perspectiva geral, a Teologia

---

48. PIÉ-NINOT, S., La Teología Fundamental, p. 39. É notório que os documentos conciliares não tragam o termo "Teologia Fundamental", nem mesmo no decreto *Optatam Totius*, que trata da formação sacerdotal e lista as disciplinas teológicas que devem ser estudadas. Tal fato deve-se ao receio de, ao utilizar o termo, resgatar a apologética clássica e seus objetivos. Contudo, esse "esquecimento" traz um dilema: "saber da necessidade das temáticas próprias da apologética e não poder acenar diretamente a elas". O ingresso oficial da Teologia Fundamental nos documentos do Magistério só se deu em 1976, com a publicação do documento "A formação teológica dos futuros sacerdotes", o qual apontou claramente que o elemento principal dessa disciplina é "o estudo do acontecimento da revelação". Cf. FISICHELLA, R., Introdução à Teologia Fundamental, p. 43-46.

49. DV 6.

50. PIÉ-NINOT, S., La Teología Fundamental, p. 40. Cf. DV 4; LG 8.

51. GS 22. Com o Concílio Vaticano II, a teologia redescobriu a pessoa de Jesus em sua inserção na história; a Igreja enquanto mediadora da revelação; o ser humano como destinatário dessa revelação; e a Escritura, que voltou a instruir os crentes. Essas redescobertas renovaram a Teologia Fundamental e determinaram sua evolução (FISICHELLA, R., Introdução à Teologia Fundamental, p. 27-33).

Fundamental se diversifica. Por um lado, surge um novo modelo apologético[52], em diálogo com a Modernidade; por outro, emergem vários modelos que se voltam para aspectos diferentes e específicos dessa mesma época.

a) Modelo apologético moderno: Neste tipo de apologética[53], o objetivo se desloca para o diálogo com o ser humano moderno, crente ou ateu, tentando compreender de que maneira uma pessoa envolvida com a Modernidade pode honestamente crer e de que forma esta pessoa pode entender a revelação[54]. Nesta perspectiva, não se busca compreender apenas a manifestação de Deus na história, mas o significado dessa revelação enquanto autoconhecimento humano, ou seja, enquanto desvelamento do ser humano ao próprio ser humano em busca de sua realidade mais profunda. De maneira geral, este modelo parte de premissas filosóficas modernas e contemporâneas que visam a conceber o ser humano enquanto um ser de possibilidades, aberto e transcendente, e que, por isso mesmo, tem em si, *a priori*, as condições de possibilidade de receber a revelação de Deus. Assim, abordam-se os grandes temas da Modernidade buscando apreender, por um lado, o fenômeno geral, e, por outro, a especificidade do cristianismo dentro daquele tema. Não se busca simplesmente refutar a posição contrária, como na apologética tradicional, mas perceber as várias manifestações de determinado tema e, dentro disso, a novidade cristã[55]. Em suma, esse modelo pretende mostrar

---

52. J. P. Torrel, destacando o retorno à apologética como uma das características principais das novas correntes de Teologia Fundamental pós-conciliar, aponta que os teólogos mais importantes jamais negaram a necessidade da função apologética. Cf. TORREL, J. P., Novas correntes da teologia fundamental no período pós-conciliar, p. 23-25.

53. J. B. Metz afirma um caráter "apologético"-prático na Teologia Fundamental contemporânea: "uma teologia fundamental que se compreende como investigação dos fundamentos da teologia tem um cunho *apologético*; não esporadicamente [...], mas essencialmente" (METZ, J. B., A fé em história e sociedade, p. 15, grifo do autor).

54. J. B. Libanio cita K. Rahner, H. Küng, T. de Chardin e L. Boff como autores que podem ser compreendidos a partir desse modelo, embora cada um deles tenha a sua especificidade (LIBANIO, J. B., Teologia da Revelação a partir da Modernidade, p. 66-68).

55. Um exemplo disso é a tentativa de compreender o fenômeno religioso como característica antropológica humana e, dentro desta, apontar as especificidades da religião cristã. Contudo, diversas perspectivas podem ser adotadas. Miranda aponta algumas delas: "alguns propugnam uma teologia da história das religiões; outros levam a sério a evolução histórica das religiões, suas especificidades respectivas, por vezes incompatíveis entre si; outros ainda reconhecem a importância do material fenomenológico e histórico fornecido pelo estudo das religiões [...]; e outros ainda, na mesma linha, recusam-se a dar, sem mais, um reconhecimento positivo a todas as religiões". Mais à frente, o autor esclarece sua perspectiva: "uma teologia cristã das religiões deverá se apresentar diversamente conforme as múltiplas tarefas com que se defronta. Primeiramente deverá o cristianismo procurar se compreender e avaliar a si mesmo no contexto de uma pluralidade de religiões [...]. Em segundo lugar, deverá buscar o sentido, a função e mesmo o valor próprio das religiões não cristãs na totalidade da História da Salvação. Finalmente, [...] estudar e examinar religiões concretas, conteúdos e dados bem-definidos, que deverão ser confrontados com os conteúdos e dados cristãos" (MIRANDA, M. F., O cristianismo em face das religiões, p. 14-15).

ao ser humano moderno como suas aspirações profundas podem ter uma correspondência com a proposta cristã, de sorte que se interprete o cristianismo como algo razoável.

b) Outros modelos em diálogo com a Modernidade: Segundo J. B. Libanio, não surge apenas o modelo apologético moderno, mas vários outros que, seja por terem temas específicos, seja por terem uma metodologia própria, podem ser percebidos nas mais variadas teologias produzidas a partir do Vaticano II. Assim, podemos falar em modelo dogmático, formal, político, semeiológico, ecumênico e dialogal-contemporâneo. Não se nega que esses modelos possam ter certo aspecto apologético moderno, porém nessa classificação não se busca tanto mostrar a diferença entre esse e o modelo apresentado anteriormente, mas perceber a pluralidade de modelos de Teologia Fundamental pós-conciliar.

I) Modelo dogmático – O objeto deste modelo é a revelação compreendida como fato acontecido na história, transmitida pela Igreja e aceita pelo ser humano por intermédio da fé. Estuda-se, de maneira específica, o fato, o sentido, a verdade e a credibilidade da revelação nas próprias fontes; isto é, nas Escrituras Sagradas, na Tradição da Igreja e na reflexão especulativo-sistemática[56].

II) Modelo formal – A finalidade básica desta perspectiva da Teologia Fundamental é criar, a partir de uma teoria do conhecimento, uma identidade científica de toda a teologia. Baseada na lógica moderna, na semântica e na análise, busca-se uma "teoria axiomática e formal das categorias fundamentais da teologia", que possa tanto justificar a diversidade teológica quanto garantir-lhe a unidade[57].

III) Modelo político – Este modelo pretende responder à seguinte questão intrigante: Como é possível, em um mundo repleto de cristãos, a injustiça dominar, gerando pobreza e uma massa de oprimidos? Criticam-se os modelos anteriores por não se basearem no contexto histórico, político, econômico e social do ser humano concreto de hoje. Assim, este modelo se centra nos problemas e

---

56. Para J. B. Libanio, pertencem a esse modelo R. Latourelle, G. O'Collins, Y. Congar, J. P. Torrel e A. Dulles (LIBANIO, J. B., Teologia da Revelação a partir da Modernidade, p. 69). O modelo, como vimos, privilegia as Escrituras e a Tradição. Contudo, a diferença de abordagem se dá não apenas pelo conteúdo objetivo ser diverso, mas também pelas diferentes maneiras de entender as próprias fontes. Dulles aponta que a Escritura e a Tradição "aparecem em uma luz diferente segundo o modelo teológico que se eleja" (teologia escolástica, teologia experiencial, teologia eclesial-transformadora) e que, ao apropriarem-se dos símbolos e dos significados dessas fontes, os novos crentes se tornam capazes de apreender a realidade mediante os olhos de seus predecessores na fé (DULLES, A., El Ofício de la Teología, p. 38).

57. Este modelo foi trabalhado por W. Kern e F. J. Niemann, H. Fries, A. Lang, Biser e J. Ratzinger (LIBANIO, J. B., Teologia da Revelação a partir da Modernidade, p. 69). Já afirmamos o princípio desse modelo quando dissemos que a Teologia Fundamental se centra principalmente em questões formais do ato de crer (*fides qua creditur*) e na estrutura epistemológica da teologia em geral (DUQUE, J. M., O conceito de Deus na Teologia Fundamental, p. 229).

desafios específicos que se tornaram dramas da atualidade, principalmente para aqueles que vivem em lugares de opressão, como é o caso das populações da América Latina[58]. Exige-se, portanto, uma articulação madura das relações entre fé cristã e mundo moderno, na qual a fé é compreendida como uma impulsionadora da ação transformadora que se deve efetivar no mundo.

IV) Modelo semeiológico – Recupera-se, nessa corrente, a questão sobre os sinais de credibilidade da fé, contudo de maneira diferente da posição tradicional, enfatizando a relação entre a compreensão racional e a existencial dos sinais que se manifestam ao ser humano moderno. Esses, de maneira geral, são sinais "negativos"[59], que se apresentam no mundo como desafios à humanidade e, em particular, aos cristãos, revelando, por um lado, "o pecado do mundo" e, por outro, a esperança de superá-los. Portanto, uma boa abordagem teológica fundamental depende da boa escolha desses sinais e de uma leitura atenta da realidade, que varia conforme a região, a idade, a condição social, o sexo e a situação cultural.

V) Modelo ecumênico – O específico deste modelo é procurar uma Teologia Fundamental por meio do diálogo entre as diferentes Igrejas cristãs e entre as diversas correntes religiosas[60]. Tenta-se encontrar uma espécie de denominador comum da fé, como uma ética mundial, capaz de ajudar a transformar o mundo[61]. As questões centrais deste modelo são as relações entre fé e razão, fé e compreensão, fé e práxis e fé e esperança[62]. Não se busca uma neutralidade ingênua, mas uma tomada de posição a partir de convicções comuns, de maneira que a fé leve à prática.

---

58. Este modelo é desenvolvido de maneira especial na Teologia da Libertação. Segundo J. B. Libanio, tal modelo de Teologia Fundamental ainda está em seus inícios, mas pode-se percebê-lo nas obras dos principais autores dessa corrente, como G. Gutiérrez, L. Boff, J. Sobrino, entre outros (LIBANIO, J. B., Teologia da Revelação a partir da Modernidade, p. 69-70).

59. Na América Latina prefere-se falar em "sinais dos tempos". O aumento da pobreza é um sinal que não pode ser desprezado, pondo em questão a sociedade e a Igreja. Por isso, este modelo também é muito desenvolvido na Teologia da Libertação (LIBANIO, J. B., Teologia da Revelação a partir da Modernidade, p. 71).

60. Utiliza-se aqui o termo "ecumênico" em sentido amplo. De acordo com Hortal, ele tem diversos significados. A partir do Vaticano II, passou a ser usado mais estritamente como atividades que favoreçam a unidade dos cristãos; contudo, o adjetivo também é utilizado em sentido mais abrangente, como "qualquer esforço de entendimento entre homens de diferentes religiões ou culturas" (HORTAL, J., E haverá um só rebanho, p. 18).

61. Nessa perspectiva, pode-se colocar também o projeto de H. Küng de uma ética mundial. Para o autor, "todas as religiões exigem determinados 'padrões' inegociáveis: normas éticas básicas e máximas de orientação da ação, que são fundadas a partir de algo incondicional, absoluto" (KÜNG, H., Religiões mundiais e Ethos mundial, p. 12).

62. Trata-se, segundo J. B. Libanio, das preocupações centrais do projeto de H. Stirnimann (LIBANIO, J. B., Teologia da Revelação a partir da Modernidade, p. 71).

VI) Modelo do diálogo com o mundo contemporâneo – Trata-se de um tipo de Teologia Fundamental que busca temas fronteiriços entre Igreja e mundo[63], distribuindo-se em uma imensa variedade de assuntos dentro de um horizonte de pesquisa indefinido e tendo como critério as grandes questões que afligem o ser humano contemporâneo. J. B. Libanio, fazendo um levantamento de temas abordados na seção "Teologia Fundamental" da revista *Concilium*, aponta:

> Fala-se da crise da linguagem, da alegria e tristeza, do desejo de imortalidade, da relação entre teologia e literatura, do cristianismo e socialismo, do cristianismo e burguesia, das mudanças atuais da Igreja e seu futuro, dos desafios ao universalismo cristão, de Nietzsche, do humano, da indiferença religiosa etc.[64]

A grande pluralidade de modelos e perspectivas de Teologia Fundamental, no entanto, não significa que não se procurou encontrar algo em comum entre essas diferentes correntes, de maneira que se apontasse certa "identidade" dessa disciplina teológica e se especificassem suas principais funções. Trata-se de um movimento da própria Teologia Fundamental, que, além dos objetivos já explicitados, objetivou investigar a sua própria natureza.

1.5. Identidade e funções da Teologia Fundamental

S. Pié-Ninot, ao abordar as especificidades da Teologia Fundamental, procura encontrar a identidade e as funções próprias que essa disciplina assume a partir das intuições do Concílio Ecumênico Vaticano II e, de maneira especial, das orientações da Carta Encíclica *Fides et Ratio*[65]. Trata-se, no fundo, de reconhecer de que forma pode ser considerado o tema da revelação cristã. Tal tema foi tratado na Constituição Dogmática *Dei Verbum*, que buscou "propor a genuína doutrina sobre a Revelação divina e a sua transmissão, para que o mundo inteiro, ouvindo, acredite na mensagem da salvação, acreditando espere, e esperando ame"[66]. Neste

---

63. Questiona-se, contudo, se esse modelo é verdadeiramente uma Teologia Fundamental, pois suas questões, aparentemente, vão além desse tipo de teologia e correspondem ao diálogo proposto pela Constituição Pastoral *Gaudium et Spes* (LIBANIO, J. B., Teologia da Revelação a partir da Modernidade, p. 72).

64. LIBANIO, J. B., Teologia da Revelação a partir da Modernidade, p. 72. Por não ter uma definição muito rígida, a Teologia Fundamental favorece certa "fragmentação de seus conteúdos". Assim, "o próprio teólogo fundamental corre o risco de cair numa forma de esquizofrenia, ficando inseguro tanto a respeito da própria identidade epistemológica como em relação às metodologias que devem ser aplicadas" (FISICHELLA, R., Introdução à Teologia Fundamental, p. 53).

65. PIÉ-NINOT, S., La Teología Fundamental, p. 74-83.

66. DV 1.

momento, não analisaremos a noção de revelação presente em tal documento – o que faremos no próximo capítulo –, apenas apontaremos para a maneira como a estrutura e a intenção dessa constituição conciliar alicerçou a maneira de se fazer Teologia Fundamental. O esforço do Concílio foi tentar "associar e vincular entre si, da maneira mais estreita possível, a ação histórica na qual e pela qual Deus se revela, e a revelação como autocomunicação de Deus na palavra humana"[67]. Segundo R. Latourelle, nesse documento, pela primeira vez e com certa dificuldade, um concílio dedicou-se de forma consciente e metódica às *categorias fundamentais e primeiras do cristianismo*. Os empecilhos para uma clareza conceitual se davam, em primeiro lugar, pela própria natureza da questão – que, por tocar em noções básicas e onipresentes na teologia, trabalha justamente com os conceitos mais difíceis de se definir – e, em segundo, pelo fato de a reflexão teológica acerca desses temas não terem atingido plena maturidade e consenso[68]. Contudo, devemos destacar que a *Dei Verbum* oferece bases sólidas para um tratado dogmático sobre a revelação, sobretudo por contemplar de forma bem-estruturada as questões. Os dez primeiros números da constituição apresentam: a intenção do Concílio (DV 1); a natureza e o objeto da revelação (DV 2); sua preparação (DV 3); sua consumação e sua plenitude (DV 4); a resposta que estas exigem (DV 5); a necessidade das verdades reveladas para a fé (DV 6)[69]; a questão apostólica (DV 7); a Tradição em si (DV 8) e sua relação com as Escrituras (DV 9); e a relação destas com o Magistério (DV 10). Tal estrutura demonstra a tentativa de se fazer uma exposição serena da doutrina da Igreja numa perspectiva trinitária, com referências constantes às pessoas divinas e numa linguagem cristocêntrica, na qual Cristo é autor e consumador da fé, revelador e revelado, transmitido, comunicado e vivido na Igreja[70]. Essa constituição dogmática, seja por sua intenção e sua estrutura, seja por sua associação à perspectiva eclesiológica do Concílio, gerou uma identidade e acabou definindo certas funções que se apresentaram no desenvolvimento da Teologia Fundamental.

1.5.1. Identidade da Teologia Fundamental

A noção central a que se dedica a Teologia Fundamental, sobretudo enfatizada no período que vai do Concílio Vaticano II até a publicação da Carta

---

67. RAHNER, K., Curso fundamental da fé, p. 74.
68. LATOURELLE, R., Teologia da Revelação, p. 399.
69. Do ponto de vista da doutrina, não há revelação sem fé nem fé sem revelação; entretanto, "humanamente, pode existir [...] a chamada 'fé' sem revelação!" (SCHILLEBEECKX, História humana, p. 48).
70. LATOURELLE, R., Teologia da Revelação, p. 399-403.

Encíclica *Fides et Ratio*, do Papa João Paulo II, foi "a pretensão de verdade da revelação como proposta sensata de credibilidade"[71]. Tal credibilidade, que busca uma articulação concreta entre a fé "sobrenatural" e a razão "natural", já podia ser percebida no Concílio Vaticano I[72], quando este apontou três aspectos importantes: a) a fé deveria ser conforme a razão; b) esta razão, se for reta, demonstraria os fundamentos da fé; e c) certa compreensão da fé poderia ser alcançada por uma analogia com o que é conhecido pela via natural ou pela conexão de mistérios entre si e em relação com o fim último do ser humano[73]. Assim, já nesse Concílio, poderíamos encontrar os elementos que justificam falar de "razoabilidade" da fé, ou ainda de sua credibilidade, baseada não apenas em sua coerência discursiva interna mas também, principalmente, na sua capacidade de se tornar uma "proposta digna de fé", ou seja, algo crível para o ser humano moderno.

Entretanto, a partir do Concílio Vaticano II, o tema da revelação assume outra ênfase, passando a ser situado mais "dentro do contexto eclesial". Isso significa que o entendimento da revelação adquire novos contornos com base em uma nova autocompreensão da Igreja, concretizada na Constituição Dogmática *Lumen Gentium*. A eclesiologia libertou-se de uma definição jurídica de Igreja e compreendeu, sobre novas bases, a sua relação com o mundo. De fato, ao se colocar "como que o sacramento, ou sinal, e o instrumento da íntima união com Deus e da unidade de todo o gênero humano"[74], a Igreja já se posicionava em uma dupla missão: uma interna, de ser raiz de todos os sacramentos, e outra externa, de ser mediadora para o mundo, tal como se explicitou na Constituição Pastoral *Gaudium et Spes*. Longe de querermos analisar a eclesiologia conciliar, pretendemos apenas destacar que as novas ênfases sobre a autocompreensão da Igreja modificaram a forma como esta entende a revelação, que, inversamente, passa a ser cada vez mais percebida em relação com o contexto eclesial. Fruto dessa nova percepção, a partir do Vaticano II, o binômio revelação-sujeito ganha novas perspectivas. Assim, conforme aponta S. Pié-Ninot, a Teologia Fundamental converte-se na disciplina que se debruça sobre um problema primário: "a significatividade – credibilidade –, razoabilidade da proposta cristã em seu conjunto", tratando do fato do cristianismo em sua realidade histórica, contextualizada (e

---

71. PIÉ-NINOT, S., La Teología Fundamental, p. 74-80.

72. Assim se inicia o capítulo II da Constituição *Dei Filius*: "A mesma santa mãe Igreja sustenta e ensina que Deus [...] pode ser conhecido com certeza pela luz natural da razão humana, a partir das coisas criadas; [...] mas 'ensina' que aprouve à sua misericórdia e bondade revelar-se à humanidade a si mesmo, bem como os eternos decretos da sua vontade, por outra via, e esta sobrenatural" (DH 3001).

73. DH 3009; 3019; 3016 (respectivamente). Cf. PIÉ-NINOT, S., La Teología Fundamental, p. 78.

74. LG 1.

não mais abstrata) e incluindo necessariamente "o acontecimento Cristo, a partir da fé pascal, passando pelo querigma primitivo até o dogma sucessivo vivido na Igreja"; em outras palavras, a Teologia Fundamental passa a buscar a credibilidade do conjunto da revelação, ancorada na razoabilidade da fé e na relação entre Igreja, mundo contemporâneo e história[75].

Paralelamente a esse desenvolvimento, e talvez com a intenção de dar uma clareza maior a essa disciplina, a Carta Encíclica *Fides et Ratio* dedica um parágrafo importante à questão. Neste, afirma que a Teologia Fundamental, por ser uma disciplina que pretende dar razão da fé (1Pd 3,15), "deverá procurar justificar e explicitar a relação entre a fé e a reflexão filosófica"[76]. O parágrafo afirma, com base no Concílio Vaticano I, que o fato de existirem verdades que podem ser conhecidas de modo natural constitui um pressuposto "necessário para acolher a revelação de Deus". Assim,

> quando a teologia fundamental estuda a Revelação e a sua credibilidade com o relativo ato de fé, deverá mostrar como emergem, à luz do conhecimento pela fé, algumas verdades que a razão, autonomamente, já encontra ao longo do seu caminho de pesquisa. A essas verdades, a Revelação confere-lhes plenitude de sentido, orientando-as para a riqueza do mistério revelado, onde encontram o seu fim último [...]. [Assim,] a teologia fundamental deverá manifestar a compatibilidade intrínseca entre a fé e a sua exigência essencial de se explicitar através de uma razão capaz de dar com plena liberdade o seu consentimento[77].

Com essa descrição da *Fides et Ratio* 67, que procurou caracterizar mais especificamente a Teologia Fundamental, passou-se a explicar a identidade de tal ramo teológico, sobretudo como uma disciplina que contém em si três áreas específicas: um campo responsável por "dar razão da fé"; um âmbito encarregado de justificar e explicitar a relação entre fé e reflexão filosófica; e um setor incumbido de estudar a revelação e sua credibilidade em relação com o ato de fé[78]. Por isso, as indicações da encíclica orientam para uma disciplina teológica

---

75. PIÉ-NINOT, S., La Teología Fundamental, p. 80.

76. FR 67. Para o filósofo G. Vattimo, essa encíclica é um exemplo de como a Igreja (pelo menos até então) se concebia em relação ao mundo: "uma estrutura fortemente organizada em sentido hierárquico". De acordo com o raciocínio presente nela, "os filósofos cristãos são convidados a ousar, a confiar na razão e na sua livre-busca da verdade, *porém a razão não pode, sob pena de abdicar da própria essência, contrastar o ensinamento da igreja, que protege a busca racional dos perigos aos quais está exposta em virtude da corrupção da natureza causada pelo pecado*" (VATTIMO, G., Depois da Cristandade, p. 145-146, grifo nosso).

77. FR 67.

78. PIÉ-NINOT, S., La Teología Fundamental, p. 64.

que assume como questão central a revelação – e o ato de fé correspondente – a partir da perspectiva da credibilidade; o que leva, por um lado, a um estudo histórico-dogmático e, por outro, a uma epistemologia própria, qualificando-se por uma dupla função: uma dogmático-fundamental e outra hermenêutica-fundamental[79], como veremos a seguir.

1.5.2. Funções da Teologia Fundamental

Olhando para a identidade da Teologia Fundamental e para a sua pluralidade de modelos e perspectivas, poderíamos dizer, com K. Rahner, que consiste, realmente, em uma "justificação da fé a um primeiro nível de reflexão", ou, nas palavras de J. B. Libanio, em "uma reflexão crítica, sistemática, científica sobre esse diálogo do Deus que se revela e do homem que responde a tal revelação nos diferentes momentos da história"[80].

Por isso mesmo, ao articular elementos a um primeiro nível de reflexão, buscando refletir sistematicamente sobre a revelação e a fé no mundo contemporâneo, a Teologia Fundamental acaba por ter uma dupla função[81]: por um lado, tem uma tarefa "fundacional-hermenêutica", que, em uma linguagem capaz de dialogar com a dogmática, procura fundamentar o discurso teológico ou, ainda, exercer uma função crítica de toda teologia[82]; por outro, uma função "dialogal-contextual", que, consciente da importância de um testemunho no mundo contemporâneo, tenta exercer o diálogo com as questões atuais em uma chave apologético-fundamental. A primeira, que é fundacional e hermenêutica ao mesmo tempo – a fim de se evitar qualquer fundamentalismo –, objetiva explicitar as bases constitutivas da revelação e da fé a partir de premissas dogmáticas fundantes. Em razão disso, analisa hermeneuticamente os princípios do conhecimento teológico acerca de revelação e da fé nas fontes basilares do cristianismo, como a Escritura, a Tradição, o Magistério, o *sensus fidei*, a teologia, entre outros; bem como tem o propósito de compreender as condições de possibilidade do acesso a essa revelação e a essa fé, visando à articulação com as ciências teológicas sis-

---

79. PIÉ-NINOT, S., La Teología Fundamental, p. 68.

80. LIBANIO, J. B., Teologia da Revelação a partir da Modernidade, p. 19.

81. PIÉ-NINOT, S., La Teología Fundamental, p. 80-83. Seguimos o parágrafo indicando essas duas funções da Teologia Fundamental, conforme Pié-Ninot as apresenta.

82. Segundo J. B. Libanio, a Teologia Fundamental, na perspectiva antropocêntrica atual, "tem uma função crítica e hermenêutica de toda teologia". É crítica por "analisar qual é a condição de possibilidade histórica e a condição de possibilidade transcendental da fé"; e hermenêutica por "buscar desvendar a significação permanente dos enunciados da fé a partir da inteligência que o homem tem de si e de sua relação com o mundo" (LIBANIO, J. B., Teologia da Revelação a partir da Modernidade, p. 64-65).

temáticas, como a cristologia e a eclesiologia. A segunda, que realiza mais explicitamente uma tarefa apologética, almeja o diálogo de fronteira, entendendo-se como um serviço, em chave de uma diaconia intelectual, sempre aberta à escuta do outro. Trata-se de uma Teologia Fundamental do testemunho (*martiria*) significativo da esperança cristã.

As duas funções, obviamente, devem estar em constante articulação, fecundando-se mutuamente como momentos constantes de uma única tarefa teológica, que busca compreender a revelação e sua transmissão atenta às questões epistemológicas e antropológicas. Assim, a Teologia Fundamental pode ser compreendida como "um relato humano – testemunhal e intelectual [...] – sobre a revelação cristã que põe em relevo os motivos pelos quais se crê nela como uma proposta com sentido"[83].

1.6. Conclusões: caminho aberto para uma Teologia Fundamental Latino-americana?

Tudo o que dissemos acerca da Teologia Fundamental nos aponta para um horizonte aberto de investigação. Como vimos, as questões acerca da revelação se relacionam com os desafios que lhe apresentam o mundo moderno e o contemporâneo; com a maneira como essa teologia se estruturará para dar uma resposta que seja plausível; com seu caráter interdisciplinar e dialogal; com os diferentes modelos em que tal disciplina pode se organizar; e com a explicitação de sua identidade e suas funções. No fundo, o desafio dessa disciplina é tornar mais inteligível o evento da revelação, por um lado considerando todas as tensões e ânsias da humanidade e, por outro, portando o sentido da revelação para o ser humano de seu tempo[84]. Assim, podemos dizer que a Teologia Fundamental, dependendo dessas variantes, se organizará também de maneira diferente, e essa disciplina buscará analisar a possibilidade de adesão aos conteúdos de fé levando em conta o contexto em que se vive e as ciências que estudam e analisam esse contexto. Dessa forma, justamente por se debruçar sobre assuntos como revelação e fé, mais precisamente no modo como esses temas podem ser abordados a partir da atualidade,

---

83. PIÉ-NINOT, S., La Teología Fundamental, p. 82. Pié-Ninot destaca também que, do ponto de vista da articulação acadêmica, dois enfoques podem ser trabalhados: um que delimita a parte dogmático-fundamental, baseando-se na revelação e na sua transmissão eclesial; e outro que se centra na parte apologético-fundamental, buscando apontar a razoabilidade da credibilidade de Cristo na Igreja (PIÉ-NINOT, S., La Teología Fundamental, p. 83).

84. FISICHELLA, R., Introdução à Teologia Fundamental, p. 148-149.

ocupa-se também em entender as culturas, o pensamento, o estilo de vida e os problemas de nossa época.

Do ponto de vista desta pesquisa, esse processo nos leva a refletir sobre a situação social, econômica, política, cultural e religiosa do contexto latino-americano, tentando-se perceber não apenas as transformações que se fazem presentes no mundo de hoje, mas também aquelas que dizem respeito mais de perto ao nosso continente. As experiências diárias que temos com as diversas mudanças que afetam a sociedade nos trazem conhecimentos que rapidamente se transferem para outros ramos do saber, fazendo com que se torne cada vez mais complexo apresentar uma Teologia Fundamental na cultura atual, em que tudo parece mudar o tempo todo[85]. Entretanto, destacamos mais uma vez que a recepção da revelação é sempre contextualizada, não apenas no tempo mas também no espaço. Em relação ao tempo, há que se considerar – sim – os desafios próprios da Modernidade (e da Pós-modernidade), que se apresentam a nós por meio de certos parâmetros aparentemente inegociáveis, tais como um "império" da razão (já em crise), um acento particular na liberdade, na felicidade e no individualismo e uma autonomia da esfera cultural e social[86]. Contudo, esses acentos próprios de nossa época aparecem também diferentes em relação ao espaço geográfico. Em algumas partes do mundo, sobretudo na América Latina, ao invés de um desenvolvimento, percebemos "a face escura da modernidade", que, por meio da manutenção de um sistema econômico perverso, gera miséria em massa e exclusão de milhões de pessoas de uma plena vida[87].

Diante de tal realidade, que se torna cada vez mais grave, a pergunta acerca das condições e dos pressupostos que podem favorecer ou prejudicar a adesão às verdades cristãs mostra-se como o setor próprio da Teologia Fundamental[88]. Naquelas regiões onde há menos problemas de extrema pobreza e desigualdade social, as questões se voltam preferencialmente para as discussões acerca do conceito de revelação na Modernidade e a pertinência da fé e do ato de crer em sua relação com as ciências, a fim de demonstrar a plausibilidade da fé e a especificidade da revelação cristã[89]. Porém, o fato de a América Latina ser um "lugar

---

85. LIBANIO, J. B., Introdução à Teologia Fundamental, p. 17.
86. LIBANIO, J. B., Teologia da Revelação a partir da Modernidade, p. 116-150.
87. LIBANIO, J. B., Teologia da Revelação a partir da Modernidade, p. 150-154.
88. MIRANDA, M. F., Palavra Divina ou Palavra humana?, p. 262.
89. MOINGT, J., Deus que vem ao homem: do luto à revelação de Deus, p. 233-269. Nesse capítulo, o autor destaca que, embora o termo "revelação" não seja próprio da teologia, mas esteja fortemente presente na linguagem religiosa em geral, significando o sentimento do sagrado ou a manifestação do divino, esse vocábulo, na perspectiva cristã, ganha o sentido de manifestação de Deus na história realizada de maneira

social" diferente – lugar de pobreza e sofrimento, mas, ao mesmo tempo, de lutas e resistências –, pode levantar uma nova questão teológica, a saber, a tentativa de compreender como a experiência de Deus (revelação-fé) contribui para o caráter teologal ou espiritual das lutas populares (salvação), bem como para entender a densidade e a relevância epistemológica desse conhecimento (teologia)[90].

Uma investigação específica de uma Teologia Fundamental deve ser cada vez mais crítica em relação ao momento cultural, à análise do mundo moderno, à economia e à sociedade, mas também deve ser crítica em relação à própria fé, principalmente pensada a partir de sua realidade – no caso, da América Latina[91]. De fato, veremos que a teologia latino-americana não está interessada apenas na identidade eclesial da reflexão teológica, mas também em sua relevância social; e isso significa que, ao pensar o ser humano a partir de suas histórias de sofrimento, essa teologia toma um rosto próprio, uma identidade marcada pela "opção preferencial pelos pobres", cujo objetivo essencial é contribuir, dentro de suas possibilidades concretas, para a construção de uma sociedade mais justa, na qual os pobres se tornem verdadeiros sujeitos e agentes transformadores de sua própria história[92].

Ao apresentar nossas conclusões acerca de nossas primeiras impressões sobre a Teologia Fundamental, apontamos, já neste momento, as questões que nos levaram a esta pesquisa: Podemos falar de uma Teologia Fundamental Latino-americana? Se ela existir, seria um modo distinto de Teologia Fundamental? Ela poderia se encaixar em algum modelo apresentado ou constituiria um novo modelo? Quais seriam a identidade e as funções dessa Teologia Fundamental?

Apesar dos pontos levantados, precisamos destacar que a Teologia Fundamental, em si, não pode ser descrita sem o seu objeto de estudo – a revelação. Por isso, antes de investigar uma possível Teologia Fundamental Latino-americana, é necessário aprofundar o próprio conceito de revelação. A partir daí, no confronto com a teologia latino-americana, poderemos pensar em uma resposta às questões apresentadas no parágrafo anterior. Entretanto, de modo provocativo, já podemos levantar certas hipóteses e intuições: a América Latina, por suas peculiaridades,

---

definitiva em Jesus Cristo. O conflito entre os dois significados aumentou à medida que se desenvolveram as ciências das religiões, a partir do século XVIII, sobretudo nos séculos XIX e XX. A questão de fundo é se o cristianismo poderia ou não reivindicar uma intervenção histórica da divindade em seu benefício levando em conta a pluralidade de religiões. Moingt aponta para as diferentes tentativas de resposta: por um lado, em E. Troeltsch e P. Tillich; por outro, em K. Barth, H. U. von Balthasar e K. Rahner.

90. AQUINO JÚNIOR, F. A., La dimensión teologal de las resistencias y las luchas populares, p. 71-99.

91. LIBANIO, J. B., Introdução à Teologia Fundamental, p. 51.

92. BINGEMER, M. C. L., Teologia Latino-americana, p. 31.

pode ser considerada um "lugar hermenêutico" próprio, capaz de gerar novas percepções teológicas e, talvez, até mesmo um "lugar teológico" novo. Há que se destacar que o simples fato de ser um novo lugar hermenêutico não a constitui também automaticamente como um "lugar teológico próprio". No entanto, conforme destaca J. Costadoat, isso pode ter acontecido neste continente, e, "quando isso ocorre [...], quando se reconhece em um 'lugar hermenêutico' um tipo de revelação de Deus, estamos diante da maior novidade metodológica da teologia da libertação"[93]. De fato, "o tema dos excluídos como lugar da revelação de Deus é novo na teologia"[94]. Trata-se, portanto, de uma nova percepção do conceito de revelação, muito mais sensível ao lugar dos pobres. É uma originalidade que precisa ser aprofundada:

> Deus fala hoje. Quando a Teologia da Libertação compreende que a atenção a esta "revelação" constitui a sua tarefa principal, torna-se ainda mais nova do que quando é posta a serviço da compreensão da Bíblia "desde" os pobres. É original na história da teologia sustentar que "desde" os pobres se entende melhor o Evangelho. Mas é ainda mais original reconhecer "na" voz dos pobres a voz de Deus. Pode-se dizer, consequentemente, que na Teologia da Libertação, pelo menos em alguns autores, houve uma nova concepção de revelação[95].

Para tentar compreender essa "nova concepção de revelação", faz-se necessário, antes, aprofundarmos o conceito de revelação propriamente dito, sobretudo aquele apresentado e desenvolvido a partir do Concílio Ecumênico Vaticano II. Só no confronto desse conceito de revelação com as intuições básicas da teologia latino-americana poderemos perceber que novidade é essa a que o autor se refere.

---

93. COSTADOAT, J., Novedad de la Teología de la Liberación en la concepción de la revelación, p. 30.

94. FELLER, V. G., A revelação de Deus a partir dos excluídos, p. 27.

95. COSTADOAT, J., Novedad de la Teología de la Liberación en la concepción de la revelación, p. 45.

Capítulo 2 | O conceito de revelação

O Concílio Ecumênico Vaticano II (1962-1965), do ponto de vista eclesiológico, constituiu uma verdadeira "revolução copernicana" na reflexão teológico-pastoral[96]. Já no discurso de abertura, o Papa João XXIII havia encaminhado os trabalhos com o propósito não só de conservar o "tesouro precioso", mas também de se dedicar "com vontade pronta e sem temor àquele trabalho hoje exigido"; e, por isso mesmo, apontou que o objetivo principal do Concílio não era "a discussão de um ou outro tema da doutrina", e sim que ela fosse "aprofundada e exposta de forma a responder às exigências do nosso tempo". De fato, avaliava o papa, "uma coisa é a substância do '*depositum fidei*', isto é, as verdades contidas na nossa doutrina, e outra é a formulação com que são enunciadas, conservando-lhes, contudo, o mesmo sentido e o mesmo alcance"[97]. Em suma, o papa pediu o famoso *aggiornamento* da Igreja[98]. E não com menos ênfase, o Papa Paulo VI concluía o Concílio afirmando que a Igreja, após aqueles intensos anos, "penetrou no íntimo da sua consciência [...] para encontrar em si a palavra de Cristo, viva e operante no Espírito Santo, e para sondar mais profundamente [...] o desígnio e a presença de Deus fora e dentro de si", reavivando, com isso, na própria vida dos cristãos, "o fogo da fé"[99].

---

96. V. Codina explica o sentido dessa afirmação: "diante da Igreja clerical, o Vaticano II realiza uma revolução copernicana ao colocar o capítulo II sobre o Povo de Deus na LG antes dos capítulos sobre a hierarquia (III), leigos (IV) e Vida Religiosa (VI)" (CODINA, V., Eclesiologia do Vaticano II, p. 465). Em relação à autocompreensão da Igreja, "o concílio representa uma guinada na medida em que [...] foi superada a eclesiologia centralista ultramontana dominante desde meados do século XIX" (WIEDENHOFER, S., Eclesiologia, p. 84).

97. JOÃO XXIII, PP., Discurso de Sua Santidade na abertura solene do SS. Concílio em 11 de outubro de 1962.

98. Segundo Codina, essa palavra é tipicamente roncalliana e significava colocar em dia a Igreja, dialogar com o mundo moderno, fazer verdadeira inculturação, voltar às fontes vivas da Tradição cristã, renovar toda a pastoral, dar um salto adiante, incrementar a fé, renovar os costumes do povo cristão e pôr em dia a disciplina eclesiástica (CODINA, V., Eclesiologia do Vaticano II, p. 463).

99. PAULO VI, PP., Discurso na última sessão pública do Concílio Vaticano II em 7 de dezembro de 1965.

Ao ser questionada acerca do que pensa de si mesma – levando em consideração, obviamente, as exigências dos novos tempos –, a Igreja, naquele Concílio, deu uma dupla resposta. Por um lado, em uma reflexão intraeclesial, na Constituição Dogmática *Lumen Gentium*, definiu-se "como que o sacramento, ou sinal, e o instrumento da íntima união com Deus e da unidade de todo o gênero humano"[100], através do qual "aprouve a Deus salvar e santificar os homens, não individualmente [...], mas constituindo-os em povo que o conhecesse na verdade e o servisse santamente"[101]; povo este que, dotado do sentido da fé e de diversos carismas, é radicalmente aberto ao mundo, pois, pela graça, todos os seres humanos são chamados à salvação[102]. Por outro lado, em uma reflexão extraeclesial, na Constituição Pastoral *Gaudium et Spes*, reconheceu-se servidora da humanidade; alguém que busca dialogar com a Modernidade, tentando acolher toda alegria, esperança, tristeza e angústia humanas, sobretudo dos pobres[103]. Assim, unida a todos e todas e crendo-se fundamentalmente movida pelo Espírito do Senhor, a Igreja pode discernir os sinais que lhe apresenta o mundo e reconhecer a vontade de Deus acerca da vocação integral de toda pessoa, a fim de construir, junto de todos os povos e de todas as culturas, um caminho de humanização[104].

Os documentos conciliares são ponto de chegada de uma grande discussão teológica precedente e, ao mesmo tempo, a origem de novos debates. A rica eclesiologia conciliar é fruto de uma complexa atividade teológica que vinha se desenvolvendo desde a década de 1930, atividade essa que encontrou uma vigorosa expressão no Concílio, onde desempenhou uma função dominante[105]. Porém, essa produção teológica não visava se cristalizar em um concílio, mas sim, a partir desse, consolidar passos, a fim de se desenvolver ainda mais. Por isso, para uma hermenêutica que respeite a dinâmica do Vaticano II, é necessário perceber que ele foi, principalmente, mais um ponto de partida do que um ponto de chegada, visto que a própria assembleia conciliar ofereceu um modelo de interpretação que leva em conta a ampliação de suas próprias decisões, muitas delas abertas a desenvolvimentos posteriores[106].

---

100. LG 1.

101. LG 9.

102. LG 12-13.

103. GS 1.

104. GS 11. Entretanto, podemos dizer que, embora o Vaticano II tenha respondido "às interrogações e aos desafios da sociedade ocidental em 1962 [...] era totalmente inofensivo, se comparado à revolução cultural iniciada em 1968" (COMBLIN, J., O Vaticano II cinquenta anos depois, p. 632-634).

105. ALBERIGO, G., La transición hacia una nueva era, p. 534.

106. ALBERIGO, G., La transición hacia una nueva era, p. 536.

Esse amplo avanço teológico pode ser percebido nas discussões acerca do conceito de revelação, tal como foi compreendido antes, durante e depois do Concílio. No início do século XX, na história das religiões, geralmente utilizava-se o termo "revelação" associado à ideia de uma "manifestação" que permitia "reconhecer a presença de Deus a partir de seu poder", algo que se realizava "da exterioridade de sua vinda em direção à interioridade de sua presença"[107]. Na teologia, entretanto, o conceito de revelação apresentava certo extrinsecismo, como se fosse "um conhecimento de Deus vindo puramente 'de fora'"[108] – característica contra a qual se insurgiu a Modernidade, por não mais aceitar nenhum fenômeno que não levasse em conta a participação efetiva do sujeito. A resposta da Igreja da época foi condenar o conceito de revelação advindo da história das religiões como um dos erros fundamentais da Modernidade[109]. Foi esse impasse, conforme apontamos no capítulo anterior, que fez com que a apologética tradicional entrasse em crise e abrisse espaço para um novo modelo de Teologia Fundamental, que estivesse mais aberto ao diálogo com os aspectos da subjetividade humana. Essa "apologética da imanência", que surgiu no fim do século XIX e início do XX, contudo, não foi suficiente para responder às questões da Modernidade, sendo acusada de ser uma filosofia, ou ainda uma psicologia, que estabelece certa dualidade artificial entre subjetividade e objetividade[110]. Apenas com o fim da Segunda Guerra Mundial e com o advento das discussões pré-conciliares foi possível sair daqueles modelos apologéticos para se chegar a uma Teologia Fundamental renovada. Assim, abandonou-se o conceito *a priori* de revelação, até então dominante, para se buscar entendê-la a partir de um estudo histórico e teológico, o que culminou na produção da Constituição Dogmática *Dei Verbum*[111]. A partir do Concílio, as perspectivas se ampliaram, e o conceito de revelação passou a ser compreendido em relação ao *mistério*, levando sempre em conta a experiência humana, o que abriu caminho para o diálogo com as culturas, as religiões, a política, a economia, entre outros[112].

---

107. MOINGT, J., Deus que vem ao homem: do luto à revelação de Deus, p. 234.

108. RAHNER, K., Observações sobre o conceito de revelação, p. 2. Ainda permanece, na filosofia, uma noção de revelação enquanto "metafísica do remetente forte", na expressão de P. Sloterdijk. Segundo esse pensador, "a ideia de revelação implica a concepção dramática segundo a qual um *Senhor* disposto a se comunicar se volte [...] para um grupo de *recipientes* para convencê-los a aceitar sua mensagem. Revelação designa, portanto, a mensagem que, em virtude de seu modo de transmissão especial, obriga o recipiente à submissão grata" (SLOTERDIJK, P., Pós-Deus, p. 293, grifo nosso).

109. RAHNER, K., Observações sobre o conceito de revelação, p. 1.

110. LIBANIO, J. B., Teologia da Revelação a partir da Modernidade, p. 54-58.

111. LIBANIO, J. B., Teologia da Revelação a partir da Modernidade, p. 58-62.

112. THEOBALD, C., A revelação, p. 235-242. Para o autor, por um lado, o conceito de revelação nunca pode ser separado do termo "mistério", já que "Deus se revela como mistério" (p. 236); por outro, a partir da

Para compreender melhor essa "evolução" do conceito de revelação, faz-se necessário, num primeiro momento, olhar mais atentamente para o conceito pré-conciliar; por um lado descrevendo sua formulação básica e por outro reconhecendo as características da crise desse conceito a partir do confronto com a Modernidade. Com isso poderemos, num segundo momento, investigar mais precisamente a maneira como a revelação se apresenta no Concílio Vaticano II, seja explorando as grandes intuições presentes nos movimentos de renovação que se articularam nos trinta anos antes desse grande evento, seja analisando, de maneira mais precisa, a forma como o conceito de revelação aparece na Constituição Dogmática *Dei Verbum*. Julgamos esse estudo necessário, uma vez que permite, ao comparar seu desenvolvimento teológico, identificar em seguida as características particulares do conceito de revelação presente na América Latina, bem como as peculiaridades de uma Teologia Fundamental correspondente.

2.1. A revelação no contexto pré-conciliar

De maneira geral, pode-se afirmar que as abordagens do Concílio Vaticano II, sobretudo por causa do movimento de retorno às fontes (tais como se vê nos movimentos bíblico, patrístico, litúrgico e ecumênico) e da busca do diálogo com o mundo moderno, implicaram um novo conceito de revelação, que se distanciou muito daquele apologético imediatamente anterior. De fato, para se compreender a novidade conciliar, é necessário comparar aquilo que aparece na *Dei Verbum* com as formulações precedentes acerca da revelação e os problemas teológicos oriundos do confronto dessa perspectiva com o pensamento moderno, em especial com o advento das ciências da religião. Para se fazer uma síntese do conceito de revelação pré-conciliar, no entanto, devemos perceber como esse se estrutura a partir do momento que ele é colocado em questão, o que aconteceu tarde, nos inícios da Modernidade, em especial a partir do Concílio de Trento, marcado pela tentativa de refutar a tese protestante "*sola scriptura*"[113].

Modernidade, os cristãos tomaram consciência de que a revelação "não existe fora de sua percepção histórica" (p. 242).

113. RIBEIRO, A. L. V., A revelação nos concílios de Trento e Vaticano II, p. 56. A ideia de revelação, como veremos, já havia aparecido no IV Concílio de Latrão (1215). Entretanto, enfatizaremos aqui apenas o Magistério a partir da Reforma por dois motivos: 1) importa, neste trabalho, cujo objetivo é discutir o conceito de revelação a partir do Concílio Vaticano II, apenas o contexto imediatamente anterior; 2) a discussão acerca dos "erros" do conceito de revelação é recente, ou seja, "não parece que a noção tenha sido contestada nos primeiros séculos e durante toda a Idade Média" (LATOURELLE, R., Teologia da Revelação, p. 285). Para uma discussão acerca da noção bíblica de revelação, do tema da revelação nos santos padres e da noção de revelação na tradição teológica escolástica, cf. LATOURELLE, R., Teologia da Revelação, p. 11-281.

Nesta parte da pesquisa, portanto, descreveremos, primeiro, como o conceito de revelação aparece em alguns documentos da Igreja, mesmo antes de se utilizar a palavra em si, tal como se pode perceber em Trento; em seguida, abordaremos como a revelação é apresentada explicitamente no Concílio Vaticano I; e, por fim, apresentaremos as principais críticas que foram feitas àquela definição de revelação. Com isso, poderemos nos aproximar, com propriedade, da discussão acerca do tema no Concílio Vaticano II.

2.1.1. A "ideia" de revelação em Trento

O questionamento da ideia de uma revelação sobrenatural, como dissemos, foi tardio na história da Igreja. A noção já aparece, de maneira incipiente e indireta, em Latrão IV (1215), em que, através da expressão "doutrina da salvação", os conciliares quiseram fazer uma síntese do projeto salvífico de Deus para a humanidade[114]. Nesse contexto, a palavra "doutrina", presente na expressão, tem um sentido dinâmico, muito diferente do significado que o termo adquiriu com o tempo, quando passou a equivaler a algo rígido, a-histórico[115]. Naquele Concílio, já podíamos perceber elementos do conceito de revelação: o autor é a Trindade; o destinatário é o gênero humano; a finalidade é a salvação; o objeto é a doutrina referente à salvação e aos meios de consegui-la; e a plenitude é o progresso de uma economia a outra pela encarnação do Filho de Deus[116]. Embora esses elementos só tenham sido questionados formalmente nos séculos XVIII e XIX, os princípios que o permitiram apareceram nos inícios do protestantismo.

Com a Reforma e a consequente tese *"sola scriptura"*, apenas os textos bíblicos passaram a ser considerados "Palavra de Deus" e, portanto, autoridade máxima e suficiente para se conhecer sua vontade; regra de fé e de prática, tanto para indivíduos quanto para a Igreja[117]. Nessa ênfase, houve uma certa identificação da Bíblia com a revelação[118] – como se pode perceber em Calvino, que se opunha a qualquer

---

114. DH 800.

115. LIBANIO, J. B., Teologia da Revelação a partir da Modernidade, p. 381-382.

116. LATOURELLE, R., Teologia da Revelação, p. 286.

117. DE L. COSTA, J. C. Sola Scriptura, p. 127.

118. Os protestantes dos primeiros séculos acentuaram ao extremo a inspiração bíblica. Seus principais teólogos admitiam a inspiração não apenas das palavras mas também dos pontos diacríticos presentes no texto original. Tal noção pode ser encontrada na Fórmula de Helvética, de 1675, que declarou que "o código hebraico do Antigo Testamento está divinamente inspirado não só quanto às consonantes e às vogais, mas também quanto aos mesmos pontos [sinais vocálicos] ou ao menos quanto ao significado dos pontos" (SALGUERO, J., El Concilio Vaticano I y la doctrina sobre la inspiración de la Sagrada Escritura, p. 330).

tipo de "revelação" que estivesse fora das Sagradas Escrituras[119]. Isso levou os reformadores a contestarem também qualquer autoridade que pudesse submeter as Escrituras, seja o Magistério, através do papa ou dos bispos, seja a Tradição. Além disso, eles desconfiavam da capacidade cognitiva humana, pois a julgavam enfraquecida pelo pecado. Por isso, acentuavam o aspecto individual da fé, a atitude de acolhida da justificação dada por Deus, o papel transcendente da interpelação divina e o livre-exame da Escritura – o que, em conjunto, resultava em maior atenção à subjetividade em detrimento da objetividade da revelação[120].

Diante de tal panorama, que enfatizava excessivamente o individualismo e o subjetivismo, o Concílio de Trento (1545-1563) buscou enfatizar o caráter objetivo da revelação, seja em relação ao seu conteúdo e ao seu ensinamento, seja em relação aos seus transmissores, seus intérpretes oficiais, ou ainda ao papel da própria Igreja[121]. Uma das metas do Concílio foi, portanto, afastar o perigo representado por uma atenção demasiadamente exclusiva à Escritura, a qual prejudicava a própria Igreja e sua tradição viva. As discussões conciliares partiram da ideia de que "a fé nos vem pela revelação divina, que nos é transmitida pela Igreja, a qual a recebe em parte da Escritura do Antigo e do Novo Testamento, em parte também da tradição"[122]. O decreto final sobre esse assunto foi publicado em 8 de abril de 1547, no qual se declara que a verdade da fé está contida "em livros escritos e tradições não escritas que, recebidas pelos apóstolos da boca do próprio Cristo ou transmitidas como que de mão em mão pelos apóstolos, sob o ditado do Espírito Santo, chegaram até nós"[123].

Segundo R. Latourelle, esse texto conciliar faz três afirmações fundamentais que pautarão as discussões seguintes: a) o Evangelho foi-nos dado pouco a pouco, ou seja, foi antes de tudo anunciado pelos profetas, depois promulgado por Cristo e, enfim, pregado pelos apóstolos; b) a verdade da salvação e a lei para

---

119. DE L. COSTA, J. C., Sola Scriptura, p. 134. Calvino admite que Deus se manifesta à humanidade também através da criação, mas acrescenta que a razão humana foi tão gravemente ferida pelo pecado que "essa manifestação objetiva de Deus se torna inútil para nós" (LATOURELLE, R., Teologia da Revelação, p. 289). No século XX, no entanto, o grande teólogo protestante Karl Barth afirmou que "a Bíblia [...] não é em si mesma e como tal a Revelação ocorrida de Deus [...], mas a Bíblia que nos fala como Palavra de Deus e como tal é por nós ouvida testifica a Revelação ocorrida" (WERBICK, J., Prolegômenos, p. 23).

120. LIBANIO, J. B., Teologia da Revelação a partir da Modernidade, p. 382.

121. LIBANIO, J. B., Teologia da Revelação a partir da Modernidade, p. 382.

122. LATOURELLE, R., Teologia da Revelação, p. 290. Declaração do Cardeal Del Monte, futuro Júlio III, realizada a 12 de fevereiro de 1546. A teoria das duas fontes, segundo a qual a Escritura e a Tradição são duas fontes distintas e independentes, baseia-se em uma interpretação do Concílio de Trento que se apoia mais na declaração desse cardeal do que no texto conciliar propriamente dito (VALLS, C. A., La tradición según la Dei Verbum y su importancia en la teología ecuménica actual, p. 164).

123. DH 1501.

o agir moral, cuja fonte única é o Evangelho, "estão contidas em livros escritos e tradições não escritas"; c) o Concílio recebe e venera com igualdade "os livros tanto do Novo como do Antigo Testamento" e "as tradições" que se relacionam com a fé e os costumes[124]. J. B. Libanio acrescenta que, nesse decreto, estão claras as preocupações com a doutrina, a moral e os costumes, em oposição à postura protestante, que é mais subjetivista, bem como a ênfase na autoridade da Igreja enquanto mediadora, que foi nitidamente reforçada[125].

De maneira didática, R. Latourelle assim apresenta as ideias centrais do Concílio de Trento acerca do tema:

> Sem usar o termo revelação, apresenta-a como sendo conteúdo de uma palavra. Concretamente, esse conteúdo é o Evangelho ou a mensagem de salvação prometida inicialmente pelos profetas, publicada por Cristo, pregada pelos apóstolos, transmitida à Igreja, que a conserva e a defende. Evangelho que é também designado como doutrina ensinada e transmitida; doutrina da salvação que constitui um conjunto de verdades e de promessas oferecidas à fé cristã pela pregação, que se encontra na Escritura e na tradição. A fé, que responde à pregação do Evangelho, é correlativamente designada como assentimento às verdades e às promessas nele contidas, sob a ação da graça que excita a ajuda. Assentimento que termina, não nos simples enunciados, mas se dirige ao próprio Deus dessas verdades e promessas[126].

Embora o Concílio defendesse uma importante ideia geral de revelação, aquele Evangelho ou aquela mensagem da salvação, que se encontra na Escritura (e também na Tradição), não estava disponível aos crentes devido à limitação do acesso ao texto bíblico, em especial àqueles traduzidos. De fato, o contexto imediatamente posterior a Trento é complexo ao extremo, sobretudo no que se refere à orientação dos fiéis acerca das Escrituras, seja por causa da ausência de formação teológica para os candidatos ao clero, seja por causa das novas normas, promulgadas por Pio IV (1560-1565) na Constituição *Dominici Gregis Custodiae*, que versavam sobre livros proibidos[127]. Nela, além de especificar quais publicações poderiam ou não ser lidas pelos fiéis, o papa define também quem poderia ter acesso às Sagradas Escrituras e as condições em que essa leitura deveria se dar: as traduções dos livros veterotestamentários só poderiam ser concedidas a

---

124. LATOURELLE, R., Teologia da Revelação, p. 292-293.
125. LIBANIO, J. B., Teologia da Revelação a partir da Modernidade, p. 383.
126. LATOURELLE, R., Teologia da Revelação, p. 295.
127. SOUZA, N., *Dei Verbum*, notas sobre a construção do texto conciliar, p. 179.

"homens doutos e piedosos, a juízo do bispo ou do inquisidor", com a condição de serem utilizadas "como elucidações da edição Vulgata", e nunca como texto autossuficiente; já as traduções do Novo Testamento não eram permitidas de maneira geral, uma vez que se acreditava que "da sua leitura costumam derivar para os leitores bem pouca utilidade e muitíssimo perigo"[128]. Assim, se por um lado a Igreja defendia o conceito de revelação de uma visão subjetivista, enfatizando o papel da instituição, do magistério e dos transmissores, bem como a objetividade de seu conteúdo, por outro, ao vedar ou dificultar o acesso às Escrituras, tornava a experiência da revelação cada vez mais distante dos fiéis.

2.1.2. O conceito de revelação no Concílio Vaticano I

Após Trento, o tema da revelação foi retomado de maneira explícita no Concílio Vaticano I (1869-1870), no qual, pela primeira vez em documentos oficiais, utilizou-se o termo "revelação". Porém, o período entre Trento e Vaticano I foi de profundas mudanças: houve uma crise no cristianismo ocidental, agravada pelos conflitos crescentes com a cultura moderna, pelo surgimento dos estados nacionais, pelos impactos da Revolução Francesa e pela formação de uma cultura laicista[129]. Várias correntes de pensamento negavam abertamente a revelação sobrenatural: o cartesianismo, que colocou em xeque a autoridade e a tradição; a filosofia espinoziana, que excluiu, *a priori*, a religião revelada; o kantismo, que diminuiu e confundiu as fronteiras entre filosofia e teologia e entre moral de Cristo e ética natural; o empirismo inglês, que se opôs a tudo que não se baseasse na observação das leis da natureza[130]. Essas correntes, que defendiam a razão absoluta, negavam o caráter transcendente da revelação; e, ao lado delas, somavam-se grupos de caráter fideísta e tradicionalista, que, por declararem nula a razão, acabavam por se opor à própria fé[131]. Além disso, havia diferentes posições em relação à revelação: a do deísmo e do progressismo, que recusava a hipótese de

---

128. DH 1853. Vale destacar que não era terminantemente proibido ter acesso às traduções dos textos bíblicos, mas tal acesso era controlado. A regra IV do mesmo texto, embora enfatize que a permissão da Bíblia em língua vernácula, indistintamente e sem diferença, gere mais dano que utilidade, afirma que "compete [...] ao juízo do bispo ou do inquisidor, com o conselho do pároco ou do confessor, conceder a leitura dos livros bíblicos traduzidos em língua vernácula por autores católicos àqueles que, segundo sua percepção, possam de tal leitura receber não dano, mas aumento de fé e de piedade" (DH 1854).

129. A Igreja ainda teria enormes dificuldades com essas mudanças. Até praticamente Pio XII, a Igreja institucional não aceitaria, por exemplo, as teorias da soberania popular, entrando em claro atrito com a Modernidade (LIBANIO, J. B., Igreja Contemporânea, p. 22).

130. LATOURELLE, R., Teologia da Revelação, p. 297.

131. LIBANIO, J. B., Teologia da Revelação a partir da Modernidade, p. 384.

revelação e de qualquer ação transcendente de Deus na história; a do protestantismo liberal – e, em parte, do modernismo –, que, ao negar o caráter transcendente da revelação, fazia dela uma tarefa eminentemente humana; e a do evolucionismo absoluto – como os hegelianos –, que pretendiam suprimir o termo "Deus" do conceito de revelação, conservando ainda a palavra, mas esvaziando todo seu sentido tradicional[132]. O crescente racionalismo, aliás, coincidiu com uma decadência da teologia romana, na qual os esforços dos pensadores católicos consistiam na defesa da religião de seus adversários e na tentativa de levantá-la do desprezo em que caíra. Contudo, oscilando entre o semirracionalismo e o fideísmo, esses teólogos acabavam por manifestar um mal-estar geral criado pelo difícil problema das relações entre fé e razão[133].

A posição oficial da Igreja pôde ser percebida em Gregório XVI (1831-1846), que condenou o tradicionalismo absoluto, apoiou a razão contra o tradicionalismo mitigado e repudiou o semirracionalismo; e em Pio IX (1846-1878), que reforçou a condenação de seu antecessor e acrescentou a anátema ao liberalismo intelectual[134]. Na Encíclica *Qui Pluribus*, único texto que trata do tema, Pio IX condena ainda o racionalismo e expõe aquilo que julga ser o "correto comportamento da razão humana frente à fé"[135]. Afirma que, embora "a fé seja superior à razão, todavia nunca se pode encontrar entre elas [...] desacordo algum, pois ambas provêm da única e mesma fonte imutável da verdade"; e, contra aqueles que queriam reduzir a religião a uma simples obra humana ou a uma descoberta filosófica, declara que ela "não foi inventada pela razão humana, mas revelada aos homens pela grande clemência de Deus" que fala. Acentua também que é dever da razão humana estudar "*o fato da revelação divina*, para estar segura de que Deus falou e para prestar-lhe *obséquio segundo a razão*", pois nada é mais racional que "assentir e firmemente aderir àquilo que consta ser revelado por Deus"[136]. Por fim, conclui que a razão humana não pode ir além da fé, mas deve favorecê-la ao ter, por certo, que tudo quanto ela propõe "foi transmitido por Deus"[137].

---

132. LATOURELLE, R., Teologia da Revelação, p. 297.

133. LATOURELLE, R., Teologia da Revelação, p. 299-300.

134. LATOURELLE, R., Teologia da Revelação, p. 300.

135. DH 2775-2780.

136. DH 1176-1778, grifo nosso.

137. DH 1780. A encíclica inter-relaciona, por três vezes, os termos "revelação", "palavra" e "fé", de forma que os conceitos são esclarecidos uns em relação aos outros: na primeira vez, tratando de religião revelada, no sentido de doutrina, por oposição ao que não seria mais que reflexão filosófica; na segunda, estabelecendo uma equivalência entre a ação de revelar e a ação de falar; e, na terceira, destacando a fé enquanto reação humana diante do Deus que se revela, como uma "homenagem racional" fundada sobre a Palavra de Deus. Cf. LATOURELLE, R., Teologia da Revelação, p. 301.

O contexto da metade do século XIX, como se vê, é bastante conturbado. Além desses conflitos, era extremamente complexa a "questão romana", suscitada pela erosão do poder temporal e pela luta por um território na Itália. Havia também certa nostalgia de uma cristandade protetora da fé e da Igreja e uma polarização da teologia em torno das escolas romana e alemã. O único denominador comum, entretanto, era a percepção de que o cristianismo estava radicalmente ameaçado pela Modernidade[138]. É sob esse fundo histórico que será convocado o Concílio Vaticano I, e é nesse ambiente que se discutirá, entre outros temas, a questão da revelação.

A Constituição Dogmática *Dei Filius* tratou de expor a doutrina sobre Deus, a revelação e a fé. Com sua promulgação, o Concílio procurou apontar uma posição de equilíbrio, que afirmasse, por um lado, a realidade da revelação em oposição a uma pretensa autonomia absoluta da razão e, por outro, o valor da razão em oposição a um enfraquecimento de sua força cognitiva[139]. Ao tratar especificamente da revelação, o primeiro parágrafo do segundo capítulo da Constituição afirma o seguinte:

> A mesma santa mãe Igreja sustenta e ensina que Deus [...] pode ser conhecido com certeza pela luz natural da razão humana, a partir das coisas criadas [...]; mas [ensina também] que aprouve à sua misericórdia e bondade revelar-se à humanidade a si mesmo, bem como os eternos decretos da sua vontade, por outra via, e esta sobrenatural, conforme diz o Apóstolo: "Havendo Deus outrora em muitas ocasiões e de muitos modos falado aos pais pelos profetas, ultimamente, nestes dias, falou-nos pelo Filho" [Hb 1,1s.; cân. 1][140].

Nesse trecho, o Concílio distingue duas vias pelas quais o ser humano pode chegar ao conhecimento de Deus[141]: a primeira, ascendente e natural, tem a criação por ponto de partida e a razão por instrumento, chegando a Deus, não em sua vida íntima, mas na sua relação causal com o mundo; a segunda, descendente e sobrenatural, realizada por Deus que fala, dando-se a conhecer a

---

138. ALBERIGO, G., El concilio Vaticano I (1869-1870), p. 315.

139. LIBANIO, J. B., Teologia da Revelação a partir da Modernidade, p. 384.

140. DH 3004.

141. Relacionando DH 3004 com DH 3005, contudo, podemos encontrar também uma "tríplice ordem de verdades": verdades naturais conhecidas pela razão; verdades naturais reveladas – aquelas que, embora possam ser conhecidas pela razão, necessitam da ajuda divina para se reconhecê-las; e verdades sobrenaturais, que somente podem ser conhecidas pela revelação. Assim, as verdades podem ser apreendidas, quanto à origem, pela razão ou pela fé; quanto ao objeto, elas podem ser naturais, naturais reveladas ou sobrenaturais (LIBANIO, J. B., Teologia da Revelação a partir da Modernidade, p. 384).

si mesmo e aos desígnios de sua vontade[142]. Quanto à primeira via, o Concílio reivindica o valor da teologia natural contra dois "erros" da Modernidade: um, presente no ateísmo e no positivismo, pois afirmam não existir possibilidade de o ser humano conhecer a Deus; outro, presente no tradicionalismo estrito, porque atribui à razão um conhecimento meramente passivo de Deus, recebido por intermédio de um ensinamento positivo da tradição. Quanto à segunda, de acordo com R. Latourelle, o texto fornece diversos elementos essenciais que merecem ser destacados: a) o fato da revelação é entendido como sobrenatural e positivo, dado pela dinâmica do Antigo e do Novo testamentos; b) Deus é compreendido como o autor e a causa da revelação; c) a iniciativa da revelação é apresentada como algo que convinha à sabedoria e à bondade divinas; d) o objeto material da revelação é descrito como o próprio Deus, em sua vida íntima, e seus desígnios eternos, que dizem respeito à criação, ao governo do mundo e à elevação humana à ordem sobrenatural; e) o gênero humano, como um todo, é reconhecido como beneficiário da revelação, evento tão universal quanto a salvação; f) o texto da Escritura é visto como confirmação da doutrina revelada, deixando explícito o progresso e a dinâmica de uma Aliança à outra[143].

O segundo parágrafo do mesmo capítulo aponta que a revelação pode ser conhecida por qualquer pessoa, embora refute a ideia de que a revelação seja estritamente necessária pelo fato de sua acessibilidade ser universal:

> Decerto, a esta revelação divina deve-se atribuir que, por todos, mesmo nas condições atuais do gênero humano, possa ser conhecido facilmente, com firme certeza e sem mistura de erro, aquilo que nas coisas divinas não é de *per si* inacessível à razão humana. Contudo, não se deve dizer que a revelação é absolutamente necessária por este motivo, mas porque Deus, em sua infinita bondade, ordenou o homem para o fim sobrenatural [...]; pois "o olho não viu, nem o ouvido ouviu, nem acedeu ao coração humano o que Deus preparou para aqueles que o amam" [1Cor 2,9][144].

De acordo com esse texto, ao assinalar um fim sobrenatural em cada ser humano, Deus mesmo, respeitando a natureza inteligente e livre de cada pessoa, deve – isto é, tem absoluta necessidade de – fazer conhecer não só esse fim mas também os meios que lhe asseguram realizá-lo. No que diz respeito às verdades religiosas de ordem natural, entretanto, já não existe essa necessida-

---

142. LATOURELLE, R., Teologia da Revelação, p. 302.
143. LATOURELLE, R., Teologia da Revelação, p. 302-304.
144. DH 3005.

de absoluta; porém, sem a revelação, elas dificilmente seriam conhecidas por todos e sem erros[145].

Por fim, citando Trento, a Constituição *Dei Filius* afirma que a revelação sobrenatural está contida "nos livros e nas tradições não escritas que, recebidas pelos apóstolos da boca do próprio Cristo ou transmitidas [...] pelos próprios apóstolos sob o ditado do Espírito Santo, chegaram até nós"[146]. Prossegue confirmando os livros enumerados por Trento como sagrados e canônicos pelo simples motivo de terem sido "escritos sob a inspiração do Espírito Santo", tendo, portanto, "Deus por autor"[147]. A interpretação legítima desses textos, segue o documento, compete à Igreja, que tem a função de decidir o autêntico significado bíblico, não sendo, portanto, a ninguém permitido "interpretar a mesma Sagrada Escritura contrariamente a este sentido ou também contra o consenso unânime dos Padres"[148].

O terceiro capítulo da Constituição trata da fé[149]. Apesar de estar intrinsecamente ligada ao nosso estudo, não vamos tratá-la de maneira aprofundada aqui. Destacamos, contudo, que o documento a indica como "virtude sobrenatural" por meio da qual os cristãos creem naquilo que Deus revela, "não devido à verdade intrínseca das coisas conhecida pela luz natural da razão, mas em virtude da autoridade do próprio Deus que se revela, o qual não pode enganar-se nem enganar"[150]. A Palavra de Deus, portanto, é incluída na categoria de *testemunho*; algo que exige uma adesão por causa da autoridade de quem fala[151]. Em suma, o ato de fé "divina e católica" se dirige à totalidade da revelação; isto é, a "todas as coisas que estão contidas na Palavra de Deus escrita ou transmitida, e que pela Igreja, quer em declaração solene, quer pelo Magistério ordinário e universal, nos são propostas a ser cridas como reveladas por Deus"[152].

O quarto capítulo, abordando as relações entre fé e razão, traz contribuições precisas sobre o conceito de revelação. O texto indica como objeto próprio

---

145. LATOURELLE, R., Teologia da Revelação, p. 304-305. Notar a diferenciação que fizemos na nota 141, quando apontamos também para "verdades naturais reveladas".

146. DH 3006, conforme Trento (DH 1501).

147. DH 3006. Aqui se percebe a importância das Escrituras e da Tradição para o estudo da revelação. Nossa pesquisa, entretanto, dirige-se apenas ao conceito de revelação, sem entrar nos desdobramentos dela.

148. DH 3007.

149. Já à época, se afirmou que o capítulo II e o III estão relacionados, pois "à revelação da parte de Deus corresponde a fé da parte do homem" (LATOURELLE, R., Teologia da Revelação, p. 306).

150. DH 3008.

151. LATOURELLE, R., Teologia da Revelação, p. 308.

152. DH 3011.

da revelação sobrenatural os "mistérios escondidos em Deus, que não podemos conhecer sem a divina revelação" e que "permanecem ainda encobertos com o véu da mesma fé e como que envoltos em certa escuridão" durante esta vida mortal. Embora o conhecimento deles não seja absoluto, não pode haver conflito entre a fé e a razão, uma vez que "o mesmo Deus que revela os mistérios e infunde a fé, dotou o espírito humano da luz da razão". A aparente contradição entre ambos, então, só pode surgir do fato de "os dogmas da fé não terem sido entendidos e expostos segundo a mente da Igreja", ou de "se ter em conta de proposições da razão invenções de opiniões"[153]. O capítulo é concluído afirmando que aqueles mistérios foram entregues à Igreja "como um depósito divino, para ser por ela fielmente guardada e infalivelmente declarada"[154].

A Constituição Dogmática sobre a Igreja, *Pastor Aeternus*, também trata do assunto, afirmando que o Espírito Santo foi prometido aos sucessores de Pedro para que "conservassem santamente e expusessem fielmente a revelação transmitida pelos apóstolos, ou seja, o depósito da fé"[155]. Segundo R. Latourelle, "estas duas passagens se esclarecem mutuamente e mostram evidentemente que a doutrina revelada, a revelação e o depósito de fé, são uma só e mesma realidade"[156]. Enfim, procurando um critério para determinar de modo objetivo o conteúdo dessa fé, os conciliares utilizaram o seguinte raciocínio: para que a Igreja possa propor algo como conteúdo da fé, não apenas deve reconhecer isso com perfeita certeza, mas também deve tê-lo por revelado; e para que seja revelado, tem que encontrá-lo no depósito da Igreja; e para estar nesse depósito, tem que ter sido posto aí por Cristo ou pelos apóstolos[157].

Em resumo, o Vaticano I entende a revelação como uma palavra proferida, uma ação soberanamente gratuita de Deus que se dirige à humanidade dando-se a conhecer a si mesmo e à sua vontade; essa palavra, que é um testemunho que advém da autoridade do próprio Deus, é uma ação pessoal, dirigida de sujeito a sujeito, histórica e progressiva, uma ação salvífica e universal, que visa associar a humanidade à vida divina e aos seus bens, tendo sua culminância na manifestação do Filho. A resposta a essa Palavra é a fé, enquanto dom de Deus, e não um simples assentimento intelectual; de fato, a razão pode e deve prestar uma "homenagem a Deus" por meio da fé, aderindo ao conteúdo da revelação por reverência à

---

153. DH 3015-3017.

154. DH 3020.

155. DH 3070.

156. LATOURELLE, R., Teologia da Revelação, p. 311.

157. SALGUERO, J., El Concilio Vaticano I y la doctrina sobre la inspiración de la Sagrada Escritura, p. 321.

autoridade divina. O objeto material da revelação é Deus mesmo e seus decretos; e, como a grandeza desse objeto vai além da capacidade humana, devemos distinguir as verdades que podem ser acessíveis à razão natural daqueles mistérios que ultrapassam a capacidade de nosso espírito; mistérios esses que dizem respeito à vida íntima de Deus e à nossa participação nela pela encarnação e pela redenção do Filho. Essas verdades reveladas estão contidas nas Sagradas Escrituras e na Tradição e constituem, no sentido objetivo, a doutrina confiada à Igreja por Cristo, o "depósito da fé" que é preciso guardar, declarar e proteger contra erros; mistérios que são oferecidos à nossa fé pela pregação e que, com o impulso da graça ou do Espírito Santo, podem ser aceitos e vivenciados[158].

2.1.3. A crise do conceito de revelação

Embora a noção de revelação que advém do Vaticano I contenha vários elementos que vão estruturar os estudos sobre o tema, ela não está isenta de crítica, seja porque não responde às questões da Modernidade[159], seja porque não pode ser relacionada àqueles questionamentos levantados após essa assembleia, entre o fim do século XIX e o início do século XX. De fato, o Concílio, principalmente na Constituição *Dei Filius*, representou a confirmação da orientação apologética[160], sobretudo em suas primeiras interpretações, nas quais se acentuou um caráter extrinsecista e demonstrativo. Além disso, a fórmula da "credibilidade evidente" da revelação foi lida como "evidência racional constringente", ao contrário do que se pode deduzir das próprias atas conciliares, que afirmavam: "crível é aquilo que se pode crer prudentemente". Outros aspectos da constituição também favoreceram esse tipo de leitura: a afirmação das duas ordens de conhecimento implicou uma visão superposta de revelação; a definição de fé como "obséquio da inteligência e da vontade" consolidou uma visão intelectualista da fé; e a não referência explícita a Jesus Cristo – exceto uma única vez na citação de Hb 1,1 – deixou à margem o cristocentrismo da revelação[161]. A forma como a inspiração foi explicada é outro

---

158. LATOURELLE, R., Teologia da Revelação, p. 312-313.

159. A sociedade moderna, liberal e laical, já nasce em uma "atmosfera de rebelião" contra qualquer dogmatismo e não dispõe mais daquela "experiência do acolhimento numa caverna de tradições ortodoxas" (SLOTERDIJK, P., Pós-Deus. p. 258). Em outras palavras, conforme aponta Schillebeeckx, "em vez do anterior 'a priori *religioso*' social, domina nas sociedades modernas um 'a priori *empírico*' social em virtude do prestígio das ciências e da técnica, que não só dominavam a sociedade, mas também mudaram nossa estrutura individual de personalidade" (SCHILLEBEECKX, E., História humana. p. 77, grifo do autor).

160. O concílio visava a uma consciência de Deus elaborada pelo raciocínio, com base na causalidade e na finalidade (MOINGT, J., Deus que vem ao homem: Da aparição ao nascimento de Deus. Aparição, p. 267).

161. PIÉ-NINOT, S., La Teología Fundamental, p. 36.

aspecto que deixou a desejar. Mesmo que não tenha sido objetivo do Concílio dar uma definição estrita de inspiração e mesmo que nada se tenha afirmado sobre o modo particular da ação de Deus sobre o hagiógrafo, a maneira como a constituição descreveu positivamente o influxo divino sobre a ação humana na composição dos livros levantou um problema que reclamou a particular atenção dos teólogos até a segunda metade do século XX[162].

A definição de revelação, apresentada como comunicação da palavra, também se prestou a equívocos, uma vez que comunicação implica uma mensagem comunicada que deve cair dentro de um marco compreensível e interessante para o receptor[163]. Assim, quem comunica algo envia uma *diferença* a seu interlocutor que precisa fazer uma *diferença*; se esta não é percebida, a comunicação não se estabelece e não afeta a existência do destinatário. Se assim o é, o Vaticano I deixou um possível mal-entendido, pois "pareceria assim que Deus tivesse comunicado algo, mesmo sabendo que nossa capacidade finita de compreender não permitiria que nossa mente captasse a 'diferença' que Deus lhe enviara"; e "isso se parece mais com uma espécie de salvo-conduto mágico para a salvação do que com uma comunicação ou revelação propriamente dita"[164].

A Modernidade – e, mais precisamente, as ciências da religião – trouxe um novo problema acerca do conceito de revelação[165]. Esse, de fato, não é mais um vocábulo próprio apenas da teologia, mas pertence ao âmbito religioso em geral[166], sendo usado por sociólogos, fenomenólogos, filósofos e historiadores, que buscam expressar, por meio dele, o sentimento do sagrado, as manifestações da divindade, as tradições originárias e as experiências do divino presentes nas religiões sob as mais diversas formas[167]. Entre esse uso comum do conceito de revelação, que é universal, e o uso cristão, que é particular, "o conflito não poderia deixar de irromper, e irrompe, com efeito, à medida que se desenvolveram as

---

162. SALGUERO, J., El Concilio Vaticano I y la doctrina sobre la inspiración de la Sagrada Escritura, p. 333-334.

163. Conforme J. L. Segundo, quem admitir que essa comunicação é possível deve reconhecer que a mensagem deve cair não apenas dentro do âmbito do que é compreensível, mas também dentro do âmbito do que é interessante para o receptor (SEGUNDO, J. L., Revelación, fe, signos de los tiempos, p. 444-445).

164. SEGUNDO, J. L., O dogma que liberta, p. 396-398.

165. A partir da "virada para o sujeito", fruto da Modernidade, a revelação deixou de ser entendida como algo passivo e se desprendeu do favorecimento dos contextos religiosos (SLOTERDIJK, P., Pós-Deus, p. 294).

166. A. T. Queiruga afirma que, embora a palavra tenha significados banais, como "revelar" um segredo, a sua significação forte é sempre relacionada espontaneamente ao âmbito religioso, isto é, ao sagrado, ao mistério, que, genericamente, denominamos religião (QUEIRUGA, A. T., Repensar a revelação, p. 23).

167. MOINGT, J., Deus que vem ao homem: do luto à revelação de Deus, p. 233.

ciências das religiões, desde o século XVIII e, sobretudo, no século XIX e até o século XX"[168]. Para essas ciências, o cristianismo se insere no contexto geral do fenômeno religioso, por isso sua pretensão à singularidade é totalmente injustificada; a revelação não pode ser de natureza diferente em nenhuma parte; logo, o cristianismo deveria renunciar à sua reivindicação de uma intervenção histórica da divindade em seu benefício[169]. Diante de afirmações como essa, os teólogos reagiram de formas variadas: alguns fizeram concessões a essas ciências, embora defendendo certa supremacia do cristianismo; outros defenderam as posições tradicionais, sustentando a singularidade da revelação cristã[170].

As importantes mudanças epistemológicas que ocorreram nas ciências da religião e na filosofia ao longo do século XIX também afetaram a maneira como a fé cristã pensava a revelação[171]. Em vez de ser abordada especulativamente em sua interioridade, em sua racionalidade própria e em sua ligação com a expressão de uma transcendência, ela passou a ser, cada vez mais, considerada em sua relação com a cultura e o mundo, como produção, ideologia e axiologia de uma determinada sociedade. Assim, a teologia teve de abandonar o hábito de apresentar suas doutrinas sob o aspecto puramente interno e sobrenatural e passou a contar com um olhar de diversas ciências que lhe eram estranhas e com as quais deveria dialogar, inclusive vendo-se obrigada a confrontar seus métodos, denunciados como não científicos e contrários à razão, com as novas ciências. Em declínio e abandonada por inúmeros fiéis, a religião cristã foi questionada sob as mais diversas formas: interroga-se sobre suas chances de continuidade, sobre sua possibilidade de adaptação à Modernidade, sobre a utilidade de seus valores, sobre sua importância para a sociedade; discute-se sua essência a partir da evolução do fenômeno humano em geral; examina-se a legitimidade de sua missão e de sua pretensão à universalidade; questiona-se o caráter absoluto de

---

168. MOINGT, J., Deus que vem ao homem: do luto à revelação de Deus, p. 233.

169. Conforme o pensamento de A. T. Queiruga, a Teologia Fundamental, diante de outras religiões que reivindicam a revelação, reafirma-se teocêntrica, concebida unicamente a partir do episódio jesuânico. Há, para o autor, uma "unicidade da revelação plena". Cf. QUEIRUGA, A. T., O diálogo das religiões, p. 43-57; cf. tb. ROCHA, A. R., Experiência e discernimento, p. 197-205.

170. MOINGT, J., Deus que vem ao homem: do luto à revelação de Deus, p. 233-234. O autor afirma que os primeiros não identificavam absolutamente "a pessoa de Jesus à revelação que se produz nele", citando nomes como E. Troeltsch e P. Tillich; quanto aos outros, afirma que às vezes acentuam a heterogeneidade e exclusivismo da revelação cristã, outras vezes empenham-se em mostrar sua ligação com a história universal da humanidade, e destaca K. Barth, H. U. von Baithasar e K. Rahner entre eles.

171. A Modernidade fez algumas reinterpretações da revelação. Hegel, por exemplo, não rejeitou o conceito, aceitando que a religião revelada se realiza no cristianismo, mas ressignificou-o completamente a partir de sua filosofia idealista. Cf. ROCHA, A. S., Revelação e vulnerabilidade, p. 60-66.

Jesus Cristo e pergunta-se "como salvar a religião cristã da destruição do dogma cristológico"[172].

A partir da hermenêutica moderna das narrativas, as fontes da revelação, antes compreendidas como provas objetivas da manifestação de Deus, deixam de ser consideradas documentos históricos "neutros" e passam a ser entendidas como testemunhos de fé ou sinais entregues à interpretação das próprias testemunhas, e por isso deixam de ser vistas como "prodígios" que forçam o consentimento[173]. Questiona-se também de que maneira a revelação pode ter um caráter de evento histórico, uma vez que ela acontece em Jesus da mesma maneira que acontece no fiel quando é recebida na fé[174]. Coloca-se em questão, por fim, até mesmo a possibilidade de Deus se revelar, já que a manifestação de uma realidade absoluta na contingência é denunciada pela razão como algo impensável: "qualquer que seja o desejo de Deus de se manifestar ao homem, não parece possível que Ele o faça, Ele que é o Absoluto e o Ilimitado", pois teria de "circunscrever sua presença em um instante do tempo e um ponto do espaço, o que é, porém, a condição para que nós possamos apreendê-lo"[175].

Todas essas interpelações desafiavam os teólogos a especificar o que a teologia cristã, afinal, entendia por revelação. K. Rahner, ainda antes da finalização do Concílio Vaticano II, em uma apresentação em 1963, observou que, para o modernismo[176], o conceito de revelação foi adotado como "uma maneira de se designar o progresso imanente e necessário dos anseios religiosos do homem histórico", e tal definição foi elaborada "em oposição ao conceito de Revelação supostamente tradicional na Igreja". De acordo com este, "a Revelação outra coisa não seria senão um conhecimento de Deus vindo puramente 'de fora'"; contudo,

---

172. MOINGT, J., Deus que vem ao homem: do luto à revelação de Deus, p. 236-237.

173. MOINGT, J., Deus que vem ao homem: do luto à revelação de Deus, p. 241. Por isso, podemos afirmar que "a história da salvação acontece ou se dá somente como história da interpretação" (VATTIMO, G., Depois da cristandade, p. 76).

174. MOINGT, J., Deus que vem ao homem: do luto à revelação de Deus, p. 262.

175. MOINGT, J., Deus que vem ao homem: do luto à revelação de Deus, p. 245.

176. K. Rahner, no texto indicado, considera o "modernismo" uma "heresia" já condenada pela Igreja (RAHNER, K., Observações sobre o conceito de revelação, p. 1). Em sua obra de maturidade, Curso fundamental da fé, esse teólogo critica o "modernismo clássico", pois nele "a reflexão poderia muito bem ser dispensada" (p. 27), e destaca a existência de um "generalizado ceticismo racional da modernidade" (p. 310). Entretanto, ao longo do livro, aborda de maneira positiva as ciências modernas (p. 115), a consciência moderna (p. 174), a concepção moderna de pessoa (p. 167), bem como o pensar e o sentir do homem moderno (p. 216-217); reconhece dificuldades de "conciliar a religião cristã e o pensamento moderno" (p. 217); e conjectura que "talvez estejamos hoje no fim desse novo começo", ou seja, "no fim dos assim chamados tempos modernos" (p. 206). Cf. RAHNER, K., Curso fundamental da fé.

afirma K. Rahner, "tal extrinsecismo não era ensinamento oficial", mas apenas "uma hipótese corrente na teologia de então"[177].

K. Rahner reconhece que a Igreja não havia dado até então uma resposta clara à problemática do justo conceito de revelação e admite que, aos poucos, a sua época encaminha-se para o amadurecimento da questão. Em suas "observações acerca do conceito de revelação", o primeiro ponto que levanta é o que de fato choca a mentalidade moderna: para ele, não é a afirmação de um Deus, tal qual o cristianismo crê, mas "o ensinamento de que existe uma *história* da Revelação na qual o próprio Deus indica o único caminho entre os muitos apontados pelas demais religiões históricas, e o percorre Ele próprio aparecendo encarnado entre os homens"[178]. E continua levantando uma série de indagações voltadas a compreender o que é revelação e como se relacionam com ela a origem divina e a conexão íntima com a história humana: "Como pode a revelação estar sempre e por toda parte [...], sem, com isto, deixar de estar aqui e agora, na carne de Cristo, na Palavra dos Profetas [...], na letra da Escritura?"; "poderá ela ser [...] a força motora da história, sendo, ao mesmo tempo, uma ação libérrima de Deus, impossível de ser medida [...] a partir da História?"; não seria "o milagre uma graça divina ocorrida '*hic et nunc*' e realizada 'uma vez para sempre'?"[179].

Como se vê, a entrada da Modernidade e o encontro da Igreja com ela foram realizados de maneira turbulenta. Noções fundamentais da teologia católica, como o conceito de revelação, estavam sendo questionadas das mais diversas formas; isso sem falar de todo o embate político, que colocava em xeque a maneira como a Igreja se apresentava ao mundo moderno. De fato, parecia que a Igreja se sentia mais à vontade com a cristandade religiosa e política e com uma teologia ainda presa ao sistema escolástico, através do qual ela conseguia dar uma palavra definitiva acerca de temas teológicos e morais. Mas, mesmo reagindo contra, lentamente, "a Igreja será impregnada pelo 'espírito moderno' nos diferentes setores de sua vida e nos diversos estamentos de seu corpo", de maneira que se verá obrigada a se abrir à Modernidade. Contudo, "somente no Concílio Vaticano II se soldará tal aliança de modo aberto e oficial"[180].

---

177. RAHNER, K., Observações sobre o conceito de revelação, p. 1-2.

178. RAHNER, K., Observações sobre o conceito de revelação, p. 3.

179. RAHNER, K., Observações sobre o conceito de revelação, p. 3. Tais questões levam o teólogo a pensar em uma distinção necessária entre revelação transcendental e revelação categorial-histórica.

180. LIBANIO, J. B., Igreja contemporânea, p. 27-35.

2.2. O conceito de revelação a partir do Concílio Vaticano II

Com o Concílio Vaticano II, a Igreja entra, definitivamente, na Modernidade. Por meio dele, tenta responder a uma série de questões, não mais condenando as posturas modernas, mas as assumindo naquilo que elas têm de positivo. Entretanto, por mais que a adesão oficial só tenha acontecido nesse evento, a Modernidade começava a se infiltrar em seus muros de forma profunda já bem antes; como diz J. B. Libanio, o mundo moderno "vai lentamente, água mole em pedra dura, tanto bate, que termina por penetrar-lhe o interior através de muitos movimentos"[181].

Nesta parte da pesquisa, queremos abordar como o conceito de revelação ganhou novos matizes nas discussões pré-conciliares e, sobretudo, como foi renovado a partir da Constituição Dogmática *Dei Verbum*. Para isso, apresentaremos, primeiro, o contexto imediatamente anterior ao Concílio, destacando os principais movimentos de renovação teológica que contribuíram para a perspectiva conciliar; depois, analisaremos, de maneira mais técnica, como o conceito de revelação aparece e é desenvolvido na Constituição Dogmática *Dei Verbum*.

2.2.1. Os movimentos de renovação

As grandes mudanças ocorridas na sociedade e no mundo entre o fim do século XIX e a primeira metade do século XX forçaram a Igreja a tomar posição; entretanto, caminhos diferentes foram adotados. Por um lado, alguns grupos reafirmaram a posição tradicional da Igreja: diante da sociedade democrática, enfatizaram a estrutura "descendente" da autoridade, nos moldes do centralismo romano; confrontados com o marxismo e sua postura anticristã, acentuaram a autorreferenciação da Igreja e criticaram a "ideologização" da teologia; interpelados pelo movimento ecumênico, fecharam-se ao diálogo, identificando a Igreja Católica com a Igreja em si mesma[182]. Por outro lado, a partir da década de 1930, foram surgindo espontaneamente movimentos de renovação: alguns grupos buscavam promover novas experiências em nível pastoral, como uma liturgia mais participativa; outros se engajavam por uma renovação espiritual, promovendo o retorno às Sagradas Escrituras; teólogos insistiam em uma volta às fontes; e, no nível eclesial, lutava-se por uma participação ativa dos leigos e promovia-se uma consciência ecumênica. Com isso, engendravam-se esperanças de renovação, às vezes timidamente aprovadas, como no caso da exegese bíblica e da liturgia, ou-

---

181. LIBANIO, J. B., Igreja contemporânea, p. 37.
182. ALBERIGO, G., El concilio Vaticano II (1962-1965), p. 337.

tras vezes duramente reprimidas, como ocorreu com o ecumenismo e com a chamada "Nova Teologia"[183].

Podemos dizer que esses movimentos de renovação não só prepararam o Concílio Vaticano II como também ofereceram as bases sobre as quais ele se deu. Por isso, antes de analisar especificamente a resposta conciliar sobre o conceito de revelação, convém descrever como esses movimentos colocavam em questão certas concepções tradicionais, fazendo com que a Igreja precisasse dar uma resposta muito mais ampla e exigente sobre uma série de problemas. Vejamos, de maneira breve, o movimento da "Nova Teologia", os movimentos envolvidos em questões sociais, o movimento bíblico, o movimento litúrgico, o movimento ecumênico e o movimento dos leigos.

O movimento da "Nova Teologia" busca assumir alguns princípios da Modernidade e dialogar com as novas ciências ao mesmo tempo que defende um retorno às fontes da fé cristã, como a Sagrada Escritura e a Tradição antiga dos santos padres[184]. Para abordar essas fontes, recorre a novas formas de investigação, através das quais consegue produzir uma concepção da Igreja menos jurídica e mais teológica, comunitária e participativa. Em diálogo com as novas ciências, os teólogos procuraram reformular a dogmática a partir de um olhar mais otimista a respeito das realidades terrestres, nas quais percebiam a presença de Deus. As verdades de fé começaram a ser analisadas com base na realidade histórica e processual na qual estavam inseridas, de maneira que, a partir de então, a teologia passou a entender que os dogmas podem sofrer uma evolução, fugindo, com isso, do fixismo e do formalismo literal predominante[185]. A concepção de Deus passou a ser entendida em sua dimensão mistérica, trinitária e relacional, em oposição à noção abstrata e estática da essência divina escolástica[186]. A atenção da teologia, de uma maneira geral, voltou-se para as exigências da existência e da vida concreta das pessoas, como se pode perceber no próprio conceito de salvação, que passou a ser trabalhado numa perspectiva mais co-

---

183. ALBERIGO, G., El concilio Vaticano II (1962-1965), p. 337-338.

184. Também chamada de "teologia das realidades terrenas", esse movimento "valoriza as ciências, a economia, a história, a política, o progresso, o corpo e o sexo". Digna de nota é a teologia de Teilhard de Chardin, que abrirá novas perspectivas a partir de uma visão evolucionista do cosmos. Cf. CODINA, V., O Vaticano II, um Concílio em processo de recepção, p. 91.

185. Não se trata, contudo, de pensar a "evolução dos dogmas" como uma "permanente explicitação de uma substância de fé que sempre estaria dada implicitamente [...] a partir da Bíblia em linha reta até hoje", uma vez que o sentido dos dogmas acontece "apenas em interpretações crentes de pessoas situadas socioculturalmente" (SCHILLEBEECKX, E., História humana, p. 65-66).

186. M. C. L. Bingemer destaca que, desde o começo do século XX, já se começava a perceber que "a imanência não é o fim da transcendência, mas, ao contrário, seu ponto de partida" (BINGEMER, M. C. L., Secularização e experiência de Deus, p. 117).

munitária[187]. Essa renovação teológica, entretanto, sofreu resistências de alguns grupos de visão tradicional: desconfiavam da "volta às fontes", suspeitavam do uso das novas ciências históricas e literárias e viam nessas ciências modernas autônomas um perigo para a fé. Tudo isso, porque rejeitavam qualquer afirmação científica que entrasse em conflito com suas concepções teológicas, permaneciam firmes em uma compreensão jurídica da Igreja, centralizada em torno do papa e da cúria romana, mantinham uma concepção fixista dos dogmas e conservavam a filosofia e a Teologia Escolástica como se fosse algo perene, evitando qualquer infiltração do pensamento moderno[188]. Contudo, o movimento de renovação teológica avançava, conectado a outros movimentos, abrindo caminho às grandes discussões do Concílio.

Alguns grupos começaram a refletir também acerca dos problemas sociais que preocupavam a Europa. Com o processo de industrialização, a Igreja reconheceu que havia perdido a classe operária, inclusive na França, que passou a ser vista como uma nova "terra de missão". No contexto dessa descristianização do mundo urbano, principalmente entre trabalhadores, setores da Igreja planejavam uma nova evangelização, partindo da ideia de que a forma mais efetiva de realizá-la seria através dos leigos no próprio ambiente em que atuavam. Por isso, alguns sacerdotes franceses fizeram-se operários, assumindo a rotina de vida, o trabalho nas fábricas e as lutas sindicais, com o objetivo de evangelizar o operariado. Essa experiência se transformou em um grande movimento, visto com suspeita por Roma, devido à secularização do grupo e ao seu envolvimento político e sindical[189]. Outra mudança importante se deu na diferente postura da Igreja em relação à democracia, quando Pio XII pronunciou-se a favor dela, já em um contexto em que o mundo percebia as consequências do nazismo. Na base de seu ensinamento estava a concepção moderna de pessoa, não percebida mais como elemento passivo, mas como sujeito ativo, consciente e responsável; pessoa que, enquanto cidadã, tem direitos e deveres e, por isso, deve ser escutada por quem governa[190].

---

187. LIBANIO, J. B., Igreja contemporânea, p. 37-39.

188. LIBANIO, J. B., Igreja contemporânea, p. 40-41. Pio XII lutou contra essa "nova teologia" através de sua Encíclica *Humani Generis*. Os teólogos sancionados e, em alguns casos, destituídos de cátedras, contudo, serão os grandes teólogos protagonistas do Vaticano II, como Rahner, Congar, Chenu, Danielou, De Lubac e Schillebeeckx (CODINA, V., O Vaticano II, um Concílio em processo de recepção, p. 91).

189. LIBANIO, J. B., Igreja contemporânea, p. 43-44.

190. LIBANIO, J. B., Igreja contemporânea, p. 44-46.

Outro movimento que ganhou força no período pré-conciliar e acabou por influenciar o Vaticano II foi o movimento bíblico[191]. Na base dos avanços dos estudos na área estavam os exegetas protestantes, que, sem uma instância magisterial de controle, puderam agir com liberdade de pesquisa, ousando bem mais do que os católicos; estes, contudo, pouco tempo depois reconheceram a importância daquelas descobertas e as assumiram em seu fazer teológico. Com isso, aceitou-se a questão dos gêneros literários da Escritura, adotaram-se novos métodos de abordagem, tais como o método histórico-crítico, e começou-se a analisar os textos bíblicos na sua relação com seu contexto histórico, principalmente por causa dos novos conhecimentos acerca da vida ordinária e das tradições do judaísmo do século I, advindos das descobertas recentes de manuscritos junto ao Mar Morto. Também nesse âmbito, houve conflitos com a Sé Romana, que interveio, reforçando posições tradicionais. No entanto, Pio XII incentivou o trabalho corajoso dos exegetas, destacou a relevância do estudo das fontes e dos estilos dos hagiógrafos e valorizou, especialmente, as conquistas das ciências modernas, como a arqueologia bíblica, a papirologia, a descoberta dos manuscritos e os novos métodos de interpretação[192]. Assim, deu maior liberdade à exegese e contribuiu para que o movimento crescesse e frutificasse a partir do Concílio[193].

Aspecto fundamental e sintomático da vida da Igreja é a liturgia. De fato, não se deve separar a obra doutrinal na qual se crê de sua manifestação litúrgica, porque ela é "a expressão do culto da fé da Igreja"[194]. Entre todos os movimentos, de fato, o litúrgico foi aquele que estava mais maduro e que foi mais bem-aceito. As suas raízes se encontram no século XIX, no monge beneditino D. Guéranger (1805-1875), e no início do século XX, com o trabalho de D. Lambert Beauduin, que abordava a participação dos fiéis no culto cristão. O movimento, que buscava gerar uma nova consciência da importância da própria liturgia, não inventava nada de novo, mas procurava ir às fontes históricas, arqueológicas e filológicas para, com isso, superar o apego exagerado às rubricas, apontando os elementos caducos, supérfluos e espúrios que deveriam ser abandonados por não encontrar

---

191. Também conhecido como "devolução da Bíblia" ao povo. Mesmo com dificuldades, como as acusações de "modernismo" dirigidas ao seu expoente, Marie-Joseph Lagrange (1855-1938), o movimento bíblico se impôs (SERNA, E., La recepción del Concilio Vaticano II en América Latina, p. 182-183).

192. PIO XII, PP., Carta Encíclica *Divino Afflante Spiritu*.

193. LIBANIO, J. B., Igreja Contemporânea, p. 46-50. Entre os frutos do movimento, devemos destacar as traduções bíblicas, a criação e o desenvolvimento de centros de estudos bíblicos, o método de leitura popular da Bíblia, o aprofundamento de homilias devido a uma relação mais intensa com os ciclos litúrgicos e o favorecimento ao diálogo ecumênico e inter-religioso. Cf. SERNA, E., La recepción del Concilio Vaticano II en América Latina, p. 183-189.

194. BOTTE, B., O movimento litúrgico, p. 201.

respaldo na própria tradição[195]. Elemento-chave do movimento era a espiritualidade comunitária, em oposição ao individualismo religioso, em parte pautado por devoções particulares. Embora temporariamente interrompido pela Primeira Guerra Mundial (1914-1918), o movimento retomou seu vigor após o conflito, empenhando-se na tradução de textos litúrgicos, inclusive do missal, pois estes haviam se tornado cada vez menos inteligíveis ao povo, visto que as línguas originais já não eram mais utilizadas. Pio XII não apenas incentivou o movimento mas também o implementou em seu pontificado através de mudanças nos ritos oficiais, não só abrindo caminho para uma reforma mais profunda, mas também ajudando a Igreja a tomar consciência da importância da participação ativa dos fiéis e da necessidade de eles compreenderem a celebração[196].

Iniciado em torno de 1910, o movimento ecumênico visava enfrentar o problema da separação entre os cristãos. O movimento, que surgiu fora do âmbito católico[197], teve seu início em uma conferência organizada por missionários protestantes em 1910, objetivando estudar a possibilidade e os meios de união em vista de uma única evangelização cristã. Desse encontro saiu a resolução de "nomear uma comissão que organize outra conferência para considerar questões sobre a fé", para a qual seriam convidadas "todas as comunhões cristãs de todo o mundo"[198]. A Igreja Católica, a princípio, assumiu uma posição de receio e distanciamento, afirmando que o único caminho para a união das Igrejas é o retorno, daqueles que dela se separaram, à única verdadeira Igreja de Cristo. Contudo, mais tarde, a Igreja passou a uma fase de participação condicionada: reconhecendo que o movimento ecumênico deriva do Espírito Santo e é fonte de alegria, difundiu-se o espírito de diálogo fraterno, de respeito à verdade do outro e de reconhecimento da pluralidade, características essenciais da Modernidade, que impulsionaram os católicos a participarem dos esforços de outros cristãos, seja no âmbito da caridade, seja no da oração[199].

---

195. LIBANIO, J. B., Igreja Contemporânea, p. 51. Os liturgistas afirmam: "não se trata de uma inovação: procuramos, no tesouro dos antigos sacramentários romanos, o que pudesse enriquecer a liturgia atual" (BOTTE, B., O movimento litúrgico, p. 200). Por isso, nossa forma atual de celebrar é "concisa" e muito "próxima das primeiras gerações cristãs" (NÚCLEO DE CATEQUESE PAULINA; PASTRO, C., Iniciação à Liturgia, p. 15).

196. LIBANIO, J. B., Igreja Contemporânea, p. 50-55. Em 1947, Pio XII publicou a Encíclica *Mediator Dei*, através da qual realizou a reforma da Semana Santa, o antecedente mais importante para a reforma litúrgica do Vaticano II. Cf. PIO XII, PP., Carta Encíclica *Mediator Dei*.

197. As primeiras iniciativas institucionais que pretendiam superar as divisões confessionais partiram do protestantismo, principalmente ao longo do século XIX, através do movimento missionário, do movimento da juventude e das Federações Confessionais (HORTAL, J., E haverá um só rebanho, p. 174-179).

198. BOYER, C. apud LIBANIO, J. B., Igreja Contemporânea, p. 50-55.

199. LIBANIO, J. B., Igreja Contemporânea, p. 55-58. Contudo, segundo a orientação do Santo Ofício, os

Por fim, o movimento dos leigos também está na base da preparação do Concílio, pois remonta a pontos fundamentais que se tornaram referência, tais como o desenvolvimento da Ação Católica. A princípio, um dos principais objetivos era tornar a ação laical "uma extensão da ação do clero, transformando leigos em verdadeiros apóstolos transmissores da mensagem da Igreja, braço estendido da hierarquia e parte do corpo eclesiástico"[200]. Assim, a Ação Católica pretendia inserir-se nos mais diversos ambientes, a fim de trazer para dentro da Igreja os problemas que naqueles lugares se viviam e se discutiam. A evangelização estaria, dessa forma, entre o pessoal do campo (JAC), entre os colegiais (JEC), entre pessoas independentes (JIC), entre os operários (JOC, ACO) e entre os universitários (JUC)[201]. Essa ação, contudo, não ficou restrita à sociedade, conforme a intenção inicial, ainda com marcante característica clericalista; ela se estendeu também à Igreja, revelando uma dupla ação do leigo: ele leva, em forma de apostolado, a ação da Igreja ao mundo, dialogando com os problemas modernos específicos existentes no ambiente em que as pessoas se encontram; em sentido inverso, esses leigos se envolvem nos problemas da Igreja, ainda mais no âmbito litúrgico e na reflexão teológica, trazendo para dentro dela uma série de questões que exigem renovação eclesial[202]. Entretanto, na década de 1960, uma série de conflitos surgiu entre os leigos da Ação Católica e o clero, fazendo com que o movimento fosse praticamente dissolvido; no entanto, seus frutos chegaram ao Concílio, em especial por meio dos trabalhos de Y. Congar, G. Philips e J. Cardijn[203].

Todos esses movimentos de renovação questionavam a maneira como a Igreja concebia a si mesma e o conteúdo da sua fé. Reivindicavam, portanto, uma nova maneira de se compreender a revelação, não mais como algo estático e extrínseco, mas como algo histórico, dinâmico, que brota do interior da vida da própria Igreja; algo que nasce das fontes bíblicas e patrísticas, em diálogo com a sua tradição nas mais diversas formas; algo que pode ser percebido e comunicado em sua liturgia, principalmente pela experiência participativa de todos os fiéis; algo

---

católicos deveriam evitar o indiferentismo religioso e permanecer firmes na ideia de que as outras Igrejas deveriam voltar à Igreja Romana.

200. MAIA, C. P.; SALES, L. M. P., Ação Católica e Modernidade Religiosa, p. 161.

201. ACO: Ação Católica Operária; JAC: Juventude Agrária Católica; JEC: Juventude Estudantil Católica; JIC: Juventude Independente Católica; JOC: Juventude Operária Católica; JUC: Juventude Universitária Católica. Em seus inícios, a Ação Católica atuava de forma mais generalizada, a partir de uma separação por gênero em grupos de homens e de mulheres; a partir dos anos 1950, passou a trabalhar de maneira mais especializada, atuando, metodologicamente, onde os jovens estavam inseridos (MAIA, C. P.; SALES, L. M. P., Ação Católica e Modernidade Religiosa, p. 165).

202. LIBANIO, J. B., Igreja Contemporânea, p. 58-60.

203. BRIGHENTI, A., Identidade e vocação do laicato, p. 159-160.

que se relaciona com a ação da Igreja, sobretudo através dos leigos, que atuam no mundo e no interior da vida eclesial; algo que pode e deve ser descrito a partir de uma "Nova Teologia", em diálogo com a Modernidade e com as novas ciências; algo que tenha relação com os problemas sociais concretos do mundo moderno, tais como as questões do operariado; algo, enfim, que diga respeito à totalidade dos cristãos, e não apenas a uma parte deles, que se considerava privilegiada. É diante dessas demandas que a Igreja buscará responder sobre o que ela entende por revelação no Concílio Vaticano II.

2.2.2. A revelação na Constituição Dogmática *Dei Verbum*

O Concílio Vaticano II, ponto de chegada de vários movimentos de renovação e identificado por sua intenção principal, o *aggiornamento*[204], tornou-se o lugar de discussão acerca da possível concorrência entre doutrina e pastoral. Segundo Y. Congar, todo o problema estava "no modo de entender a exigência doutrinal e a própria ideia de doutrina", de tal maneira que se pode afirmar que "o divisor de águas se baseava sobre uma concepção da teologia"[205]. Muitos pretendiam, é verdade, uma "teologia feita", entretanto a maioria conciliar não queria esse gênero de "teologia escolar", e sim pretendia expressar "a crença comum da Igreja" em textos que "correspondessem à volta às fontes bíblicas e patrísticas" e que tivessem, por si mesmos, tanto um "valor pastoral" quanto um "valor ecumênico"[206]. Assim, a doutrina é vista não apenas como objeto de transmissão, mas também como objeto de pesquisa, porque se pode "alimentar e enriquecer desde dentro o conhecimento da verdade, menos pela via do raciocínio [...] do que pela contemplação da *realidade* [...] partindo dos problemas dos homens"[207]. De fato, o caráter pastoral marcou até mesmo a obra doutrinal, pois ela foi repensada para responder aos problemas de hoje. Dessa forma, "uma teologia toda analítica, dedutiva, definidora e conservadora", embora não devesse ser negada, era insuficiente e, por isso, deveria ser superada[208]. Além do mais, é notório que o Concílio

---

204. Segundo G. Alberigo, o pleno significado do termo pode já ser percebido de um discurso do então Cardeal Roncalli, futuro João XXIII, quando se entregou ao trabalho pastoral como Patriarca de Veneza: "Ouvis que eu repito a palavra *aggiornamento* tantas vezes? Vede-a referindo-se à nossa Igreja, sempre jovem e disposta a acompanhar as várias evoluções das circunstâncias da vida, para poder adaptar, corrigir, melhorar e despertar o seu entusiasmo" (ALBERIGO, G., La transición hacia una nueva era, p. 512-513, nota de rodapé n. 9). Sobre esse termo, cf. tb. a nota n. 98 deste capítulo.

205. CONGAR, Y., Situação e tarefas atuais da teologia, p. 48.

206. CONGAR, Y., Situação e tarefas atuais da teologia, p. 48-50.

207. CONGAR, Y., Situação e tarefas atuais da teologia, p. 50, grifo do autor.

208. CONGAR, Y., Situação e tarefas atuais da teologia, p. 59.

evitou formular anátemas; ao contrário, propôs uma doutrina positiva, com intenção pastoral clara. Aliás, essa nova teologia foi feita por pessoas da "periferia da Igreja", teólogos que

> estavam em contato com outros homens, com o movimento de ideias fora [...] e dentro da Igreja. Tinham falado com protestantes, com incrédulos ou ateus realmente existentes. Haviam dialogado com padres e leigos de base. Haviam trocado ideias com os homens ocupados na pastoral, dos quais confessavam ter recebido muito e aos quais tentavam ajudar com a própria reflexão teológica[209].

Além dessas características principais, influenciaram a teologia do Concílio também a Igreja do Oriente e sua rica liturgia; a nova postura do papa, que abandonara a imobilidade e começava a sair do centro e ir à periferia; a concepção adotada de que "os *fatos* precederam e enquadraram as ideias"; a nova consciência dos bispos das regiões "longínquas", que puderam "falar para a Igreja inteira com o mesmo título que os outros"; a presença dos observadores, que, "pela sua atitude e compostura religiosas", impuseram a ideia ecumênica e fizeram com que esta ganhasse a grande maioria[210]. Em suma, a Igreja abriu-se definitivamente para discutir os novos problemas do mundo moderno.

Esses aspectos gerais marcaram também a elaboração da constituição sobre a revelação divina. Se a Igreja pôde se abrir ao diálogo com o mundo moderno, tal qual se deu por meio da *Gaudium et Spes*, "é porque o Concílio tinha primeiramente assegurado o *em-si* da Igreja": sua fé (*Dei Verbum*), sua vida cultual-litúrgica (*Sacrosanctum Concilium*) e sua vida comunitária de serviço e testemunho (*Lumen Gentium*)[211]. Como se vê, há uma inter-relação entre o culto eclesial, a vida comunitária, a abertura ao mundo moderno e o que a Igreja afirma sobre a revelação divina.

A Constituição dogmática *Dei Verbum*, promulgada em 18 de novembro de 1965, abordou o fato da revelação de forma muito diferente da apologética clássica: esta partia de um conceito *a priori* e abstrato da revelação que a levava a certo extrinsecismo; já a *Dei Verbum* apresenta um conceito dinâmico, centrado no "ato de Deus revelar-se a si mesmo e tornar conhecido o mistério de sua

---

209. CONGAR, Y., Situação e tarefas atuais da teologia, p. 53. O autor afirma que foram esses teólogos, não bem-vistos, que tomaram a palavra no Concílio. Entre eles, destaca Rahner, Häring, Schillebeeckx, Moeller, Courtney, Murray, De Lubac, Küng e ele próprio, Congar (CONGAR, Y., Situação e tarefas atuais da teologia, p. 52-55).

210. CONGAR, Y., Situação e tarefas atuais da teologia, p. 56-58.

211. CONGAR, Y., Situação e tarefas atuais da teologia, p. 81-82.

vontade"[212]. As intensas discussões conciliares[213] já haviam chegado à conclusão de que "a revelação divina não é uma mera comunicação de ideias, mas a autocomunicação de um Deus que quer estar junto aos homens", e por isso procurou-se falar dela enquanto ação de Deus realizada na história, sobretudo no evento Cristo, Verbo feito carne (Jo 1,14) e Emanuel, Deus-conosco[214]. Assim, a *Dei Verbum* assumiu a noção bíblica, que parte da realidade, da relação entre evento e palavra. Dessa maneira, entende-se que "o fato é conteúdo, e o conteúdo interpreta o fato"; ou ainda, que "o fato da revelação já é revelação e, portanto, objeto de fé"[215]. Em suma, pretendeu-se "associar e vincular entre si, da maneira mais estreita possível, a ação histórica na qual e pela qual Deus se revela, e a revelação como autocomunicação de Deus na palavra humana"[216]. Assim lemos no proêmio:

> Ouvindo religiosamente a Palavra de Deus e proclamando-a com confiança, este santo Sínodo [...] se propõe expor a genuína doutrina acerca da Revelação Divina e da sua transmissão a fim de que pelo anúncio da salvação o mundo inteiro ouvindo creia, crendo espere, e esperando ame[217].

Três pontos fundamentais devem ser destacados nesse trecho: a) a expressão "Palavra de Deus" (*Dei Verbum*), que se aplica, antes de mais nada, à totalidade da revelação; b) a atitude da Igreja de ouvir atentamente essa Palavra, para poder proclamá-la com segurança; c) a finalidade da constituição, que é expor a "genuína doutrina acerca da Revelação Divina e da sua transmissão". Com isso, o Vaticano II intenta não apenas continuar o trabalho iniciado em Trento e no Vaticano I, mas também ampliá-lo[218].

O capítulo I, núcleo do que pretendemos estudar aqui, "descreve a revelação em sua fase ativa e constitutiva, em sua economia de realização concreta mediante a história e a encarnação"[219]. Cinco números desenvolvem o tema prin-

---

212. LIBANIO, J. B., Teologia da Revelação a partir da Modernidade, p. 45-46.

213. A *Dei Verbum* foi um dos documentos mais debatidos no Concílio; sua aprovação só se deu após longas e penosas discussões. Isso prova o caráter polêmico que tem o tema da revelação (LIBANIO, J. B., Teologia da Revelação a partir da Modernidade, p. 349). Para uma visão geral acerca das discussões na elaboração desse documento, cf. SOUZA, N., *Dei Verbum*, notas sobre a construção do texto conciliar.

214. BARROS, P. C., Concílio Ecumênico Vaticano II. C. Theobald explica a diferença entre a revelação no Vaticano I e II como uma diferença entre "instrução" e "comunicação" (THEOBALD, C., A revelação, p. 44-49).

215. LIBANIO, J. B., Teologia da Revelação a partir da Modernidade, p. 46.

216. RAHNER, K., Curso fundamental da fé, p. 74.

217. DV 1.

218. LATOURELLE, R., Teologia da Revelação, p. 368-370.

219. LATOURELLE, R., Teologia da Revelação, p. 371.

cipal: o primeiro se relaciona com a natureza e o objeto da revelação; o segundo aborda a questão da preparação da revelação evangélica; o terceiro fala de Cristo, como plenitude da revelação; o quarto trabalha a maneira como a revelação deve ser recebida pela fé; e o quinto se centra nas verdades reveladas. Ao especificar a natureza e o objeto da revelação, o texto conciliar afirma:

> Aprouve a Deus, em sua bondade e sabedoria, revelar-se a si mesmo e tornar conhecido o mistério de sua vontade (cf. Ef 1,9), pelo qual os homens, por intermédio de Cristo, Verbo feito carne, e no Espírito Santo, têm acesso ao Pai e se tornam participantes da natureza divina (cf. Ef 2,18; 2Pd 1,4). Mediante esta revelação, portanto, o Deus invisível (cf. Cl 1,15; 1Tm 1,17), levado por seu grande amor, fala aos homens como a amigos (cf. Ex 33,11; Jo 15,14-15), e com eles se entretém (cf. Br 3,38), para os convidar à comunhão consigo e nela os receber. Este plano de revelação se concretiza através de acontecimentos e palavras intimamente conexos entre si, de forma que as obras realizadas por Deus na História da Salvação manifestam e corroboram os ensinamentos e as realidades significadas pelas palavras. Estas, por sua vez, proclamam as obras e elucidam o mistério nelas contido. No entanto, o conteúdo profundo da verdade seja a respeito de Deus seja da salvação do homem se nos manifesta por meio dessa revelação em Cristo que é ao mesmo tempo mediador e plenitude de toda a revelação[220].

Esse denso trecho proclama que a revelação é obra da graça e da livre-iniciativa de Deus, não cabendo aos seres humanos nenhum mérito por ela[221]. Também aponta que o objeto da revelação é o próprio Deus, que se revela a si mesmo e torna conhecido o "mistério de sua vontade"; assim, o texto personaliza a revelação, que é entendida não como a manifestação de *algo*, mas de *alguém*, e, em consequência, não como o conhecimento de verdades em si, mas da vontade daquele que se dá[222]. Através dessa manifestação, a revelação realiza o seu objetivo de, por intermédio de Cristo e no Espírito Santo, dar acesso a toda humanidade ao Pai, tornando cada pessoa participante de sua natureza[223].

A revelação é caracterizada como diálogo, palavra que o "Deus invisível" dirige à humanidade de maneira *afetiva*, como a um amigo íntimo, e *efetiva*, para

---

220. DV 2.

221. O texto retoma o Vaticano I, contudo reformula-o, dando-lhe um caráter mais personalista, bíblico e concreto (LATOURELLE, R., Teologia da Revelação, p. 371).

222. LATOURELLE, R., Teologia da Revelação, p. 371-372.

223. LATOURELLE, R., Teologia da Revelação, p. 372. Assim, desígnio divino, expresso em termos relacionais, "inclui os três principais mistérios do cristianismo: a Trindade, a encarnação e a graça".

levar cada um a uma verdadeira comunhão consigo. O texto indica que Deus conversa com as pessoas a fim de convidá-las a participar de sua vida, fato que se concretizou na economia da salvação através da palavra dirigida aos patriarcas e aos profetas e, sobretudo, através da palavra que Cristo dirigiu aos apóstolos. Essa palavra é necessariamente de amizade: não só procede do amor, mas também quer realizar uma obra amorosa em sua essência, que é introduzir a humanidade no seio da Trindade[224].

Esse Deus que fala[225] realiza seu plano de revelação na história, de maneira concreta, através de acontecimentos e palavras tão intimamente conexos entre si[226], que eles se tornam ininteligíveis se dissociados[227]. Por "acontecimentos" devemos entender todas as obras feitas por Deus que constituem a história da salvação; por "palavras", toda expressão verbal ou escrita que interpreta aqueles acontecimentos, manifestando o seu sentido pleno[228]. Por um lado, como Deus manifesta seu desígnio de salvação no próprio gesto pelo qual o realiza, suas obras trazem em si mesmas o seu significado, e por isso elas "manifestam e corroboram os ensinamentos e as realidades significadas pelas palavras"[229]; por outro lado, como os acontecimentos são opacos e passíveis de ambiguidade, é função da Palavra iluminar o mistério escondido nas obras, proclamando o sentido autêntico das ações divinas[230]. Esse sentido mais autêntico é aquele que se nos manifesta "por meio dessa revelação em Cristo que é ao mesmo tempo mediador e plenitude de toda a revelação"[231]. Em uma linguagem bíblica, mediador, porque Ele é o caminho através do qual é possível chegar ao Pai (Jo 14,6); porque é aquele que conhece o Pai e pode revelá-lo a quem quiser (Mt 11,27); porque é aquele que está na intimidade do Pai e pode dá-lo a conhecer a quem jamais o viu (Jo 1,18); plenitude, porque Ele é a imagem de Deus, que resplandece o conhecimento da glória divina (2Cor 4,4.6); porque é nele que Deus nos fez conhecer o mistério de sua vontade

---

224. LATOURELLE, R., Teologia da Revelação, p. 372-373.

225. Essa é uma característica marcante de Deus na *Dei Verbum*. Contudo, vale destacar o que Ratzinger enfatiza: "à revelação cristã pertence não somente o falar de Deus, mas também o seu silêncio", pois Deus que nos vem ao encontro não é apenas compreensibilidade, mas também "abismo calado e inacessível, incompreendido e incompreensível que nos foge" (RATZINGER, J., Introdução ao cristianismo, p. 248).

226. DV 2. Essa relação entre "acontecimentos" e "palavras" é de ordem de natureza e não de tempo. Assim, palavras podem preceder, ser simultâneas ou vir depois dos acontecimentos. Cf. LIBANIO, J. B., Teologia da Revelação a partir da Modernidade, p. 386.

227. LIBANIO, J. B., Teologia da Revelação a partir da Modernidade, p. 157.

228. LATOURELLE, R., Teologia da Revelação, p. 373-374.

229. DV 2.

230. LATOURELLE, R., Teologia da Revelação, p. 375.

231. DV 2.

(Ef 1,9); porque é o mistério da piedade, "manifestado na carne, justificado no Espírito, aparecido aos anjos, proclamado às nações, crido no mundo, exaltado na glória" (1Tm 3,16). Teologicamente, Jesus Cristo é o acontecimento escatológico por excelência, de tal forma que, até Ele, "o progresso da revelação aconteceu no nível da automanifestação de Deus e da compreensão"; já após Ele, "não há nenhuma nova intervenção de Deus, a não ser para 'lembrar o que eu [Jesus] vos disse' (Jo 14,26)"[232]. O documento prossegue apresentando o tema da preparação da revelação:

> Criando pelo Verbo o universo (cf. Jo 1,3) e conservando-o, Deus proporciona aos homens, nas coisas criadas, um permanente testemunho de si (cf. Rm 1,19-20) e, além disso, no intuito de abrir o caminho de uma salvação superior, manifestou-se a si mesmo desde os primórdios a nossos primeiros pais. E após a queda destes, com a prometida redenção, alentou-os a esperar uma salvação (cf. Gn 3,15) e velou permanentemente pelo gênero humano, a fim de dar a vida eterna a todos aqueles que, pela perseverança na prática do bem, procuram a salvação (cf. Rm 2,6-7). A seu tempo chamou Abraão a fim de fazer dele um grande povo (cf. Gn 12,2-3), ao qual, depois dos patriarcas, ensinou, por meio de Moisés e dos profetas, a reconhecê-lo como único Deus vivo e verdadeiro [...] e a esperar o Salvador prometido. E assim preparou [...] o caminho para o Evangelho[233].

Distinguindo uma dupla manifestação de Deus – uma destinada a toda humanidade por meio das "coisas criadas" e outra dirigida "aos primeiros pais" –, o texto afirma que o segundo tipo tem por objetivo "abrir o caminho de uma salvação superior". Por meio da primeira manifestação, Deus dá um permanente testemunho de si mesmo, visto que "sua realidade invisível [...] tornou-se inteligível, desde a criação do mundo, através das criaturas" (Rm 1,20). Esse mesmo Deus criador é o Deus Salvador, que se revelou, de maneira histórica e pessoal, gradativa e pedagógica, aos primeiros pais[234]. Mesmo com a incapacidade humana de se manter em sua presença (a "queda"), Deus a reergue pela esperança de uma salvação futura e pela promessa de um resgate de alcance universal; assim começa a marcha da história da salvação, fora da qual Deus não deixa ninguém. Por isso, na história, chama Abraão, e por meio dele Israel – povo que traz Deus mesmo em seu nome, "povo daqueles aos quais Deus falou em primeiro lugar" e "povo dos

---

232. LIBANIO, J. B., Teologia da Revelação a partir da Modernidade, p. 297.

233. DV 3.

234. LATOURELLE, R., Teologia da Revelação, p. 378.

irmãos mais velhos na fé de Abraão"²³⁵. Seguindo seu plano de salvação, logo após os patriarcas, instruiu esse povo por meio de Moisés, a quem se revelou como um Deus que viu a miséria do povo, ouviu seu grito, conheceu suas angústias e desceu para libertá-los e fazê-los subir a uma terra prometida (Ex 3,6-8); a quem se manifestou como Iahweh – o "Eu sou", que o envia em missão dentro de seu povo (Ex 3,13-15); o qual realizou, pelo poder de Deus, a libertação da escravidão de que o povo padecia no Egito, "grande gesta de Deus a que durante toda a história do povo os líderes, os profetas recorreram nas horas de provação e tentação"²³⁶. Tudo isso a fim de se fazer conhecer intimamente como "único Deus vivo e verdadeiro, Pai providente e justo juiz" e para nos fazer "esperar o Salvador prometido". Com isso, conclui o parágrafo, Deus mesmo "preparou, ao longo dos séculos, o caminho para o Evangelho"²³⁷.

Esse caminho culmina no momento histórico no qual Ele se manifesta de maneira definitiva, em seu Filho, Jesus Cristo, plenitude da revelação. Segundo o documento:

> Depois de ter falado muitas vezes e de muitos modos pelos profetas, Deus "ultimamente, nestes dias, falou-nos pelo Filho" (Hb 1,1-2). Com efeito, Ele enviou seu Filho [...] para que habitasse entre os homens e lhes expusesse os segredos de Deus (cf. Jo 1,1-18). Jesus Cristo [...] "profere as palavras de Deus" (Jo 3,34) e consuma a obra salvífica que o Pai lhe confiou (cf. Jo 5,36; 17,4). Eis por que Ele [...] aperfeiçoa e completa a revelação e a confirma com o testemunho divino que Deus está conosco para libertar-nos das trevas do pecado e da morte e para ressuscitar-nos para a vida eterna. A economia cristã, pois, como aliança nova e definitiva, jamais passará e já não há que esperar nenhuma nova revelação pública antes da gloriosa manifestação de Nosso Senhor Jesus Cristo (cf. 1Tm 6,14; Tt 2,13)²³⁸.

Citando Hebreus, a *Dei Verbum* aponta que a Palavra de Deus é pronunciada de maneira definitiva por Cristo, que é o próprio Verbo feito carne que habitou no meio da humanidade (Jo 1,14). De certo, essa revelação plena se dá em continuidade com a maneira como Deus havia se manifestado "muitas vezes e de muitos modos" por meio dos profetas. Embora haja essa continuidade, há também diferença e superação: se a continuidade é garantida por Deus e por sua Palavra,

---

235. CIC 63.
236. LIBANIO, J. B., Eu creio, nós cremos, p. 172.
237. DV 3.
238. DV 4.

a novidade se dá pelo evento Cristo, que não é mais uma palavra intermitente e fragmentária, mas a palavra única e total, o ápice da revelação[239]. Esse Filho, que é o Verbo eterno capaz de iluminar a humanidade, foi enviado por Deus para habitar no meio dos homens e expor as profundezas dos mistérios divinos. E Ele pode fazê-lo porque é, em toda sua pessoa e em toda sua história, "o revelador de Deus que se expressa nele e por Ele, Ele é sua Palavra viva"; ele é Deus "sob o modo de ser a exterioridade, a visibilidade, a transparência da presença de Deus no mundo"; nele, Deus não está presente "como uma simples presença local, como o ídolo em seu templo, mas pelo ato de chamá-lo a existir a fim de que seja sua presença no mundo"[240]. Assim, "enviado como homem no seio da humanidade", Ele "profere as palavras de Deus" e "consuma a obra salvífica que o Pai lhe confiou"[241].

Por meio de sua presença, que é plena transparência de Deus, a revelação é aperfeiçoada e completada. Com efeito, também pela sua morte irrompeu "a escandalosa verdade do evento revelador, desvelando aquilo que realmente aí se passou: Deus estava lá na cruz de Jesus, entregando-se à mesma morte que Jesus se entregava, para nos libertar dela ao nos comunicar sua vida"[242]. Da mesma maneira, o próprio fato de sua ressurreição deve ser entendido como uma "intervenção de Deus, como a explosão da vida, novo começo, nova criação, irrupção da eternidade"; e por isso ela é um ato de revelação, pelo qual se pode conhecer o Pai: "Deus é aquilo que acontece com Jesus em sua saída da morte para a vida eterna"[243]. Ele, sem dúvida, "não se revela para si mesmo, para dar a conhecer a essência de sua divindade, mas para salvar"; e Ele é capaz de salvar a humanidade por se revelar em um homem e se tornar solidário a seu destino e assim, por extensão, ao de todas as pessoas, tornando-se "um único evento de revelação e salvação, de amor e de vida"[244]. Por isso, Ele dá, definitivamente, "o testemunho divino de que Deus está conosco para libertar-nos das trevas do pecado e da morte e para ressuscitar-nos para a vida eterna". Dessa forma, pela natureza do evento Cristo, a economia cristã jamais passará, de modo que "já não há que esperar

---

239. LATOURELLE, R., Teologia da Revelação, p. 380-381. É necessário acrescentar: "não houve sucessivamente um acontecimento de revelação na existência de Jesus e depois uma palavra de revelação [...]. Houve um único acontecimento de revelação, vivido por Jesus, que se exprimiu e se difundiu por sua própria força irruptiva, em palavra e escritura de revelação" (MOINGT, J., Deus que vem ao homem: da aparição ao nascimento de Deus. Aparição, p. 51).

240. MOINGT, J., Deus que vem ao homem: do luto à revelação de Deus, p. 427.

241. DV 4.

242. MOINGT, J., Deus que vem ao homem: do luto à revelação de Deus, p. 412.

243. MOINGT, J., Deus que vem ao homem: do luto à revelação de Deus, p. 416.

244. MOINGT, J., Deus que vem ao homem: do luto à revelação de Deus, p. 429.

nenhuma nova revelação pública antes da gloriosa manifestação de Nosso Senhor Jesus Cristo"[245].

Com isso, o núcleo do que a *Dei Verbum* pretende expor como revelação em si mesma está dado. Entretanto, vale salientar, mesmo em síntese, o que é tratado no restante desse capítulo acerca do modo como a revelação deve ser recebida (n. 5) e de sua conclusão sobre as verdades reveladas (n. 6). Como à revelação de Deus corresponde uma atitude de fé, o documento aborda os aspectos dessa atitude: destaca a necessidade da "obediência de fé", como entrega total e livre ao Deus que se revela; aponta que essa atitude fundamental é "um obséquio pleno do intelecto e da vontade" e um "voluntário assentimento à revelação"; ressalta que essa fé só acontece com "a graça prévia e adjuvante de Deus e os auxílios internos do Espírito Santo"; e acentua que a compreensão da revelação se torna mais profunda pelo aperfeiçoamento da fé, que se dá, continuamente, pela ação do mesmo Espírito[246]. No número seguinte, a constituição trata das verdades reveladas, afirmando que, por elas, Deus quis "manifestar-se e comunicar-se a si mesmo e os decretos eternos de sua vontade acerca da salvação dos homens", a fim de fazer todos participarem dos bens divinos, "que superam inteiramente a capacidade da mente humana". Conclui, retomando o Vaticano I, que Deus "pode ser conhecido com certeza pela luz natural da razão humana a partir das coisas criadas", mas que é somente à revelação que se deve atribuir o fato de todos poderem conhecer "de modo acessível e com sólida certeza e sem mistura de nenhum erro aquelas coisas que em matéria divina não são de *per si* inacessíveis à razão humana"[247]. O restante do documento, denso ao extremo, trata da transmissão da divina revelação (capítulo 2), da inspiração da Sagrada Escritura e de sua interpretação (capítulo 3), do Antigo Testamento (capítulo 4), do Novo Testamento (capítulo 5) e da Sagrada Escritura na vida da Igreja (capítulo 6). Todos esses temas são desdobramentos práticos, não isentos de polêmicas, daquele núcleo central que expõe, como vimos, o conceito de revelação.

A partir de uma visão geral do Concílio, podemos afirmar que a revelação é "fundamentalmente tradição, antes de tudo construção de conjunto e acima de tudo expressão escrita: ela é aquilo que os apóstolos transmitiram daquilo que

---

245. DV 4. Há que se notar, entretanto, que o Pai quer alcançar a todos e todas, em todos os tempos e lugares. Por isso mesmo, Deus continua seu diálogo com a humanidade ao longo dos séculos, não mais como momento fundante, mas como "momento dependente, explicativo e interpretativo da revelação divina, momento responsável pela atualização e dinamização do plano salvífico dentro das coordenadas sócio-históricas-culturais de cada época" (FELLER, V. G., A revelação de Deus a partir dos excluídos, p. 25).

246. DV 5.

247. DV 6.

Jesus lhes havia comunicado e daquilo que Ele tinha vivido com eles"[248]; ela não se dá como um saber absoluto, mas é contingente, histórica, mais prática do que teórica; objetiva naquele que se dá, obscura naqueles que a recebem – e, por isso mesmo, consiste na intersubjetividade de um relacionamento[249]. Em suma, a revelação é a automanifestação e a autocomunicação de Deus, sua própria autodoação realizada em tal proximidade, uma palavra que vem ao encontro da pergunta humana mais radical, ilimitada ao extremo, e que só pode ser preenchida pela palavra do próprio Deus, que é a resposta máxima. E esse Deus que se revela é sempre um Deus "preposicional"; isto é, seu nome e sua ação vêm sempre acompanhados de uma preposição que indica seu movimento em direção aos seres humanos: "Deus é simplesmente aquele que está aí com, para, de, em vista de!"; Ele é aquele que sempre "se pré-põe, como primeiro a amar; põe-se diante das pessoas e povos amando e estimulando o amor"[250]. Essa revelação concretiza-se histórica e particularmente em Cristo, em sua encarnação, sua vida, sua paixão, sua morte e sua ressurreição, como uma manifestação irrepetível, que se insere como uma única história especial dentro de uma única história geral[251].

2.3. Conclusões: inter-relação entre Teologia Fundamental e revelação

A revelação, enquanto dom, é Deus mesmo que se dá a nós para nos introduzir em sua comunhão; no entanto, enquanto estudo, é o núcleo da pesquisa da Teologia Fundamental. Tudo o que dissemos sobre a evolução do conceito de revelação está interligado ao que dissemos no capítulo anterior acerca dessa disciplina teológica.

No presente capítulo, para compreendermos a novidade da maneira como o Vaticano II descreve a revelação, tivemos de entender a forma como esse conceito era concebido anteriormente. Tal noção só começa a ficar clara a partir do momento que sua ideia foi questionada, no advento da Reforma Protestante. Com a tese "*sola scriptura*" e o acento na subjetividade, contestou-se o modo como a

---

248. MOINGT, J., Deus que vem ao homem: da aparição ao nascimento de Deus. Nascimento, p. 63.

249. MOINGT, J., Deus que vem ao homem: da aparição ao nascimento de Deus. Nascimento, p. 63.

250. FELLER, V. G., A revelação de Deus a partir dos excluídos, p. 31.

251. RAHNER, K., Curso fundamental da fé, p. 209-212. Vale destacar que, no pensamento de K. Rahner, a revelação, enquanto autocomunicação de Deus, tem três dimensões: é autocomunicação na qual o "comunicado" é indisponível; é autocomunicação mediante a qual o próprio Deus se revela na história; é a própria autocomunicação através da qual é possível acolhê-lo (REIS, J. L., A acolhida da fé no contexto multicultural, p. 115-117).

Igreja percebia a revelação, pois, identificando-a com as Escrituras, o papel da Tradição e do Magistério foram deslocados. Por isso, em Trento, ainda em uma linguagem escolástica – isto é, em uma espécie de *Teologia Fundamental embrionária*, conforme dissemos –, a Igreja enfatizou o caráter objetivo da revelação e destacou que ela se dá progressivamente na história e que está contida em livros e tradições não escritas, os quais a Igreja venera com igual dignidade.

No Vaticano I, enfrentando o racionalismo, a Igreja procurou *demonstrar*, por meio de uma *apologética clássica*, o que entendia por revelação: afirmou-se que a Palavra de Deus, enquanto testemunho, *exige* adesão devido à *autoridade* de quem fala. A revelação é descrita como uma ação gratuita de Deus, que se dirige à humanidade, dando-se a conhecer a si mesmo e aos seus desígnios, visando estabelecer uma comunhão de vida com cada ser humano através da encarnação do Filho. Essa manifestação *objetiva*, contida no depósito da fé, foi confiada à Igreja, que a guarda, proclama e protege de erros.

Contudo, as definições conciliares geraram mal-entendidos, principalmente no confronto com a Modernidade, que compreendia "revelação", a partir do advento das ciências da religião, como manifestações do divino em geral. A apologética tradicional, que até então falava de si para si, foi confrontada pelas novas ciências, que questionavam seu discurso e seu método, obrigando-a a se renovar. Assim, com uma nova Teologia Fundamental, reconheceu-se que a teologia de então havia elaborado um conceito de revelação demasiado extrinsecista e que tal noção não era doutrina oficial.

A partir da década de 1930, diversos movimentos agitaram a Igreja, impulsionando-a em direção à renovação: a chamada "Nova Teologia" assumia alguns princípios da Modernidade, dialogava com as novas ciências e defendia um retorno às fontes; os leigos passaram a atuar na evangelização, sobretudo nos ambientes em que trabalhavam; o movimento bíblico ajudou a Igreja a aceitar os novos métodos de investigação; o movimento litúrgico convocou todos os fiéis a uma participação ativa e consciente na vida da Igreja; o ecumenismo exigiu o diálogo, reconhecendo a pluralidade; a Ação Católica levou os leigos a agirem dentro e fora da Igreja, fazendo com que esta não fosse mais fechada. Tudo isso gerou um impulso para uma Teologia Fundamental mais ligada à história, à realidade das pessoas e aos anseios delas.

Com o *aggiornamento* do Vaticano II e todas as discussões teológicas, podemos dizer que surgiu, oficialmente, uma nova maneira de se fazer Teologia Fundamental – embora seu nome ainda causasse receios, devido à confusão com a apologética tradicional. A partir do olhar dessa nova disciplina, a doutrina passou a ser vista como objeto não apenas de transmissão, mas também de pesquisa;

não só como uma propriedade fixa, mas também como evolução histórica. Assim, foi possível descrever a revelação em outros termos. Para o Concílio, a revelação é uma ação livre de Deus, uma palavra dirigida com amor a todas as pessoas, pela qual Deus manifesta-se a si mesmo e os seus desígnios, a fim de levar a humanidade à sua plenitude, que é a participação na intimidade da vida trinitária, tal como foi manifestado na história, seja de maneira progressiva pela vocação dos primeiros pais, dos patriarcas, de Moisés e dos profetas, seja de maneira escatológica e definitiva pelo mistério de Cristo, em sua encarnação, sua vida, sua paixão, sua morte e sua ressurreição. Essa ação, que é obra de toda a Trindade, manifesta-se na criação, pela ordem natural, mas se realiza também na história, pela ordem sobrenatural, por meio de palavras e acontecimentos com ligações íntimas entre si. As experiências advindas dessa única história da salvação foram objetivadas em escritos e tradições, que testemunham a maneira como o povo de Deus, na Bíblia Hebraica, e as comunidades cristãs, no Novo Testamento, viveram, receberam, guardaram, testemunharam e proclamaram a revelação, que a Igreja, a seu tempo, é convidada a conservar, defender, explicar e propor, e a qual os seres humanos são chamados a aderir pela fé, seja enquanto um ato de obediência e de livre e total entrega a Deus, seja enquanto uma homenagem que a razão e a vontade podem, de modo voluntário, prestar à Palavra que lhe é dirigida.

Toda essa história do conceito de revelação está, obviamente, ligada à história da Teologia Fundamental, pois é pelo olhar dessa disciplina que podemos compreender e descrever as evoluções desse conceito. De fato, cada modelo de Teologia Fundamental, ligado a seu contexto vital, acaba por dar uma perspectiva distinta da revelação. Por isso, perguntamo-nos: Há um conceito de revelação diferente na América Latina, capaz de justificar uma Teologia Fundamental Latino-americana? Quais são as características principais de uma teologia latino-americana e como estas se relacionam com uma Teologia Fundamental própria desse lugar? Quais são as opções essenciais dessa teologia e de que maneira elas ajudam a compreender a revelação? Qual é o aporte metodológico desse fazer teológico e qual a sua relação com as raízes do cristianismo nesse lugar? Se estamos em busca de uma novidade no conceito de revelação na América Latina, é porque é possível que haja uma Teologia Fundamental subjacente, capaz de traduzi-la em linguagem teológica. Contudo, para verificar essa hipótese, deveremos, antes, aprofundar alguns aspectos da teologia latino-americana, sobretudo em relação à sua opção preferencial pelos pobres e à sua metodologia.

Capítulo 3 | Teologia da Libertação latino-americana

O conceito de revelação, conforme vimos, sempre foi elaborado por uma Teologia Fundamental que procura, metodologicamente, responder aos dramas e às questões de um contexto específico, que o questiona. De fato, partindo da constatação de que "só pode ser 'ouvinte da palavra', num sentido teológico, quem ouve simultaneamente as objeções de seu tempo e partilha seus problemas"[252] e da convicção de que Deus se revela sempre, o máximo possível, em todas as partes, pessoas e culturas[253], o cristianismo entende a revelação não como uma palavra fixa e imóvel, mas como Palavra de Deus dinâmica, que "rompe o silêncio eterno e irrompe no tempo e no espaço humanos"; como o próprio Deus, que se comunica a si mesmo aos seres humanos, a fim de convidá-los à vida plena e à entrega de suas energias e vontades "à implementação de um mundo onde reinem a justiça e a paz"[254]. Também na Teologia da Libertação latino-americana, que aborda as grandes questões da fé cristã a partir do confronto entre opressores e oprimidos, a revelação ganha especificidades próprias. Assim, antes de tratar do tema da revelação em si, a partir de uma Teologia Fundamental alicerçada na prática teológica da libertação – assunto central nesta pesquisa, que será desenvolvido no próximo capítulo –, deveremos aprofundar a história, as opções e a metodologia da Teologia da Libertação latino-americana. Como é evidente, não se trata de traçar uma história linear e completa dessa teologia, mas de identificar, por entre suas "raízes" e seus "ramos"[255], seus elementos centrais, a partir dos quais poderemos debater o tema de nossa pesquisa. Tampouco abordaremos todos os aspectos de sua metodologia, e sim apenas alguns tópicos que nos parecem fundamentais para compreender o conceito de revelação a partir dessa perspectiva teológica.

---

252. METZ, J. B., A fé em história e sociedade, p. 33.
253. QUEIRUGA, A. T., Repensar a revelação, p. 19.
254. BINGEMER, M. C. L., Desafíos y tareas de la teología en América Latina hoy, p. 426.
255. BINGEMER, M. C. L., Teologia Latino-americana.

Antes, porém, faz-se necessária uma explicação da expressão que dá título a este capítulo. O que chamamos de "Teologia da Libertação latino-americana"? Conforme aponta Aquino Júnior, ela visa, em primeiro lugar, à explicitação de que "a teologia latino-americana não é, sem mais, a Teologia da Libertação"[256], visto que a história da teologia em nosso continente tem mais de quinhentos anos, e a Teologia da Libertação (doravante também referida como TdL), propriamente dita, nasceu no fim da década de 1960[257]. Contudo, há que se notar que as raízes mais profundas da TdL estão para além do Vaticano II e de Medellín: estão na tradição profética de missionários e evangelizadores que, chegando às Américas, questionaram o tipo de presença adotado pela Igreja de seu tempo, sobretudo na maneira como eram tratados os povos indígenas, os negros escravizados, os mestiços e as massas pobres[258]. Em segundo lugar, há que se notar que "a TdL não é, sem mais, a TdL latino-americana", visto que os ramos desta teologia se estenderam por todo o mundo, tal como se pode ver, por exemplo, na Teologia Negra da Libertação estadunidense, que influenciou a luta contra o *Apartheid*, na África do Sul, ou ainda na Teologia *Dalit*, na Índia, voltada para a cultura e a religiosidade popular[259]. Entretanto, usaremos neste trabalho, indistintamente, as expressões Teologia da Libertação latino-americana, Teologia da Libertação e Teologia latino-americana, uma vez que, dentro do contexto desta pesquisa, estaremos nos referindo sempre ao mesmo movimento, ou seja, àquele que colocou neste continente, sobretudo a partir de Medellín, a opção pelos pobres, com todas as suas consequências, como um de seus temas mais importantes[260]; àquela teologia política desenvolvida a partir de uma práxis também política e de determinada interpretação da realidade da América Latina que privilegia a perspectiva da tensão entre dominação e libertação[261]. Em suma, estamos tratando daquela teologia que, conforme apontou G. Gutiérrez no considerado primeiro livro da

---

256. AQUINO JÚNIOR, F., A teologia como intelecção do reinado de Deus, p. 27-29.

257. Pode-se considerar também o lançamento do livro de G. Gutiérrez, *Teologia da Libertação: perspectivas*, em 1971, como marco inicial.

258. BINGEMER, M. C. L., Teologia Latino-americana, p. 12. Aquino Júnior prefere falar dessa atuação missionária como "precedentes históricos de um dinamismo eclesial, que, uma vez apropriados pela TdL, a potencializam e a promovem" (AQUINO JÚNIOR, F., A teologia como intelecção do reinado de Deus, p. 28).

259. AQUINO JÚNIOR, F., A teologia como intelecção do reinado de Deus, p. 29-30. M. Barros destaca a identidade dos diversos ramos da TdL através de uma imagem: "do mesmo modo que, no Amazonas, não dá para separar as águas que vieram de cada afluente, nas teologias da libertação podemos até distinguir, mas não podemos separar os diversos ramos que a compõem" (BARROS, M., Da Teologia da Libertação às teologias da libertação, p. 29).

260. GUTIÉRREZ, G., Pobres y opción fundamental, p. 321.

261. RUBIO, A. G., Unidade na pluralidade, p. 521.

TdL, propõe não tanto um novo tema para reflexão quanto uma nova maneira de fazer teologia; não tanto uma prática reflexiva quanto uma reflexão crítica da práxis histórica: uma teologia da história que seja efetivamente libertadora da humanidade[262].

Não trataremos de todos os aspectos da TdL latino-americana, mas apenas daqueles que julgamos, neste momento, serem necessários à nossa pesquisa, visando à compreensão de uma nova Teologia Fundamental e de um novo conceito de revelação. Por isso, vamos apresentar, num primeiro momento, das raízes ao pontificado de Francisco, a centralidade dos pobres no fazer teológico da América Latina. Num segundo, a questão do método teológico latino-americano. De fato, tanto a opção fundamental de determinada teologia quanto a sua maneira própria de se efetivar se relacionam com o "lugar teológico", a partir do qual se pode falar de Deus e de sua automanifestação à humanidade.

3.1. Das raízes ao pontificado de Francisco: a centralidade dos pobres

A opção preferencial pelos pobres não é um tema que surge do nada na Teologia da Libertação latino-americana; antes, ela está enraizada na própria história dessa teologia. Essa história e a centralidade na questão dos excluídos, como veremos, constituem os pilares básicos para compreender a maneira como Deus se revela neste continente; e, portanto, esse é o caminho para construir uma nova Teologia Fundamental. De fato, a TdL explicitou uma universalidade da revelação "a partir de baixo", a partir dos humilhados e ofendidos, pois essa é a "única universalidade possível dentro da história" e também "a mais radical e mais ameaçada"[263]. O que pretendemos apontar é que surgiu na América Latina, a partir de Medellín, uma verdadeira "espiritualidade de libertação", uma consciência profunda da importância de uma pedagogia libertadora[264], uma necessidade de reler toda a história sob a ótica dos dominados e uma vontade de resgatar elementos

---

262. GUTIÉRREZ, G., Teología de la Liberacíon, p. 40.

263. QUEIRUGA, A. T., Repensar a revelação, p. 306-307.

264. Cf. FREIRE, P., Pedagogia do oprimido. O autor destaca a necessidade de conscientização para uma pedagogia libertadora a partir dos oprimidos, uma vez que seria uma contradição os opressores praticarem uma educação libertadora. Além disso, afirma que tal pedagogia tem, essencialmente, dois momentos: "o primeiro, em que os oprimidos vão desvelando o mundo da opressão e vão comprometendo-se, na práxis, com sua transformação; e o segundo, em que, transformada a realidade opressora, esta pedagogia deixa de ser do oprimido e passa a ser a pedagogia dos homens em processo permanente de libertação" (FREIRE, P., Pedagogia do oprimido, p. 43-44).

de uma teologia profético-libertadora já presentes em nossa história[265]. A originalidade dessa nova reflexão não está, essencialmente, no seu tema, que reflete a tensão entre opressão e libertação como objeto da teologia, mas no fato de ser "uma reflexão de fé a partir e no interior da prática da libertação"[266]. Em outras palavras, a novidade da releitura latino-americana do Vaticano II está no fato de considerar a práxis[267] pelo do ponto de vista dos pobres, resultando em uma "nova evangelização" com base neles e em suas culturas nativas e populares, visando à sua libertação integral[268]. Tal perspectiva foi possível no contexto da América Latina, cuja Igreja percebia uma tensão fundamental: por um lado, havia uma situação terrível de opressão institucionalizada; por outro, a sociedade estava repleta de movimentos que aspiravam à libertação[269]. Inserida nessa tensão, tendo-se a experiência mística de reconhecer Cristo no rosto do pobre e questionando-se acerca do significado de ser cristão em tal situação, a Igreja da América Latina, de Medellín a Aparecida, fez radicalmente a opção preferencial pelos pobres[270]. Por isso, veremos a seguir as raízes históricas e as fases que permitiram tal propensão, bem como a legitimação, de tal opção no magistério latino-americano.

3.1.1. Raízes e fases da teologia latino-americana

A TdL, partindo de suas raízes profundas, frutificou em diversos ramos, entre os quais poderíamos destacar as discussões acerca de gênero e dos direitos humanos, com destaque para a Teologia Feminista; as questões da ecologia e da Terra, em especial o trabalho de L. Boff e o ecofeminismo; e a pesquisa teológica em diálogo com outras tradições, sobretudo, no Brasil, com as religiões de matriz africana[271]. Contudo, para o que pretendemos neste trabalho, importa destacar

---

265. BOFF, L., Do lugar do pobre, p. 39-40.

266. BOFF, L., Do lugar do pobre, p. 25.

267. Para P. Freire, a práxis é "reflexão e ação dos homens sobre o mundo para transformá-lo"; sem ela, complementa, "é impossível a superação da contradição opressor-oprimidos" (FREIRE, P., Pedagogia do oprimido, p. 40). Sem negar esse sentido, a práxis cristã, teologicamente, tem por condição de possibilidade a ação de Deus, que trabalha e age no mundo; assim, o agir humano, tendo sido suscitado por Deus, não será mais apenas dele, mas uma ação de Deus e do ser humano indissoluvelmente unidas num movimento só (BINGEMER, M. C. L., Novos horizontes e expectativas da contemplação e da práxis, p. 293-294).

268. LIBANIO, J. B., Introdução à Teologia Fundamental, p. 195.

269. LIBANIO, J. B., Teologia da Revelação a partir da Modernidade, p. 434.

270. DAp 391-398.

271. BINGEMER, M. C. L., Teologia Latino-americana, p. 73-116. Vários outros "ramos" poderiam ser citados, como as teologias indígenas e a Black Theology, de maneira que seria mais apropriado falar de "teologias da libertação". L. C. Susin destaca, ainda, os diferentes movimentos que utilizam o método da TdL, como a Teologia Gay e Queer, fazendo esta se tornar uma realidade sem fronteira institucional, e conclui que "o

mais as raízes do que os ramos, de maneira que, olhando para os fundamentos da teologia latino-americana, possamos encontrar nelas os elementos que justificam uma Teologia Fundamental com características próprias deste continente e, através desse fazer teológico, descobrir, se possível, um novo conceito de revelação.

Para isso, abordaremos, primeiro, o elemento imediato que permitiu à TdL se concretizar – o Concílio Vaticano II (1962-1965) e a sua recepção criativa na Conferência Episcopal da América Latina reunida em Medellín (1968); e depois, retrospectivamente, buscaremos as raízes históricas que permitiram que a recepção do Concílio se desse de maneira libertadora, a saber, a tradição profética de evangelizadores e missionários que, desde os tempos coloniais, indignaram-se com a opressão do povo e lutaram por justiça. Apresentaremos, em seguida, as fases da TdL latino-americana: analisaremos sua "gestação", entre o Vaticano II e a Conferência de Medellín; descreveremos a sua "gênese" a partir da recepção de Medellín e do lançamento do livro paradigmático de G. Gutiérrez, *Teologia da Libertação: perspectivas*; examinaremos seu "crescimento", realizado entre temores e esperanças; investigaremos a sua "consolidação", alcançada por uma série de publicações teológicas; pesquisaremos a sua fase de "revisão", na qual a TdL se viu mais uma vez obrigada a repensar sua metodologia; e, por fim, trataremos do período de "revigoramento", a partir do início do pontificado do Papa Francisco.

Essa visão panorâmica das raízes e das fases da teologia latino-americana, embora realizada de maneira sintética, tem os objetivos de apresentar a conjuntura na qual a Igreja da América Latina realizou a opção preferencial pelos pobres e de apontar o contexto vital que justifica a metodologia própria adotada pelos teólogos da libertação – temas que serão trabalhados em seguida.

3.1.1.1. Raízes profundas da Teologia da Libertação latino-americana

A América Latina, diferentemente da Europa, tem seus próprios problemas e conflitos, situados nos mais diversos âmbitos (cultural, econômico, social, político etc.)[272]. Logo, se a Igreja como um todo, a partir de sua renovação no Con-

---

caminho da teologia da libertação, na verdade, foi outro: não de baixo para cima, mas para todos os lados" (SUSIN, L. C., Teologia da Libertação, p. 1687).

272. Às vezes se utiliza a expressão "Pátria Grande" para se referir à América Latina. A despeito da unidade no plano geográfico, há imensa diversidade no plano cultural. Contudo, "a unidade essencial da América Latina decorre [...] do processo civilizatório que nos plasmou no curso da Revolução Mercantil, especificamente, a expansão mercantil ibérica" (RIBEIRO, D., América Latina, p. 25-26). Vale destacar que o conceito de "Pátria Grande", embora não propriamente teológico nem totalmente explicativo do caminho seguido pela Igreja Latino-americana, recolhe um pouco da mística que foi criada no sul da América (BINGEMER, M. C. L.; CASARELLA, P., Introducción: Pensando y dialogando la teologia en América, p. 17).

cílio Vaticano II, procurou assumir "as alegrias e as esperanças, as tristezas e as angústias dos homens de hoje, sobretudo dos pobres e de todos os que sofrem"[273], a Igreja latino-americana, principalmente a partir da Conferência de Medellín, realizada em 1968, tentou centrar sua atenção no "homem deste continente, que vive um momento decisivo de seu processo histórico"[274]. A recepção do Concílio na América Latina se deu, portanto, por meio de um crescente compromisso em favor dos pobres e oprimidos em um contexto nítido de opressão; e, conforme apontou G. Gutiérrez, "caracterizar a América Latina como um continente dominado e oprimido conduz, naturalmente, a falar de libertação e, sobretudo, a participar do processo que leva a ela"[275]. A partir de então, a teologia latino-americana deu um salto qualitativo, pois assumiu um compromisso fundamental com os pobres e passou a formular uma resposta, teórica e prática, concreta e contextualizada, àqueles problemas que envolviam o continente. A pergunta essencial que se impôs, segundo L. Boff, foi: Como ter fé a partir da periferia do mundo e ser realmente cristão em um continente marcado terrivelmente pela opressão e pela injustiça?[276] Nesse contexto, não apenas se identificavam as estruturas sociais injustas, mas também se percebia que elas tinham "rosto e nome"; assim, "a pobreza sem cara, tema de estudo, objeto de pesquisa, perde seu caráter impessoal e assume a carne dolorosa de tantos e tantos"[277]. A teologia na América Latina, ao trilhar esse caminho, pôde dar uma maior contribuição à Igreja, pois, de fato, rejeitou a antiga tendência de refletir "a partir de teorias ou princípios abstratos" para se centrar na reflexão "sobre o infinito e imensurável amor de Deus", capaz de mover o teólogo a "refletir, investigar, falar e escrever a serviço do povo de Deus"[278].

Ao recolher, desenvolver e aplicar as riquezas do Concílio à realidade latino-americana, a Conferência de Medellín acabou por se transformar em uma

---

273. GS 1.

274. DM Introdução.

275. GUTIÉRREZ, G., Teología de la Liberacíon, p. 126.

276. Cf. BOFF, L. A fé na periferia do mundo. De maneira parecida, L. Boff levantou outras questões: Como celebrar a eucaristia num mundo de injustiças? Como pregar a cruz numa sociedade de crucificados? Como pregar a ressurreição num mundo ameaçado pela morte coletiva? Cf. BOFF, L., Do lugar do pobre, p. 103-151.

277. LIBANIO, J. B., Teologia da Revelação a partir da Modernidade, p. 25.

278. BINGEMER, M. C. L., Teologia Latino-americana, p. 18. Não se trata de ignorar os conceitos, que continuam sendo tratados com rigor, mas de perceber que a teologia não é apenas uma reflexão intelectual – *intellectum fidei* –, e sim, sobretudo, "uma misericórdia buscando entendimento – *intellectus amoris* – que é também uma teologia da graça e da libertação" (BINGEMER, M. C. L., Teologia Latino-americana, p. 41).

espécie de "ata de nascimento da Igreja latino-americana com rosto próprio"[279], e, com isso, "pôs em marcha um movimento teológico-pastoral que acabou revelando os limites do próprio Concílio"[280]: se o Vaticano II apontou que a Igreja deve estar no mundo, na América Latina se questionou em qual "mundo" deve estar a Igreja; se os documentos conciliares falam de mistério de salvação, os documentos do episcopado latino-americano tratam essa salvação como uma libertação integral; se os bispos do mundo discutiram a promoção humana, os do "fim do mundo" traduziram essa expressão como libertação dos oprimidos; se aquele sínodo universal abordou a pobreza do mundo e o mundo dos pobres, os sínodos deste continente deram um conteúdo político à pobreza, deixando de tratá-la como algo natural; se o Vaticano II falou de pecado no mundo, o Celam o especificou como pecado social e estrutural; se na Constituição Dogmática *Lumen Gentium* se aprofundou o mistério da Igreja como povo de Deus em marcha, as declarações oficiais do magistério latino-americano a descreveram como Igreja dos pobres à qual todos os cristãos devem se converter; se, por fim, lá se enfatizou a missão, por aqui esta foi definida particularmente como compromisso com a libertação dos oprimidos[281]. Assim, com razão, podemos afirmar que na América Latina aconteceu não só uma aplicação dos documentos conciliares, como se a Igreja aqui fosse apenas um *reflexo* daquilo que se passa em Roma, mas também uma mudança total de perspectiva, na qual se percebeu uma Igreja *fonte*[282], capaz de fazer uma verdadeira "recepção criativa" do Concílio Vaticano II a partir da ótica dos pobres[283].

Essa recepção criativa só foi possível por haver uma nova concepção da epistemologia e da hermenêutica, segundo a qual o sentido de um texto é dado não somente pelos autores e pelas palavras específicas que utilizaram em sua construção textual, mas também pelos destinatários, que são, doravante, considerados verdadeiros "coautores na medida em que inserem a mensagem dentro dos contextos vitais em que se acham, colocam acentos, percebem a relevância e

---

279. BEOZZO, J. O., A caminhada da Teologia da Libertação, p. 21.

280. AQUINO JÚNIOR, F., 50 anos de Medellín – 5 anos de Francisco, p. 47.

281. BOFF, L., Do lugar do pobre, p. 31-32. Na questão da revelação, de fato, não houve um documento que retomasse especificamente a *Dei Verbum*; entretanto, "a Palavra de Deus, devolvida ao povo nos círculos bíblicos, nas Comunidades Eclesiais de Base e no movimento de leitura popular da Bíblia esteve no coração da renovação provocada por Medellín" (BEOZZO, J. O., A caminhada da Teologia da Libertação, p. 22).

282. As reflexões acerca da virada de uma "Igreja-reflexo" para uma "Igreja-fonte" são do Pe. Henrique C. de Lima Vaz, publicadas em 1968. A. G. Rubio, referindo-se a esse artigo e comentando que alguns setores da Igreja na América Latina haviam tomado consciência dessa situação "reflexa", afirma que a Igreja latino-americana só passaria a ser "fonte" quando levasse a sério as realidades humanas desse continente. Cf. RUBIO, A. G., Unidade na pluralidade, p. 76.

283. BOFF, L., Do lugar do pobre, p. 24-27.

a pertinência de aspectos que iluminam ou denunciam situações históricas"[284]. Com essa nova consciência hermenêutica e epistemológica, percebia-se que não se poderia mais apenas "aplicar a doutrina do Concílio", de cima para baixo; a própria realidade dos pobres e sofredores constituiria o "lugar social", "um 'onde' socialmente determinado"[285], a partir do qual a teologia latino-americana leria – e "reescreveria" – os documentos conciliares. Assim, floresceu por quase toda a América Latina a TdL[286], marcada não só por uma releitura do Concílio mas também, sobretudo, por um deslocamento cada vez maior da posição da Igreja, que foi "do centro para a periferia"[287].

Contudo, há que se destacar que essa releitura contextualizada e criativa do Concílio Vaticano II só foi possível porque, neste continente, já se encontravam as raízes mais profundas dessa prática libertadora. De fato, conforme aponta M. C. L. Bingemer,

> as raízes históricas da Teologia da Libertação se estendem para além da era Vaticano II e de suas consequências imediatas. Estas raízes estão na tradição profética dos evangelizadores e missionários dos primeiros tempos coloniais na América Latina, que questionavam o tipo de presença adotado pela Igreja e o modo como eram tratados os povos indígenas, negros, mestiços e as massas pobres rurais e urbanas. Os nomes de Bartolomè de Las Casas, Antonio de Montesinos, Francisco de Vitoria, Antonio Vieira, Frei Caneca e de outros representam personalidades religiosas que agraciaram cada século da curta história de nosso continente. Eles são a fonte do tipo de

---

284. BOFF, L., Do lugar do pobre, p. 30.

285. Segundo F. Aquino Júnior, o "lugar social" é, ao mesmo tempo, um "espaço físico geográfico", enquanto lugar ocupado e organizado socialmente; uma "posição ou situação social", enquanto fruto das relações de poder; e um "ponto de vista intelectivo", enquanto forma de acesso às coisas, modo de as inteligir e perspectiva a partir da qual e em função da qual as inteligimos (AQUINO JÚNIOR, F., O caráter práxico-social da teologia, p. 97-116). Do ponto de vista da TdL, em especial no pensamento de I. Ellacuría e J. Sobrino, trata-se do "lugar teológico", enquanto lugar no qual o Deus bíblico se revelou e continua a se revelar, e supõe certa parcialidade evangélica; mais do que um "onde", é um "a partir de onde"; nesse caso, é uma práxis teologal e uma teoria teológica a partir do mundo dos pobres e oprimidos. Cf. AQUINO JÚNIOR, F., A teologia como intelecção do reinado de Deus, p. 287-292. Contudo, essa questão é polêmica; retornaremos a ela no capítulo quatro.

286. Segundo R. Oliveros, o livro de G. Gutiérrez, *Teología de la Liberacíon: perspectivas*, de 1971, não apenas deu nome e início ao movimento mas também forneceu os traços principais dessa teologia e se tornou paradigmático para compreender e julgar o que se entende por TdL e para diferenciá-la de outras correntes (OLIVEROS, R., Historia de la teología de la liberación, p. 33-67). L. Boff destaca como marco, além desse livro inaugural, as publicações de *Opressión-liberación: desafios de los cristianos*, de H. Assmann, do mesmo ano, e *Jesus Cristo libertador*, de sua própria autoria, de 1972. Cf. BOFF, L., Do lugar do pobre, p. 33.

287. BOFF, L., Do lugar do pobre, p. 33-34.

compreensão social e eclesial que surgiu nos anos após o concílio – décadas de 1970 e 1980 – e que estão ressurgindo hoje com nova força e vigor[288].

Esses heróis da resistência, muitos deles mártires, tiveram de lutar contra um sistema de exploração estrutural avassalador. De acordo com D. Ribeiro,

> Não há, nunca houve, aqui um povo livre, regendo seu destino na busca de sua própria prosperidade. O que houve e o que há é uma massa de trabalhadores explorada, humilhada e ofendida por uma minoria dominante, espantosamente eficaz na formulação e manutenção de seu próprio projeto de prosperidade, sempre pronta a esmagar qualquer ameaça de reforma da ordem social vigente[289].

Por isso, desde a chegada dos europeus no sul da América, no século XVI, começaram a surgir várias questões teológicas e pastorais que "continuam pesando sobre a consciência e o desenvolvimento do cristianismo na América Latina", entre os quais destacamos: a ligação entre fé e política; a relação entre fé e economia; a associação entre violência física e simbólica; a aceitação de formas extremas de mão de obra; o abuso de mulheres (indígenas e africanas); e a consolidação da concepção de evangelização como dominação. Diante desse contexto, o fazer teológico não deve ser somente uma reflexão abstrata sobre a revelação e a fé, mas sim uma intelecção sobre a revelação que avança na história, com todas as suas questões sociais, políticas e práticas[290].

É portanto neste lugar social, que já tem tanto as marcas centenárias da exploração quanto uma prática igualmente antiga de luta por libertação, que o Concílio é recebido e interpretado criativamente; e é neste contexto que, a partir de Medellín, passou a ser hegemônica uma teologia "que já se principiava a denominar Teologia da Libertação"[291].

---

288. BINGEMER, M. C. L., Teologia Latino-americana, p. 12. D. Ribeiro afirma que, apesar da participação dos colonizadores no esmagamento e na escravização dos indígenas, "uns santos homens, em sua alienação iluminada, continuavam crendo que cumpriam uma destinação cristã de construtores do Reino de Deus no novo mundo". Esses loucos homens tentavam, de variadas formas, "atribuir alguma dignidade formal à guerra de extermínio que se levava adiante, à brutalidade da conquista, à perversidade da eliminação de tantos povos" (RIBEIRO, D., O povo brasileiro, p. 58).

289. RIBEIRO, D., O povo brasileiro, p. 446.

290. BINGEMER, M. C. L., Teologia Latino-americana, p. 22-23.

291. BOFF, L., Do lugar do pobre, p. 32.

3.1.1.2. As fases da Teologia da Libertação latino-americana

Essa teologia, que, como dissemos, tem suas raízes mais longínquas nas perplexidades, nos obstáculos e nas resistências que surgiram dos choques entre culturas nos processos de colonização e evangelização das Américas[292], teve, tecnicamente, vários períodos distintos, mas inter-relacionados, de desenvolvimento. Segundo a classificação de R. Oliveros, quatro fases podem ser descritas com clareza; a essas, acrescentamos mais duas, a fim de atualizar a história da TdL[293].

O primeiro período, chamado de "gestação", deu-se entre 1962 e 1968, ou seja, entre o anúncio do Concílio, realizado por João XXIII, e a finalização da Conferência de Medellín, na Colômbia. Nesse interstício, os pensadores da América Latina começaram a perceber que o empobrecimento da população deste continente estava enraizado em uma situação de exploração que "não era casual, mas causal". A partir das oportunidades oferecidas pelo Concílio – de se reunir e de discutir abertamente os problemas –, os teólogos e bispos latino-americanos, que, até então, haviam dado poucas contribuições à Igreja universal, passaram a se encontrar para refletir, à luz da fé e da originalidade deste continente, sobre os grandes desafios próprios deste lugar. A possibilidade de convocar o episcopado para uma segunda conferência geral, na cidade de Medellín, em 1968, fez com que, mais ainda, pululassem reuniões, declarações, documentos e estudos, em nível nacional e regional, com os mais diversos grupos cristãos, demonstrando uma vitalidade e uma efervescência eclesial impressionantes. O sínodo de Medellín foi um fato marcante na história da Igreja latino-americana, pois, por meio dele, a teologia deste continente deixou de ser dependente da Europa e passou a ter elaborações próprias. Os temas centrais tratados nessa conferência foram: a questão dos pobres e da justiça; o amor ao próximo e a paz em uma situação de violência institucionalizada; e a unidade da história com sua dimensão política da fé[294].

A segunda fase, chamada de "gênese", entre 1969 e 1971, foi a época na qual se iniciaram as grandes discussões teológicas acerca das orientações de Medellín, culminando com a publicação do livro de G. Gutiérrez, *Teologia da Libertação: perspectivas*, marco inaugural oficial. Nesse período, como veremos mais adiante, já se abordava a questão do método teológico próprio e já se delineavam as grandes linhas e perspectivas da TdL. Dezenas de produções teológicas surgiram – e

---

292. BINGEMER, M. C. L., Teologia Latino-americana, p. 22.
293. A descrição histórica de R. Oliveros está contextualizada na segunda metade da década de 1980. Por isso, descreve apenas quatro fases. J. B. Libanio, como veremos adiante, acrescenta mais um período, e nós apontaremos outro.
294. OLIVEROS, R., Historia de la teología de la liberación, p. 30-33.

dezenas outras para criticá-las –, logo dando a direção que a reflexão teológica dessa corrente libertadora tomaria nos anos seguintes: o método seria aquele que aproveitasse ao máximo os avanços das ciências sociais; os conceitos de "pobre", "pobreza", "libertação", "utopia" e "salvação" foram aprofundados, tornando-se fundamentais e centrais; os grandes temas da fé cristã foram revistos a partir da práxis da libertação, e a fé passou a ser relacionada com sua responsabilidade política de construir uma sociedade mais justa e fraterna; a espiritualidade e a teologia espiritual começaram a enfatizar a vida humana, com seus dramas e problemas, em nível social e eclesial; a reflexão teológica passou a ser vista como uma teologia da história da salvação, que, sendo apenas uma, é esta que aqui se realiza[295].

A fase chamada de "crescimento", ocorrida entre 1972 e 1979 – cercada de "temores e esperanças" –, foi um tempo de avanços importantes, que culminaram na Conferência de Puebla, e também de fortes mudanças. O fervor profético, impulsionado por Medellín, deparou-se rapidamente com a reação do sistema dominante e, dentro da Igreja, com a crítica de muitos cristãos, inclusive de vários membros da própria hierarquia, que "ignoraram" o que se pediu naquele sínodo. Por trás do discurso de "frear o avanço do comunismo internacional", muitos foram perseguidos por causa de seu compromisso libertador com os pobres. Encontros teológicos variados se deram, como aqueles em preparação à Conferência de Puebla, suscitando uma imensa reflexão acerca dos problemas latino-americanos e da maneira própria de essa teologia responder a esses desafios. Assim, alguns avanços na TdL puderam ser percebidos: os interlocutores privilegiados da TdL foram definidos como as multidões que vivem em situação desumana; a Bíblia começa a ser relida a partir dos pobres, sobretudo pelo método que C. Mesters desenvolveu; a história eclesial foi revista a partir da práxis da libertação; os pobres passaram a ser considerados não apenas um lugar privilegiado da manifestação de Deus, mas também sujeitos portadores da notícia da libertação; a práxis de Cristo foi aprofundada a partir dos métodos da libertação, gerando uma cristologia própria feita a partir da América Latina; o método teológico e a espiritualidade da libertação começam a fecundar-se mutuamente, pois se nota que o método só surge se se beber da espiritualidade de Cristo libertador; as Comunidades Eclesiais de Base (CEBs) crescem, bem como a reflexão sobre sua importância e sua eclesialidade. Por fim, acontece a Conferência de Puebla, em 1979, que consolida importantes intuições teológicas latino-americanas, tais como a análise da realidade, a visão pastoral e o discernimento, a missão da Igreja como evangelização libertadora, a busca da libertação e da reconfiguração da Igreja e da sociedade

---

295. OLIVEROS, R., Historia de la teología de la liberación, p. 33-34.

e a opção preferencial pelos pobres. Puebla, certamente, respondeu às grandes questões de seu tempo, recorrendo a Medellín e seu profetismo, sublinhando a missão da Igreja enquanto práxis libertadora, reafirmando o serviço da teologia à libertação efetiva dos povos[296].

A fase de "consolidação" aconteceu em meio a duros conflitos, entre 1979 e 1987, quando alcançou projeção mundial, por um lado, por causa de uma série de publicações teológicas e pelo crescimento de movimentos populares libertadores[297]; por outro, por causa da enorme repercussão dos ataques dirigidos contra ela. Assim, se nas CEBs os documentos de Puebla foram recebidos como um impulso revigorante, capaz de abrir espaço para viver a fé e a esperança na prática libertadora, em outros setores foi se criando um ambiente de suspeita, desconfiança e ataques. A publicação do documento da Sagrada Congregação para a Doutrina da Fé, *Instruções sobre alguns aspectos da "Teologia da Libertação"*, os processos contra alguns teólogos da libertação, como G. Gutiérrez e L. Boff, e os ataques generalizados à TdL suscitaram um forte debate internacional. Teólogos como K. Rahner, Y. Congar, E. Schillebeeckx, J. I. G. Faus, J. B. Metz, entre outros, solidarizaram-se com o fazer teológico latino-americano e defenderam a produção e a reflexão teológicas da libertação. Além disso, a forte reação do episcopado brasileiro em relação à visão unilateral e marcadamente negativa da Instrução acerca da TdL, o desconforto na Igreja peruana frente à possibilidade de censura por parte da Igreja local a G. Gutiérrez e o processo do "silêncio obsequioso" imposto ao teólogo L. Boff moveram o episcopado, sobretudo o brasileiro, a buscar caminhos para fazer sua voz chegar ao papa, o que ocorreu em visita *ad limina*. Nesta, os bispos do Brasil conseguiram que João Paulo II suspendesse a punição ao seu teólogo e também que a Santa Sé produzisse um outro documento que tratasse dos aspectos positivos da TdL[298]. Em pouco tempo, a Congregação da Doutrina da Fé publicou a Instrução *Libertatis Conscientia*, "sobre a liberdade cristã e a libertação", na qual trata o assunto numa perspectiva mais positiva, embora de maneira tímida. A culminação desse processo se deu com uma carta de João Paulo II ao episcopado brasileiro, em 1986, na qual o papa afirmava estar convencido de que "a teologia da libertação

---

296. OLIVEROS, R., Historia de la teología de la liberación, p. 35-43.

297. Frei Betto afirma que a década de 1980 ficou marcada pela emergência de movimentos populares na América Latina e do Caribe e que "o impacto dessa mudança social provocou uma mudança de lugar epistêmico: a sólida catedral de conceitos marxistas ruiu no encontro com o saber popular mesclado e arraigado de referências religiosas, profundos arquétipos da ideologia dominante e um senso prático-crítico capaz de dar consistência pragmática à proposta de organização popular" (FREI BETTO, A mosca azul, p. 195-196).

298. BEOZZO, J. O., A caminhada da Teologia da Libertação, p. 31.

é não só oportuna mas útil e necessária"[299]. Paralelamente a esses conflitos, a TdL avançava, com publicações que abordavam diversos temas: a Bíblia, sobretudo trabalhada em linguagem popular; a cristologia, que aprofundava a práxis de Jesus; a mariologia, que se relaciona com a dinâmica de Cristo libertador; a eclesiologia, que repensava o papel da Igreja na história dos pobres; a antropologia e a escatologia, que passavam a abordar a dimensão política da fé; a espiritualidade, que buscava clarificar a dimensão profética de ser cristão; e a história da Igreja, que visava recuperar a história eclesial a partir de seu compromisso libertador[300].

  J. B. Libanio completa a análise de R. Oliveros acrescentando o período de "revisão", entre 1988 e 2013[301], fase na qual cresceu um movimento conservador na Igreja, sobretudo em nível de organização – o que exigiu dos teólogos uma revisão de seus métodos de análise e uma ampliação do escopo da TdL, principalmente a partir da queda do muro de Berlim (1989), e a consequente derrocada do socialismo, e da derrota dos sandinistas na Nicarágua (1990), que haviam feito uma revolução popular na qual a fé cristã desempenhara papel relevante. Assim, frente à crise do socialismo, à teologia coube resgatar o dever ético de dar esperança aos pobres; frente ao problema da restauração eurocêntrica, à TdL competiu aprofundar sua reflexão eclesiológica. Mais uma vez, a teologia latino-americana fez uma revisão profunda em seu material de análise, buscando retomar a utopia libertadora "em articulação com topias possíveis e realizáveis no mundo dos pobres". Passou-se a repensar o trabalho pastoral e a reelaborar reflexões em diálogo com setores da classe média, intelectuais, artistas e formadores de opinião. A questão da ecologia, sobretudo a partir dos trabalhos de L. Boff, que se propôs a ouvir o grito da Terra, foi aprofundada a partir dos problemas dos países pobres, e não mais a partir da ótica desenvolvimentista. Ampliou-se, ainda mais, o conceito de pobre, saindo definitivamente da categoria de classes sociais para abordar a realidade das mulheres, das crianças, dos negros e dos indígenas[302].

---

299. JOÃO PAULO II, PP., Carta do papa aos bispos da Conferência Episcopal dos Bispos do Brasil.

300. OLIVEROS, R., Historia de la teología de la liberación, p. 47-48. Para cada disciplina teológica, o autor aponta obras ou autores que se tornaram referência: na área bíblica, *Flor sem defesa*, de C. Mesters; na cristologia, *A prática de Jesus*, de H. Echegaray, e *Jesus na América Latina*, de J. Sobrino; na mariologia, *O rosto materno de Deus*, de L. Boff; na eclesiologia, *Ressurreição da verdadeira Igreja*, de J. Sobrino; na antropologia e na escatologia, o autor destaca as produções de J. Comblin e J. B. Libanio; na espiritualidade, *Beber em seu próprio poço*, de G. Gutiérrez; e, na história da Igreja, a criação da Comissão de Estudos de História da Igreja na América Latina (Cehila), presidida por E. Dussel.

301. J. B. Libanio, na verdade, trata do período "a partir de 1988". Nós, contudo, visando destacar a atuação do Papa Francisco, encerramos essa fase no ano do início de seu pontificado.

302. LIBANIO, J. B., Panorama da Teologia na América Latina nos últimos 20 anos, p. 151-153.

Por fim, podemos afirmar que, desde 2013, com a eleição do Papa Francisco, a TdL vive uma nova fase, que chamamos de "revigoramento". De fato, muitos aspectos apontam para uma aproximação entre o papa e a TdL. Além de sua formação sustentada pela Teologia do Povo, variante da TdL, podemos citar: o encontro com G. Gutiérrez, em 2013; a beatificação de Oscar Romero; o discurso contra o capitalismo; a recepção, no Vaticano, de militantes de esquerda; e suas encíclicas, que trabalham temas desenvolvidos pela TdL[303]. Também P. F. C. Andrade afirma que o Papa Francisco inaugurou um novo paradigma na Doutrina Social da Igreja, na qual "a opção pelos Pobres, tal como foi desenvolvida na Teologia e no Magistério Latino-americano de Medellín a Aparecida, é recepcionada em profundidade"[304].

3.1.2. A opção preferencial pelos pobres no magistério latino-americano

O eixo fundamental da TdL gira em torno da "opção pelos pobres", que surgiu, enquanto consciência missionária, na Conferência de Medellín[305], impulsionando, a partir de então, a ação da Igreja latino-americana de lutar contra toda forma de injustiça social. O tema dos pobres, entretanto, já havia aparecido no Concílio Vaticano II, não apenas na abertura solene da *Gaudium et Spes*, que afirmara que "as alegrias e as esperanças, as tristezas e as angústias dos homens de hoje, *sobretudo dos pobres e de todos os que sofrem*, são também as alegrias e as esperanças, as tristezas e as angústias dos discípulos de Cristo"[306], mas também, sobretudo, na reflexão da *Lumen Gentium*, que, exortando a Igreja a ser pobre como Cristo, exige dela tanto cercar de amor os pobres quanto fazer o possível para transformar a realidade deles:

> [...] assim como Cristo consumou a obra da redenção na pobreza e na perseguição, assim a Igreja é chamada a seguir o mesmo caminho a fim de comunicar aos homens os frutos da salvação. Cristo Jesus, "como subsistisse na condição de Deus, despojou-se a si mesmo, tomando a condição de servo" (Fl 2,6) e por nossa causa "fez-se pobre embora fosse

---

303. LÖWY, M.; MUNHOZ SOFIATI, F.; MARTÍNEZ ANDRADE, L., Apresentação: Cristianismo da libertação e Teologia da libertação na América Latina.

304. ANDRADE, P. F. C., Um novo paradigma na Doutrina Social da Igreja, p. 634.

305. A opção pelos pobres é adotada em Medellín, que declara que a evangelização dos pobres "deve visar, preferencialmente, os setores mais pobres e necessitados e os povos segregados por uma causa ou outra" (DM XIV, Pobreza da Igreja, seção III). A expressão "opção preferencial pelos pobres", não obstante, só aparece em Puebla.

306. GS 1, grifo nosso.

rico" (2Cor 8,9): da mesma maneira a Igreja, embora necessite dos bens humanos para executar sua missão, não foi instituída para buscar a glória terrestre, mas para proclamar, também pelo seu próprio exemplo, a humildade e a abnegação. Cristo foi enviado pelo Pai para "evangelizar os pobres, sanar os contritos de coração" (Lc 4,18), "procurar e salvar o que tinha perecido" (Lc 19,10): semelhantemente a Igreja cerca de amor todos os afligidos pela fraqueza humana, reconhece mesmo nos pobres e sofredores a imagem de seu Fundador pobre e sofredor. Faz o possível para mitigar-lhes a pobreza e neles procura servir Cristo[307].

Essa construção teológica, que articula Cristo-Igreja-pobres, contudo, ainda não se configurava, por si só, como uma opção que deveria se concretizar politicamente[308]. Os bispos latino-americanos, entretanto, na Conferência de Medellín, em 1968, formalizaram sua posição, declarando:

O Episcopado Latino-americano não pode ficar indiferente ante as tremendas injustiças sociais existentes na América Latina, que mantêm a maioria de nossos povos numa dolorosa pobreza, que em muitos casos chega a ser miséria desumana. Um surdo clamor nasce de milhões de homens, pedindo a seus pastores uma libertação que não lhes chega de nenhuma parte[309].

Com a consciência de que deveriam estar do lado dos explorados, especificam: que "a Igreja da América Latina seja evangelizadora e solidária com os pobres"; que os pastores e demais membros do Povo de Deus tenham "a coerência necessária com as exigências evangélicas e as necessidades dos homens latino-americanos"; que os cristãos façam uma distribuição de esforços que visem, preferencialmente, "os setores mais pobres e necessitados e os povos segregados"; que os bispos se aproximem cada vez com maior simplicidade dos pobres e ajudem a tornar mais aguda a consciência do dever de solidariedade para com eles, assumindo seus problemas e lutas; que os latino-americanos concretizem sua opção "na denúncia da injustiça e da opressão, na luta contra a intolerável situação suportada frequentemente pelo pobre, na disposição de dialogar com os grupos responsáveis por essa situação"; que os bispos estejam "sempre bem per-

---

307. LG 8c. Cf. tb. os números 23 e 42.
308. O apelo de João XXIII para que a Igreja se tornasse uma "Igreja dos pobres" não encontrou ressonâncias no Vaticano II, que se deu sob o ponto de vista dos países ricos. O denso parágrafo da LG 8c e a descrição das misérias da *Gaudium et Spes* não são a perspectiva geral do Concílio. Cf. AQUINO JÚNIOR, F., A teologia como intelecção do reinado de Deus, p. 45, em especial a nota n. 6.
309. DM XIV, Pobreza da Igreja, seção I, 1-2.

to dos que trabalham no abnegado apostolado dos pobres"; e que a promoção humana seja a principal linha de ação episcopal em favor do pobre, "respeitando sua dignidade pessoal, ensinando-lhe a ajudar-se a si mesmo"[310].

Na Conferência de Puebla, em 1979, definiu-se, de maneira mais concreta e sólida, a "opção preferencial pelos pobres", para a qual foi dedicado o capítulo I da quarta parte do documento[311]. O trecho, expondo claramente suas intenções, inicia-se assim:

> A Conferência de Puebla volta a assumir, com renovada esperança na força vivificadora do Espírito, a posição da II Conferência Geral que fez uma clara e profética opção preferencial e solidária pelos pobres, não obstante os desvios e interpretações com que alguns desvirtuaram o espírito de Medellín, e o desconhecimento e até mesmo a hostilidade de outros. Afirmamos a necessidade de conversão de toda a Igreja para uma opção preferencial pelos pobres, no intuito de sua integral libertação[312].

Constatando a pobreza e a miséria de muitos irmãos no continente, a Igreja latino-americana, por um lado, confessa o que deixou de fazer pelos pobres desde Medellín e, por outro, reconhece o testemunho de muitos que se entregaram, nesse período, no serviço a eles. Aponta ainda que os pobres merecem essa atenção preferencial, independentemente de sua situação moral; que o serviço a eles é a medida privilegiada, embora não exclusiva, do verdadeiro seguimento de Cristo; e que o compromisso com eles ajuda não só a Igreja a descobrir o potencial evangelizador dos pobres, mas também a converter-se, na medida em que ela muitas vezes é interpelada por eles. Anuncia que a opção preferencial pelos pobres tem como objetivo o anúncio de Cristo Salvador, "que os iluminará sobre a sua dignidade, os ajudará em seus esforços de libertação de todas as suas carências e os levará à comunhão com o Pai e os irmãos, mediante a vivência da pobreza evangélica". Declara que tal opção "deve levar a estabelecer uma convivência humana digna e a construir uma sociedade justa e livre" e que, para isso, faz-se necessária a "mudança das estruturas sociais, políticas e econômicas injustas", a qual não será plena "se não for acompanhada pela mudança de mentalidade pessoal e coletiva". Por fim, elencando uma série de ações concretas, os bispos condenam a pobreza extrema como antievangélica; reconhecem e denunciam os mecanismos

---

310. DM XIV, Pobreza da Igreja, seção III.

311. Além de ter um capítulo exclusivo sobre a questão da opção preferencial pelos pobres (1134-1165), o documento tem muitas referências ao tema (pobre/pobreza e afins). Em especial, destacamos os números 28-31; 87-90; 382; 707; 733-735; 1014; 1129; 1217; e 1264.

312. DP 1134.

geradores de pobreza; admitem a solidariedade de outras Igrejas e de pessoas de boa vontade na construção de um mundo mais justo; apoiam as ações operárias e camponesas e defendem o seu direito de criar livremente organizações de defesa e promoção de seus interesses; comprometem-se a respeitar e promover as culturas indígenas; e, apoiados no amor preferencial pelos pobres, anunciam que pretendem seguir as pegadas de Medellín, mantendo vivo aquele chamado, abrindo "novos horizontes à esperança"[313].

Podemos concluir que, em Puebla, a opção que a Igreja assume em favor da libertação dos pobres não é transitória, "é uma opção permanente", pois "nenhum homem é libertado uma vez para sempre; ele se liberta, libertando-se permanentemente"[314]. Essa libertação na qual se engaja a Igreja "não é um ponto de chegada"; é, antes, "um fazer permanente que é enquanto está sendo", pois se a libertação não for um processo contínuo, ela não é, de fato, libertação[315].

A Conferência de Santo Domingo, realizada em 1992, deu-se em um contexto muito diferente das outras assembleias, em um clima de tensão e de suspeita acerca das perspectivas da TdL[316]. Anos antes, o dinamismo e a autonomia das conferências episcopais, tal como vinham sendo realizadas na América Latina, haviam sido não só questionados mas também rebaixados a um papel meramente pragmático e funcional[317]. O Cardeal Joseph Ratzinger, prefeito da Congregação para a Doutrina da Fé, afirmara:

---

313. DP 1135-1165.

314. JORGE, J. S., Puebla, libertação do homem pobre, p. 88.

315. JORGE, J. S., Puebla, libertação do homem pobre, p. 88.

316. V. Codina relata uma série de acontecimentos constrangedores: muitos teólogos assessores (como ele) não tiveram sua entrada permitida; o Papa João Paulo II celebrou uma missa vergonhosa no Farol, com gastos astronômicos e despejo de famílias que moravam no local; bispos se hospedaram em luxuosos hotéis. Além disso, a assembleia teve um regulamento rígido, que dificultava a participação; o Documento de Trabalho, realizado durante anos, foi descartado; os bispos praticamente não tinham tempo para analisar os textos apresentados pelas comissões sobre os quais teriam de votar; textos alternativos são introduzidos e há uma grande quantidade de emendas. Cf. CODINA, V., Crônica de Santo Domingo. Nos momentos de preparação à conferência, M. C. L. Bingemer relata também, com preocupação, que nos documentos que chegavam à mão dos teólogos, "as menções explícitas à opção pelos pobres, às CEBs [Comunidades Eclesiais de Base] e, enfim, às duras, belas, sofridas e preciosas conquistas de Medellín e Puebla são raras, para não dizer quase inexistentes" (BINGEMER, M. C. L., Teologia da Libertação: uma opção pelos pobres?, p. 925). Tal clima de desconfiança não estava restrito à preparação de Santo Domingo, mas afetava também os encontros de pessoas engajadas nos movimentos eclesiais. M. Barros assim descreve o momento: "Não fomos nós, teólogos e teólogas da Libertação, que nos distanciamos das bases. Nós fomos censurados e [...] impedidos de participar. Na preparação de alguns encontros intereclesiais de CEBs, nos quais até 1991 sempre fomos acessores, havia lista de teólogos e teólogas que não podiam aparecer" (BARROS, M., Da Teologia da Libertação às teologias da libertação, p. 19).

317. BRIGHENTI, A., A sinodalidade como referencial do estatuto teológico das conferências episcopais, p. 200.

> As conferências episcopais não têm uma base teológica, não fazem parte da estrutura imprescindível da Igreja tal como a quis Cristo; somente têm uma função prática, concreta... Nenhuma conferência episcopal tem, enquanto tal, uma missão magisterial; seus documentos não têm um valor específico, exceto o valor do consenso que lhes é atribuído por cada Bispo[318].

Assim, com muita dificuldade, o tema da opção preferencial pelos pobres apareceu no documento, embora espalhado e sem destaque. No texto, acentua-se que a Doutrina Social da Igreja "constitui a base e o estímulo da autêntica opção preferencial pelos pobres"[319]; que "a Igreja, chamada a ser cada vez mais fiel à sua opção preferencial pelos pobres, tem tido crescente participação nos mesmos"[320]; que os bispos assumem, como linha pastoral, "a evangélica opção preferencial pelos pobres"[321] e incentivam uma pastoral social que parta dela; que os cristãos precisam recordar que "a opção preferencial pelos pobres inclui a opção preferencial pelos meios" através dos quais "as pessoas saiam da sua miséria"[322]; e que o episcopado assume, com renovado ardor, "a opção evangélica preferencial pelos pobres, em continuidade com Medellín e Puebla", opção esta que não é "exclusiva nem excludente"[323]. Entretanto, a linha teológica geral do documento, expressa em seu proêmio "História e Nova Evangelização" e nas introduções, "reflete um pensar teológico diferente da teologia latino-americana dos últimos anos"; ao contrário da perspectiva dos outros documentos, aparece, em Santo Domingo, "uma teologia mais dedutiva, abstrata, desencarnada, pouco atenta à história"; e o famoso método teológico, "ver, julgar e agir", "desapareceu completamente do documento"[324].

Apenas em 2007, na Quinta Conferência do Episcopado Latino-americano, em Aparecida, a Igreja oficial voltou sua atenção novamente à questão da opção preferencial pelos pobres[325]. O tema havia sido abordado já na sessão inaugural,

---

318. RATZINGER, J. *apud* BRIGHENTI, A., A sinodalidade como referencial do estatuto teológico das conferências episcopais, p. 200.

319. DSD 50. Há que se destacar, contudo, que muito antes dessa afirmação, desde o fim dos anos 1960, o Prof. Cândido A. Mendes de Almeida já havia criticado a Doutrina Social da Igreja por estar condicionada pela visão moderna de desenvolvimento, a qual a incapacitava de perceber o drama social próprio da América Latina. Cf. RUBIO, A. G., Unidade na pluralidade, p. 61-62.

320. DSD 179.

321. DSD 180.

322. DSD 275.

323. DSD 296.

324. CODINA, V., Crônica de Santo Domingo, p. 87.

325. Segundo A. M. Tepedino, o Documento de Aparecida mantém a opção pelos pobres de Medellín;

pelo Papa Bento XVI, que, ao relacionar o encontro com Deus e o encontro com o próximo, afirmou que esse era "um ato de convocação, de unificação e de responsabilidade pelo outro e pelos demais", concluindo que, nesse sentido, "a opção preferencial pelos pobres está implícita na fé cristológica naquele Deus que se fez pobre por nós, para enriquecer-nos com a sua pobreza"[326]. O texto conclusivo, dentro de sua terceira parte, que corresponde ao agir, aborda diretamente a questão, em um trecho intitulado "A opção preferencial pelos pobres e excluídos"[327]. Neste, os bispos, preocupados com a dignidade humana, angustiam-se "pelos milhões de latino-americanos e latino-americanas que não podem levar uma vida que responda a essa dignidade", e por esse motivo reafirmam a opção preferencial pelos pobres como "uma das peculiaridades que marca a fisionomia da Igreja latino-americana e caribenha"[328]. Recorrendo àquela afirmação do papa, aprofundam teologicamente suas implicações: "se esta opção está implícita na fé cristológica, os cristãos, como discípulos e missionários, são chamados a contemplar, nos rostos sofredores de nossos irmãos, o rosto de Cristo que nos chama a servi-lo neles", de tal maneira que "tudo o que tenha relação com Cristo, tem relação com os pobres e tudo o que está relacionado com os pobres reivindica a Jesus Cristo"[329]. Por isso mesmo, apontam que aquela opção deve se manifestar em ações concretas, "principalmente na defesa da vida e dos direitos dos mais vulneráveis e excluídos e no permanente acompanhamento em seus esforços por serem sujeitos de mudança e de transformação de sua situação"[330]. Por fim, comprometendo-se – até o martírio, se preciso – com o trabalho com os mais necessitados, ratificam e potencializam "a

---

contudo, não como decisão da razão e da vontade, mas como um gesto concreto que é fruto do afeto, da consciência de que a Igreja deve ser samaritana, "casa dos pobres", auxílio dos sofredores (TEPEDINO, A. M., De Medellín a Aparecida, p. 391).

326. BENTO XVI, PP., Discurso do papa na sessão inaugural dos trabalhos da V Conferência Geral do Episcopado da América Latina e Caribe.

327. DAp 391-398. Há que se notar que, no texto em geral, o tema está presente: trata da importância de os pobres se tornarem responsáveis pelo próprio destino (53); da diversidade do continente, no qual coexistem culturas em situações desiguais (56-59); da recuperação de identidades, de direitos e da luta contra o racismo, capaz de transformar mulheres e homens negros em construtores de uma nova história (97); das diversas expressões da pobreza (176); e da situação da mulher que sofre exclusão por variadas razões, inclusive "dupla marginalização" quando se trata de mulheres pobres, indígenas e afroamericanas (454).

328. DAp 391.

329. DAp 393.

330. DAp 394. Cf. tb. o n. 397. Aparecida aponta um *perfil espiritual para a Igreja do Continente*, que consiste na defesa e na promoção da vida; e pela categoria vida, compreende-se o sentido da opção preferencial pelos pobres. De fato, o texto alarga o conceito de pobre para qualquer lugar onde a vida esteja ameaçada (AMADO, J. P., Mudança de época e conversão pastoral, p. 315-316).

opção preferencial pelos pobres feita nas conferências anteriores"[331]. J. B. Libanio resume as grandes linhas do documento da seguinte maneira:

> Aparecida aproxima-se de Medellín por alguns traços importantes. Retomou, a seu modo, o método do ver, julgar e agir. Reforçou teológica e pastoralmente a opção pelos pobres, graças à feliz expressão de Bento XVI, ao apontar-lhe o fundamento cristológico. Enfim, a Igreja da América Latina assumiu, mais uma vez, nas próprias mãos, as decisões pastorais, malgrado certos acidentes de percurso[332].

Aparecida foi, até o momento de produção deste texto, a última conferência do magistério latino-americano. Contudo, vale a pena destacar – ainda nesta seção, mesmo que de maneira breve – o pontificado do Papa Francisco. Evidentemente, ele não pertence mais ao magistério latino-americano propriamente dito; mas, sendo argentino, ele é um latino-americano que está à frente do magistério supremo da Igreja. Nesse sentido, incorporou as grandes linhas da teologia deste continente na Igreja universal[333]. Em sua programática Exortação Apostólica *Evangelii Gaudium*, o papa destaca o lugar privilegiado dos pobres no povo de Deus[334]:

> Para a Igreja, a opção pelos pobres é mais uma categoria teológica que cultural, sociológica, política ou filosófica. Deus "manifesta a sua misericórdia antes de mais" a eles. Esta preferência divina tem consequências na vida de fé de todos os cristãos, chamados a possuírem "os mesmos sentimentos que estão em Cristo Jesus" (Fl 2,5). Inspirada por tal preferência, a Igreja fez uma *opção pelos pobres*, entendida como uma "forma especial de primado na prática da caridade cristã, testemunhada por toda a Tradição da Igreja" [...]. Por isso, desejo uma Igreja pobre para os pobres. Estes têm muito para nos ensinar. Além de participar do *sensus fidei*, nas suas próprias dores conhecem Cristo sofredor. É necessário que todos nos deixemos evangelizar por eles [...]. Somos chamados a descobrir Cristo neles: não só a emprestar-lhes a nossa voz nas suas causas, mas também a ser seus amigos, a

---

331. DAp 396.

332. LIBANIO, J. B., Vida Consagrada e Medellín: 40 anos depois, p. 29.

333. Inversamente, sua chegada ao pontificado fez com que a Teologia da Libertação latino-americana iniciasse uma nova fase, que chamamos de "revigoramento". Cf. último parágrafo do item 3.1.1.2 desta pesquisa e suas respectivas notas.

334. EG 197-201.

escutá-los, a compreendê-los e a acolher a misteriosa sabedoria que Deus nos quer comunicar através deles[335].

Ele acrescenta que amar o pobre, estimando-o como de alto valor, "diferencia a autêntica opção pelos pobres de qualquer ideologia, de qualquer tentativa de utilizar os pobres ao serviço de interesses pessoais ou políticos"; e que, sem tal opção, o próprio anúncio do Evangelho "corre o risco de não ser compreendido" ou de afogar-se em um mero "mar de palavras"[336]. Na Carta Encíclica *Laudato Si'*, reconhecendo que há uma relação íntima entre os miseráveis e a fragilidade do planeta, afirma que a justiça deve ouvir "tanto o clamor da terra como o clamor dos pobres" e que o princípio do bem comum é um apelo à solidariedade e à opção preferencial por eles[337]. Em outra encíclica, *Fratelli Tutti*, reconhece não apenas a "solidariedade" como forma de ajudar os pobres mas também a luta "contra as causas estruturais da pobreza"[338]. Em suma, defende Francisco, "ninguém pode sentir-se exonerado da preocupação pelos pobres e pela justiça social"[339], pois a opção preferencial por eles significa, em última análise,

> uma opção pelo Deus do reino que Jesus nos anuncia. A Bíblia inteira, desde a história de Caim e Abel, é marcada pelo amor de Deus pela predileção pelos fracos e maltratados na história humana. Esta preferência manifesta precisamente o amor gratuito de Deus. É isso que as bem-aventuranças evangélicas nos revelam; elas nos dizem com surpreendente simplicidade que a predileção pelos pobres, famintos e sofredores se baseia na bondade gratuita do Senhor[340].

Em resumo, podemos dizer que o magistério latino-americano não só adotou as intuições do Vaticano II acerca do serviço aos pobres como também as aprofundou, adaptou e transformou criativamente na concretude da opção preferencial pelos pobres, oferecendo, com isso, uma contribuição importante à própria Doutrina Social da Igreja e ao magistério universal. Não se trata apenas de

---

335. EG 198, grifo do autor.

336. EG 199.

337. LS 16; 49; 158.

338. FT 116. As referências são numerosas. Destacamos aqui apenas que Francisco critica as políticas sociais concebidas "*para* os pobres, mas nunca *com* os pobres, nunca *dos* pobres" (FT 169), e reconhece o ensinamento dos bispos latino-americanos quanto à necessidade da proximidade, capaz de gerar uma amizade com eles, pois, só assim é possível apreciar seus valores, seus desejos e seu modo próprio de viver a fé (FT 234).

339. EG 201.

340. GUTIÉRREZ, G., Pobres y opción fundamental, p. 309.

responder às grandes questões da Modernidade, e sim de ir ao encontro do anseio dos povos explorados deste continente[341]. Por isso, "na medida em que a opção preferencial pelos pobres for levada a sério, a reflexão teológica latino-americana abrir-se-á não já ao questionamento proveniente do homem moderno, mas ao grito das vítimas da civilização criada por este homem moderno"[342].

Essa abertura, no entanto, só foi possível porque a Teologia da Libertação latino-americana tem uma metodologia própria, que torna possível tanto dialogar com as questões contemporâneas quanto, principalmente, descrever as realidades de pobreza e de exploração na América Latina, a fim de que sua teologia incida eficazmente sobre essa situação. Assim, conhecer as especificidades do método utilizado na TdL torna-se fundamental para compreender toda a teologia produzida na América Latina.

3.2. A questão do método teológico latino-americano

Quando falamos em "método teológico", em geral, estamos nos referindo não ao conteúdo da teologia, mas sim à sua forma, ao seu processo, à sua prática, de maneira que a expressão, em vez de se associar à produção intelectual desenvolvida, corresponde ao modo de produzi-la, isto é, ao modo próprio de se fazer teologia[343]. Qualquer método teológico só existe a partir do momento que há uma teologia determinada; e a reflexão e o questionamento do método costumam vir muito depois, como uma espécie de justificação crítica do próprio ato de fazer teologia. Esse, contudo, não é o caso da TdL latino-americana, pois "antes mesmo que houvesse uma elaboração mais sistemática e aprofundada, seu método foi problematizado, e essa problematização passou a ocupar, já nos primeiros anos,

---

341. F. Aquino Júnior sintetiza a realidade de pobreza e marginalização como (A) "realidade coletiva", pois atinge concretamente grandes setores da população; (B) "realidade complexa", uma vez que envolve enorme diversidade de sujeitos e se relaciona com diversas dimensões da vida humana; (C) "realidade produzida", já que não é natural, mas é fruto de relações sociais injustas que geram concentração de bens e dominação; (D) "realidade subjetiva", porque os empobrecidos são não apenas vítimas passivas, mas também sujeitos ativos que vivem sua subjetividade em uma situação concreta de pobreza; (E) "realidade política", visto que o mundo dos pobres e marginalizados tanto constitui uma força social importante (referência objetiva positiva) quanto representa aquilo que precisa ser superado na reestruturação da sociedade (referência objetiva negativa); e (F) "realidade espiritual", que diz respeito, do ponto de vista antropológico, à abertura radical e à tarefa irrecusável de fazer-se a si mesmo e, do ponto de vista religioso, a Deus, que, mediante seu Espírito, dá a vida e impulsiona na direção da justiça (AQUINO JÚNIOR, F., Teologia em saída para as periferias, p. 79-93).

342. GARCIA. A. G., Unidade na pluralidade, p. 63.

343. BOFF, C., Teoria do método teológico, p. 11. L. Boff assim sintetiza: "o método é a própria teologia em ato concreto, sua forma histórica de sensibilizar-se diante da realidade, de fazer perguntas e formular respostas, de elaborar os modelos na práxis e encontrar mediações que os implementam" (BOFF, L., Teologia do Cativeiro e da Libertação, p. 35).

um lugar de destaque em sua reflexão e em sua produção teológicas"[344]. Isso ocorreu porque a TdL "não nasceu voluntaristicamente", mas, ao contrário, "constituiu-se como um momento de um processo maior de uma tomada de consciência característica dos povos latino-americanos"[345].

Houve, de fato, um processo histórico que levou ao amadurecimento e à sistematização do compromisso em favor dos pobres. Tal processo dependeu, num primeiro momento, do surgimento e do desenvolvimento de uma nova reflexão socioanalítica, capaz de conscientizar os latino-americanos acerca do seu próprio subdesenvolvimento. Com essa ferramenta, percebeu-se que a discrepância entre os países não se devia simplesmente a um "atraso histórico-cultural" dos países considerados pobres, mas sim, sobretudo, a "um visível e escandaloso contraste resumido na fórmula pela qual o desenvolvimento não é mais que o correlativo oposto do subdesenvolvimento"[346]. Com a clareza de como o processo se dava, os teólogos latino-americanos, já na experiência fundante da TdL, constataram que a pobreza radical e estrutural do próprio continente foi produzida, reproduzida e muitas vezes agravada pela própria forma de organização social, política e econômica em escala global[347]. Todo esse processo de conscientização, aliado a uma nova forma de abordar os conteúdos sociais e teológicos, tal como se viu na *Gaudium et Spes*, fez com que a TdL adotasse o método "ver, julgar e agir" como paradigma de seu fazer teológico.

Entretanto, antes convém do destacar que falar de método, no singular, é uma redução da complexidade e da pluralidade de metodologias que as teologias da libertação, também no plural, utilizam. Conforme Aquino Júnior,

> [a] problemática do método nas teologias da libertação é muito mais complexa do que parece: seja pela ambiguidade da expressão "teologia da libertação" (práxis pastoral – teologia teológica), seja pela compreensão da expressão teologia enquanto logos (saber – saber racional), seja pela relação práxis-teoria-método, seja pela tensão entre o momento real (fazer teológico) e o momento crítico (problematização ou reflexão) do método, seja pelo interesse e abordagem das questões de método ("metódico" e/ou

---

344. AQUINO JÚNIOR, F., A teologia como intelecção do reinado de Deus, p. 43-44.
345. BOFF, L., Teologia do Cativeiro e da Libertação, p. 33-34.
346. TAVARES, S. S., A cruz de Jesus e o sofrimento no mundo, p. 202.
347. AZEVEDO, M. C., Comunidades Eclesiales de Base, p. 258. A. G. Rubio menciona que as pesquisas do Instituto Superior de Estudos Brasileiros (Iseb) da época indicaram uma "estrutura colonial" presente, que penetrava todos os aspectos do sistema, sendo, portanto, um "fato social total" (RUBIO, A. G., Unidade na pluralidade, p. 57-62).

eolog-lógico), seja, enfim, pela distinção e relação entre método fundamental e métodos instrumentais[348].

A despeito dessa pluralidade, Aquino Júnior aponta também que certa compreensão do método teológico latino-americano, entendido como teologia do político ou do social, popularizou-se na Igreja a partir da abordagem pastoral do método da Ação Católica, ver, julgar e agir, de maneira que este "é considerado por muitas pessoas e por muitos autores *o* método da teologia da libertação"[349]. Em nosso trabalho, buscando mais uma visão geral do que uma análise descritiva das metodologias latino-americanas, analisaremos, portanto, apenas o método ver, julgar, agir, sabendo que, mesmo sendo uma simplificação, de certa forma esse método permite perceber a unidade fundamental das teologias da libertação[350].

Por isso, a seguir faremos uma descrição desse método, objetivando explicitar suas raízes e descrever brevemente seus três momentos; seguiremos discutindo a problematização do método, sobretudo em relação à sua primeira parte, acusada de ser uma "análise marxista"; e, por fim, abordaremos a maneira como alguns teólogos da libertação responderam a essa acusação, justificando o procedimento próprio de fazer teologia na América Latina. O nosso propósito, ao discutir essas questões metodológicas, é perceber o quanto o procedimento do fazer teológico, sobretudo a forma como o teólogo se aproxima e descreve a realidade à sua volta, pode caracterizar também uma Teologia Fundamental diferente e, consequentemente, trazer um novo conceito de revelação.

3.2.1. O método ver, julgar e agir

Desde seus inícios, a TdL utilizou a mediação socioanalítica como ferramenta de reflexão acerca da realidade. Se, com efeito, o que se busca é uma libertação do oprimido, o primeiro passo a se dar é analisar as condições reais que ele vivencia, sobretudo tentando entender o que faz o pobre ser um pobre. Na época,

---

348. AQUINO JÚNIOR, F., Problemática do Método Teológico, p. 280. De qualquer maneira, o método é sempre inseparável de sua produção teológica. Por isso, Aquino Júnior, resgatando o pensamento de I. Ellacuría, aponta que o problema do método da TdL é o problema fundamental da própria teologia latino-americana, problema que consiste "na explicitação desse modo próprio de fazer teologia para além da diversidade de métodos parciais ou instrumentais [...] a que recorre no desenvolvimento da atividade teológica" (AQUINO JÚNIOR, F., Teologia e hermenêutica, p. 162).

349. AQUINO JÚNIOR, F., Problemática do Método Teológico, p. 283, grifo do autor.

350. Entre as diversas explicações que justificam uma unidade fundamental nas diversas teologias da libertação, Aquino Júnior destaca duas características, que se complementam e se explicam mutuamente, a saber, os processos históricos de "libertação" e a "perspectiva dos pobres" (AQUINO JÚNIOR, F., Problemática do Método Teológico, p. 284-286).

as explicações para esse fenômeno se davam, em geral, de três formas: a) a explicação *empirista*, que entendia a pobreza como uma espécie de vício, atribuindo suas causas à indolência, à ignorância ou à malícia humana, cujo único remédio amenizador era o assistencialismo; b) a explicação *funcionalista*, que a compreendia simplesmente como um atraso econômico e social, e a solução viria de modo automático com o progresso e o desenvolvimento; e c) a explicação *dialética*, que descrevia a pobreza como opressão, fruto da própria organização econômica da sociedade, que a uns explora e a outros exclui, e a saída só seria possível através de uma revolução[351]. Os teólogos da libertação, pela percepção da realidade que já estava presente na América Latina, passaram a utilizar essa terceira explicação, sem, contudo, adotar a sua solução e o seu materialismo[352].

Com isso, proliferaram reflexões teológicas mediadas pelo instrumental socioanalítico. Embora diversificados[353], todos eles giram em torno de uma unidade fundamental, "um método iniciado pela *Gaudium et Spes*[354] e oficializado por Medellín, feito paradigmático em todo tipo de reflexão latino-americana como uma espécie de ritual: análise da realidade – reflexão teológica – pistas de ação pastoral"[355]. Em outras palavras, trata-se do método "ver, julgar e agir"[356].

Como dissemos, o primeiro passo da metodologia latino-americana da libertação é o uso da *mediação socioanalítica*, enquanto elemento "material" indispensá-

---

351. BOFF, C., Epistemología y método, p. 102-103. No princípio do processo de independência das nações latino-americanas, as pessoas alçadas ao poder viam a própria gente ainda com olhos europeus e explicavam o atraso que existia em seus países pela "inferioridade racial das pessoas de cor" (RIBEIRO, D., O povo brasileiro, p. 433).

352. J. L. Segundo chama a atenção para as ambiguidades do termo "materialista". De acordo com ele, em Marx, o conceito equivale a "realista" e, portanto, não se opõe a uma realidade espiritual (SEGUNDO, J. L., Teologia da Libertação, p. 128-129).

353. F. Taborda aponta cinco métodos ou modelos teológicos representativos da teologia latino-americana: "libertação da teologia", que tem por pressuposto a distinção entre fé e ideologia; "teologia do político", como uma hermenêutica teológica da realidade sociopolítica; "teologia como hermenêutica da fé em categorias do âmbito social", na qual a libertação é a perspectiva a partir da qual se lê toda a tradição da fé; "reflexão sistemático-crítica sobre a teologia popular", na qual se reconhece e se explicita a "teologia popular" para confrontá-la com a fé eclesial; e a "teologia narrativa", que considera a própria narração "uma forma de interpretação" (TABORDA, F., Métodos teológicos na América Latina, p. 293-319).

354. Há que se destacar, entretanto, que o método já havia sido adotado em documentos anteriores ao Concílio Vaticano II, como a Encíclica *Mater et Magistra* (LUSTOSA LOPES, A. de L.; PERTILE, C. A., O método Ver-Julgar-Agir, p. 37).

355. BOFF, L., Teologia do Cativeiro e da Libertação, p. 35.

356. A metodologia "ver-julgar-agir" apareceu, pela primeira vez, em um escrito que trazia conteúdos de uma conferência de 1914, em Bruxelas, Bélgica, e em escritos da prisão de Saint-Gilles, de 1917. Contudo, apenas em 1924 Joseph Cardijn (1882-1967), fundador da JOC, esboçou o método em sua totalidade. Em 1925, era conhecida como "conhecer, julgar e querer"; em um escrito de 1926, passou a ser denominado "aprender a ver, julgar e querer"; apenas em 1930 os três termos foram estabelecidos como "ver, julgar e agir" (LUSTOSA LOPES, A. de L.; PERTILE, C. A., O método Ver-Julgar-Agir, p. 34-36).

vel para a reflexão teológica global. Conforme destaca C. Boff, não se trata de reduzir a teologia a essa parte, pois o seu objeto primário continua sendo Deus; contudo, o acontecimento "Deus" não substitui nem elimina o acontecimento do mundo real. Assim, para entender o fenômeno da opressão, antes de perguntar o que ela significa aos olhos de Deus, o teólogo precisa perguntar-se o que é a opressão real e quais são suas causas, de forma que tenha sempre os olhos abertos à realidade histórica que quer fermentar[357]. Analisando a fundo a situação latino-americana, constata-se que a pobreza "não é uma etapa casual, mas sim o produto de determinadas situações e estruturas econômicas, sociais e políticas", tendo sua origem no apoio a mecanismos que efetivamente tornam "ricos cada vez mais ricos às custas de pobres cada vez mais pobres"[358]. De fato, conforme descreve o sociólogo M. Castells, a estrutura capitalista, hoje articulada em uma "sociedade em rede", tornou-se o sistema "mais capitalista que qualquer economia na história"[359]. Isso, porque leva à concentração do capital de uma maneira muito mais "eficiente", uma vez que o realiza pelo uso do poder descentralizador das redes, distinguindo-se pela tendência, ainda mais elevada, de "*aumentar a desigualdade social e a polarização*, nomeadamente, o crescimento simultâneo de ambos os extremos da escala social, o mais alto e o mais baixo"[360]. Esse processo, que coloca muitos seres humanos abaixo da linha da miséria, em contrapartida, "opera como incitação à rebeldia revolucionária, já que somente uma reordenação social profunda pode abrir-lhes melhores perspectivas de vida"[361]. Por isso, o teólogo necessita perceber também a mediação histórica e a luta presente nos pobres, pois sua situação não se define unicamente pelos opressores, mas também pelo modo como os oprimidos – sendo sujeitos sociais coagentes do processo histórico – reagem, resistem e lutam para libertar-se[362].

Depois de "ver", através do instrumental socioanalítico, o segundo passo da metodologia é a *mediação hermenêutica*, momento no qual o teólogo, uma vez en-

---

357. BOFF, C., Epistemología y método, p. 101.

358. DP 30. Essa situação, segundo o mesmo número, exige uma "conversão pessoal e transformações profundas das estruturas".

359. CASTELLS, M., A Era da Informação: Economia, Sociedade e Cultura. O Fim do Milênio, p. 465.

360. CASTELLS, M., A Era da Informação: Economia, Sociedade e Cultura. O Fim do Milênio, p. 468, grifo do autor. O sociólogo denomina "informacionalismo", ou ainda "capitalismo informacional", essa nova estrutura econômica capitalista, que surgiu a partir da década de 1960, visando à acumulação de conhecimentos a níveis mais eficientes de processamento de informação. Cf. CASTELLS, M., A Era da Informação: Economia, Sociedade e Cultura. Sociedade em rede, p. 21-22.

361. RIBEIRO, D., O povo brasileiro, p. 439.

362. BOFF, C., Epistemología y método, p. 103. Nesta etapa, além de entender o fenômeno da opressão e perceber a mediação histórica e a luta presente nos pobres, C. Boff aponta que é necessário também superar "um marxismo maldigerido" e "ampliar o conceito de pobre" (BOFF, C., Epistemología y método, p. 103-106).

tendida a real situação do pobre, procura "julgar", à luz da Palavra de Deus, o que significa aquela situação de opressão[363]. Por ter como lugar social e epistêmico a América Latina, podemos dizer que o teólogo realiza uma nova leitura da Bíblia e da Tradição, uma verdadeira "hermenêutica da libertação"[364]. Em relação às Escrituras, passa a interrogar sua totalidade a partir da perspectiva dos pobres, encontrando temas iluminadores: o Deus da vida e protetor da viúva, do órfão e do estrangeiro, a libertação da escravidão do Egito, a profecia do mundo novo, o Reino de Deus dado aos pobres, a Igreja como comunhão e serviço, entre tantos outros. Essa hermenêutica, que interpreta a "Bíblia dos pobres", a partir deles e em função de sua libertação, contém alguns traços específicos: privilegia o momento de aplicação sobre o momento de explicação; busca descobrir e ativar a energia transformadora dos textos bíblicos; e acentua, evitando reducionismos, o contexto social da mensagem. Com isso, acaba por enfatizar, de maneira não exclusiva, certos livros, tais como o Êxodo, que retrata a libertação política e religiosa do povo; os profetas, que denunciam vigorosamente as injustiças, lutando pelo direito dos excluídos; os evangelhos, seja pela centralidade da ação libertadora de Jesus de Nazaré, seja pela mensagem transformadora do Reino; os Atos dos Apóstolos, por apontarem o ideal de uma comunidade cristã, numa perspectiva libertadora; o Apocalipse, por tratar da luta do povo perseguido como uma luta coletiva[365]. Em relação à Tradição, essa hermenêutica adota uma dupla atitude: por um lado, ela tem uma função crítica, pois aponta os limites e insuficiências de elaborações do passado para responder às questões atuais, sobretudo quando aquelas respostas se formaram a partir de um teocentrismo exclusivista e de um esvaziamento do mundo e de seu caráter histórico; por outro lado, ela tem uma função de resgate, uma vez que incorpora, sobretudo da literatura patrística, o sentido unitário da História da Salvação, as exigências sociais do Evangelho, a dimensão profética da Igreja, a sensibilidade pelos pobres e outros temas provocadores[366]. Assim, o olhar sobre as fontes da revelação, sobretudo o anúncio do Reino realizado por Jesus, torna-se, ao mesmo tempo, uma "força crítica" e "um

---

363. Vale destacar que também houve um uso da sociologia como mediação hermenêutica das Escrituras, o que não só deu origem à leitura popular, mas também trouxe um salto qualitativo "tão ou mais importante para a etapa *julgar* quanto representou para a etapa *ver*" (OLIVEIRA, P. A. R., O método ver, julgar e agir na Teologia da Libertação, p. 151).

364. BOFF, C., Epistemología y método, p. 107. Nesse sentido, C. Mesters ressalta que é o "nós", que estamos aqui, que provoca a pergunta "Deus, onde estás?" (MESTERS, C., Deus, onde estás?, p. 20).

365. BOFF, C.; BOFF, L., Como fazer Teologia da Libertação, p. 57-62.

366. BOFF, C.; BOFF, L., Como fazer Teologia da Libertação, p. 62-64. Os autores citam também, nas páginas 64-66, a relação dessa hermenêutica com a Doutrina Social da Igreja. Tudo isso exige, concluem, um trabalho criativo da Teologia, "ousadia teórica" e "fantasia criadora", a fim de "corresponder aos problemas inéditos que se levantam dos continentes oprimidos" (BOFF, C.; BOFF, L., Como fazer Teologia da Libertação, p. 67).

julgamento" sobre a história, pois "coloca toda a história do sofrimento humano debaixo da crítica de Deus, e assim convoca para uma metanoia, uma reviravolta"[367].

Essa conversão, impulsionada por uma esperança ativa, leva ao terceiro momento da metodologia da libertação, a *mediação prática*, ou o "agir" sobre a realidade histórica. De fato, o objetivo da TdL não é simplesmente fazer uma teologia, mas produzir uma real libertação histórica dos povos do continente[368], libertação esta da qual a TdL é uma importante ferramenta. Assim, a ação transformadora da realidade se torna um elemento essencial do fazer teológico latino-americano. Embora não se reduza à ação, a TdL impele ao agir – a lutar contra as injustiças, a buscar uma renovação da própria Igreja, a trabalhar para a transformação da sociedade –, levando em conta uma série de aspectos: a determinação do que é historicamente viável ou o melhor possível para o momento; a definição de estratégias e métodos não violentos, tais como o diálogo, a resistência pacífica, a insurgência evangélica; a vinculação entre as microações com o macrossistema; a articulação da ação por meio da força histórica dos povos; a apreciação da ética evangélica; o discurso de ação performativo, que visa levantar o povo e levá-lo à luta[369].

Em resumo, o Documento de Aparecida assim apresenta o método "ver, julgar e agir":

> Este método implica contemplar a Deus com os olhos da fé através de sua Palavra revelada e o contato vivificador dos sacramentos, a fim de que, na vida cotidiana, vejamos a realidade que nos circunda à luz de sua providência e a julguemos segundo Jesus Cristo, Caminho, Verdade e Vida, e atuemos a partir da Igreja, Corpo Místico de Cristo e Sacramento universal de salvação, na propagação do Reino de Deus, que se semeia nesta terra e que frutifica plenamente no céu[370].

Ou ainda, de uma maneira mais bíblica, C. Mestres e F. Orofino apresentam tal abordagem como "o método de Jesus no caminho de Emaús", do qual o primeiro passo é aproximar-se das pessoas e escutá-las falar sobre sua realidade, seus problemas e suas angústias (Lc 24,13-24); o segundo, com a ajuda das

---

367. SCHILLEBEECKX, E., Jesus: a história de um vivente, p. 171. Nas palavras de P. A. R. de Oliveira, de fato, desde os inícios de sua utilização no Brasil, e justamente por estar associado ao Evangelho como sua referência última, "esse método nos dava a convicção de sermos a vanguarda da Igreja no mundo, mesmo quando não éramos compreendidos pelas autoridades eclesiásticas" (OLIVEIRA, P. A. R. O método ver, julgar e agir na Teologia da Libertação, p. 144).

368. BOFF, L., Teologia do Cativeiro e da Libertação, p. 66-69.

369. BOFF, C.; BOFF, L., Como fazer Teologia da Libertação, p. 67-70.

370. DAp 19.

Escrituras, é iluminar a situação e transformar os sinais de morte em signos de esperança (Lc 24,25-27); e o terceiro é transformar a realidade a partir da atuação do Espírito Santo, que faz descobrir a presença de Jesus no pão partilhado (Lc 24,28-32)[371].

3.2.2. Problematizações do método teológico latino-americano

O método "ver, julgar e agir", como vimos, consagrou-se no fazer teológico e nos documentos da Igreja latino-americana. Entretanto, isso não o isentou de duras críticas. Veremos, brevemente, duas delas: a primeira, e mais severa, é a que o acusa de ser marxista, e, consequentemente, uma ideologia ateísta, materialista, uma negação prática e teórica da revelação, sobretudo no que se refere à concepção de pessoa e de seus direitos; a segunda, mais teórica, acusa o método de, na sua primeira parte (ver), não utilizar a fé em sua leitura, de maneira que essa fase seria "pré-teológica" e, portanto, não condizente com a teologia. A TdL, entretanto, por ser uma das teologias que mais refletiram sobre o seu estatuto metodológico, procurou responder a essas objeções, clarificando as relações entre o seu método e a obrigação teológica de interpretar a realidade à luz da fé.

3.2.2.1. Críticas ao método "ver, julgar e agir"

Diversos setores e grupos eclesiais acusaram a TdL de usar um método de análise social marxista; logo, não condizente com o conteúdo da fé cristã. Entretanto, a mais dura crítica foi aquela oficial, da Congregação para a Doutrina da Fé, realizada por meio do documento "Instrução sobre alguns aspectos da 'Teologia da Libertação'", publicado em agosto de 1984, com a assinatura do então prefeito dessa congregação, o Cardeal Joseph Ratzinger.

A segunda parte da Instrução apontou um problema em parte teológico, em parte metodológico[372]. Aqui nos interessa apenas o que concerne diretamente à metodologia da teologia latino-americana. A seção VII intitula-se "Análise marxista" e faz referência direta à adoção desse método pelos teólogos da libertação, que, segundo o documento, impacientes e desejosos de serem eficazes, teriam perdido a confiança em outros métodos e teriam se voltado para tal instrumen-

---

371. MESTERS, C.; OROFINO, F., A opção pelos pobres e a leitura popular da Bíblia na dinâmica da Teologia da Libertação, p. 116-117.

372. SEGUNDO, J. L., Teologia da Libertação, p. 133.

tal³⁷³. De maneira simplista, conforme apontam os teólogos da libertação³⁷⁴, o documento resume da seguinte forma o raciocínio que julga ser daqueles que acusa:

> Uma situação intolerável e explosiva exige uma ação eficaz que não pode mais ser adiada. Uma ação eficaz supõe uma análise científica das causas estruturais da miséria. Ora, o marxismo aperfeiçoou um instrumental para semelhante análise. Bastará pois aplicá-lo à situação do Terceiro Mundo e especialmente à situação da América Latina³⁷⁵.

Continuando a descrever a suposta postura dos teólogos latino-americanos, o documento aponta que nem tudo o que ostenta a etiqueta de "científico", termo que exerceria uma "fascinação quase mítica", de fato o é, e qualquer método de abordagem da realidade deveria ser precedido por um exame crítico, o que faltou a várias teologias da libertação³⁷⁶. A Instrução prossegue:

> No caso do marxismo, tal como se pretende utilizar na conjuntura de que falamos, tanto mais se impõe a crítica prévia, quanto o pensamento de Marx constitui uma concepção totalizante do mundo, na qual numerosos dados de observação e de análise descritiva são integrados numa estrutura filosófico-ideológica, que determina a significação e a importância relativa que se lhes atribui. Os *a priori* ideológicos são pressupostos para a leitura da realidade social. Assim, a dissociação dos elementos heterogêneos que compõem este amálgama epistemologicamente híbrido torna-se impossível, de modo que, acreditando aceitar somente o que se apresenta como análise, se é forçado a aceitar, ao mesmo tempo, a ideologia. Por isso não é raro que sejam os aspectos ideológicos que predominem nos empréstimos que diversos "teólogos da libertação" pedem aos autores marxistas³⁷⁷.

---

373. CDF, Instrução sobre alguns aspectos da "Teologia da Libertação", VII, 1.

374. J. L. Segundo afirma que para condenar algo é necessário antes descrever aquilo que se condena, e não é tão fácil fazer uma rápida descrição daquilo que foi formulado ao longo do tempo, com diversos matizes e em diversas obras. Assim, "a própria necessidade de ser claro e direto naquilo que se condena leva – inconscientemente, supõe-se – a simplificar e a subestimar elementos ou matizes importantes", de maneira que, muitas vezes, os autores não se sentem contemplados dentro da descrição realizada (SEGUNDO, J. L., Teologia da Libertação, p. 15).

375. CDF, Instrução sobre alguns aspectos da "Teologia da Libertação", VII, 2.

376. CDF, Instrução sobre alguns aspectos da "Teologia da Libertação", VII, 4.

377. CDF, Instrução sobre alguns aspectos da "Teologia da Libertação", VII, 6. J. L. Segundo critica a clareza e a lógica da seguinte frase: "a dissociação dos elementos heterogêneos que compõem este amálgama epistemologicamente híbrido torna-se impossível". Assim, seguindo a versão inglesa do documento, que julga mais clara, reescreve-a da seguinte maneira: "é impossível separar as partes deste complexo epistemologicamente único" (SEGUNDO, J. L., Teologia da Libertação, p. 130).

Para a Congregação para a Doutrina da Fé, é muito claro que o pensamento "verdadeiramente marxista", mesmo levando em conta sua diversificação, contém certo número de "teses fundamentais que não são compatíveis com a concepção cristã do homem e da sociedade". Por esse motivo, conclui, suas "fórmulas não são neutras, mas conservam a significação que receberam na doutrina marxista original"[378]. Doravante, tal análise não pode ser dissociada de elementos que estão no centro da concepção marxista, tais como o ateísmo e a negação da pessoa humana, de sua liberdade e de seus direitos, erros que ameaçam diretamente a revelação. Além do mais, segundo o documento, "querer integrar na teologia uma 'análise' cujos critérios de interpretação dependam desta concepção ateia, significa embrenhar-se em desastrosas contradições"[379]. Tal análise, aplicada à realidade econômica, social e política atual, parece, à primeira vista, descrever objetivamente a realidade, mas isso, na verdade, só ocorreria porque existem semelhanças entre a situação de alguns países hoje e aquilo que Marx descreveu em sua época. Com isso, "operam-se simplificações que, abstraindo de fatores essenciais específicos, impedem, de fato, uma análise verdadeiramente rigorosa das causas da miséria"[380].

Reconhecendo vários problemas na América Latina[381], a Instrução menciona também um "violento sentimento de revolta" naqueles que se consideram "vítimas impotentes de um novo colonialismo", um *pathos* que pede emprestado ao marxismo seu discurso pseudocientífico[382]. Deslegitimando todo o instrumental socioanalítico que havia permitido à TdL ter um discurso mais incisivo sobre a realidade[383], a Instrução conclui:

---

378. CDF, Instrução sobre alguns aspectos da "Teologia da Libertação", VII, 8.
379. CDF, Instrução sobre alguns aspectos da "Teologia da Libertação", VII, 9.
380. CDF, Instrução sobre alguns aspectos da "Teologia da Libertação", VII, 11.
381. Os problemas citados são: "a monopolização de grande parte das riquezas por uma oligarquia de proprietários desprovidos de consciência social, a quase ausência ou as carências do estado de direito, as ditaduras militares que conculcam os direitos elementares do homem, o abuso do poder por parte de certos dirigentes, as manobras selvagens de um certo capital estrangeiro" (CDF, Instrução sobre alguns aspectos da "Teologia da Libertação", VII, 12).
382. CDF, Instrução sobre alguns aspectos da "Teologia da Libertação", VII, 12.
383. Sem um instrumental socioanalítico, parece-nos que a Congregação para a Doutrina da Fé não consegue perceber as relações *estruturais* de injustiça, reduzindo-as a pecados individuais somados. Tal posicionamento pode ser percebido na segunda Instrução – mais positiva acerca da TdL –, quando, abordando a questão "pecado e estruturas injustas", a Congregação afirma: "tornando-se seu próprio centro, o homem pecador tende a se afirmar e a satisfazer seu desejo de infinito, servindo-se das coisas: riquezas, poderes e prazeres, em menosprezo dos outros homens que ele despoja injustamente e trata como objetos ou instrumentos. Assim, contribui, por sua parte, para a criação daquelas estruturas de exploração e de servidão que, por outro lado, ele pretende denunciar" (CDF, *Libertatis Conscientia*, 42).

A primeira condição para uma análise é a total docilidade à realidade que se pretende descrever. Por isso, uma consciência crítica deve acompanhar o uso das hipóteses de trabalho que se adotam. É necessário saber que elas correspondem a um ponto de vista particular, o que tem por consequência inevitável sublinhar unilateralmente certos aspectos do real, deixando outros na sombra. Esta limitação, que deriva da natureza das ciências sociais, é ignorada por aqueles que, à guisa de hipóteses reconhecidas como tais, recorrem a uma concepção totalizante, como é o pensamento de Marx[384].

Outra crítica, também voltada a essa primeira parte do método "ver, julgar e agir", foi a acusação de que essa análise social é pré-teológica; ou seja, o método só seria de fato teológico na sua segunda e na sua terceira partes, quando a realidade é confrontada com a revelação, a fim de se buscarem pistas de ação. O primeiro momento, supostamente neutro, nada teria a ver com a fé e com o fazer teológico, de maneira que a relação com as outras partes seria artificial e forçada. Além disso, o método é acusado também de não estabelecer uma comunicação entre os diferentes momentos: trata-se de uma visão linear do método, no qual a ação política planejada (agir) "não interferiria no ver e no julgar, assim como as categorias usadas no ver não influenciariam o julgar, ou as categorias e imagens utilizadas na mediação hermenêutica (julgar) não interfeririam na mediação socioanalítica (ver)"[385].

3.2.2.2. Defesa da metodologia latino-americana

Convictos de que o "ver, julgar e agir", sobretudo o seu instrumental socioanalítico – que estava sendo severamente atacado – era uma boa ferramenta para construir uma teologia consistente e libertadora[386], vários teólogos vieram em defesa da metodologia latino-americana, expondo as contradições e os limites das críticas a ela dirigidas[387].

Quanto à primeira acusação, de ser uma teologia que utiliza um instrumental marxista e que, por isso mesmo, lhe é impossível se desvencilhar de seus

---

384. CDF, Instrução sobre alguns aspectos da "Teologia da Libertação", VII, 13.

385. SUNG, J. M., Categorias sociais e a experiência espiritual, p. 67.

386. A descoberta do instrumental socioanalítico (marxista) pela TdL não se deveu a um processo meramente acadêmico ou intelectual, mas ao fato inegável da realidade brutal de pobreza que se pôde perceber na América Latina (LÖWY, M., O que é Cristianismo da Libertação, p. 130).

387. J. B. Metz afirma a necessidade teológica da tomada de consciência da situação, enquanto uma análise da realidade, e conclui: "seria bom se a teologia europeia aceitasse, finalmente, aquele desafio que, há muito, lhe é imposto pela 'teologia da libertação'" (METZ, J. B., A fé em história e sociedade, p. 11).

pressupostos materialistas, muito já foi discutido. Vamos destacar aqui apenas o que julgamos necessário para compreender a maneira como os teólogos latino-americanos responderam a essa questão. O problema principal, parece-nos, é o fato de o documento julgar que o marxismo constitui uma concepção totalizante de mundo tão estrutural que se torna impossível utilizá-lo como instrumental socioanalítico sem adotar – mesmo sem querer – suas teses centrais. A esse respeito, J. L. Segundo, em seu livro *Teologia da Libertação: uma advertência à Igreja*[388], dirige uma severa crítica ao Cardeal Ratzinger[389], o autor do documento. Um de seus argumentos consiste em afirmar que não é função do Magistério – que nem teria capacidade para fazê-lo – declarar o que é ou não "verdadeiramente marxista"[390]. A Instrução, contudo, procura definir essa corrente como uma ideologia materialista e ateísta totalizante, que nega a pessoa humana, sua liberdade e seus direitos. Quanto ao fato de ser materialista, J. L. Segundo chama a atenção para a pluralidade do uso do termo, inclusive entre os próprios marxistas. De fato, o vocábulo não é inequívoco e pode significar, para alguns, o mesmo que o termo "realismo", utilizado como oposição ao "idealismo" na filosofia ocidental – e, nesse caso, não haveria uma incompatibilidade direta "com a verdade do homem", como o documento afirma[391]. Quanto ao fato de ser ateísta, o teólogo destaca que, apesar de ser inegável Marx ter sido ateu, as diferentes concepções marxistas dão explicações controversas acerca da relação entre marxismo e ateísmo. Em suma, "a imensa maioria dos marxistas que *sabem dar razão de seu ateísmo*" não o colocam "como elemento central desse tipo de pensamento"[392]. Quanto ao fato de essa corrente negar, de modo sistemático, a pessoa humana, sua liberdade e seus direitos, J. L. Segundo adverte que "ninguém, com um pouco de cultura histórica, pode ignorar que o marxismo, bom ou mau, verdadeiro ou falso, nasceu precisamente para lutar contra essa *negação*, tal como sofriam milhões de pessoas no começo da Revolução Industrial"[393]. Assim, constatar que o marxismo não tenha

---

388. SEGUNDO, J. L., Teologia da Libertação. Nesse livro, o autor faz uma análise de todo o documento, que julga ter uma parte mais "teológica" e outra mais "metodológica". Abordaremos apenas essa segunda questão, presente no capítulo III, intitulado "Libertação e hermenêutica", p. 109-172.

389. O subtítulo do livro em espanhol, sua língua original, é "respuesta al Cardeal Ratzinger".

390. SEGUNDO, J. L., Teologia da Libertação, p. 119. J. B. Libanio aponta que J. L. Segundo não diminuiu a força incisiva do texto romano, desclassificando-o, mas investigou honestamente a oposição à TdL, analisando profundamente sua visão sistemática (LIBANIO, J. B., Teologia em revisão crítica, p. 1332).

391. J. L. Segundo diz que é discutível se o simples uso do termo "materialista" excluiria da concepção de pessoa, sistematicamente, sua parte espiritual (SEGUNDO, J. L., Teologia da Libertação, p. 128).

392. SEGUNDO, J. L., Teologia da Libertação, p. 125, grifo do autor. O teólogo prossegue ironicamente: "Poderá o Magistério da Igreja ensinar-lhes o que deveriam pensar para serem verdadeiramente marxistas?"

393. SEGUNDO, J. L., Teologia da Libertação, p. 126, grifo do autor.

conseguido cumprir suas pretensões é algo muito diverso de afirmar que ele pretenda exatamente o contrário[394].

Por fim, voltamos à questão central: Por quais razões seria impossível utilizar a análise social advinda das correntes marxistas? O documento indica que, nesse sistema de pensamento, é impossível separar as partes do todo, que é complexo e epistemologicamente único, de modo que a utilização de qualquer instrumental dessa corrente acarretaria a aceitação de sua ideologia[395]. Os teólogos latino-americanos, conclui a Instrução, teriam recorrido a esse método de abordagem da realidade sem fazer antes "um exame crítico de natureza epistemológica"[396]. Ora, como dissemos, desde os inícios da TdL o seu método foi problematizado pelos seus autores, e isso por três razões principais: primeiro, porque nasceu em conflito com as teologias progressistas europeias, que pareciam insuficientes e incapazes de explicar o dinamismo eclesial libertador crescente na América Latina; segundo, porque a própria TdL nunca foi um bloco uniforme, nem mesmo uma corrente de pensamento unificada, mas um movimento teológico plural, articulado por algumas intuições fundamentais; terceiro, porque o caráter conflitivo do contexto em que surgiu exigia uma solidez teórico-crítica de que ela ainda não dispunha[397]. Tudo isso a levou a realizar um exame crítico da sua própria metodologia, um trabalho que os teólogos da libertação fizeram, por exemplo, ao definir quais elementos do marxismo utilizariam em suas análises e quais rejeitariam[398]. Essa abordagem crítica permitiu à teologia latino-americana perceber que "a ligação [...] entre o materialismo dialético (ateísmo) e materialismo histórico (ciência) não é necessitante e intrínseca, mas histórica e conjuntural", e "por isso é possível separá-los"[399]. Não à toa, L. Boff pergunta-se criticamente "Que tipo de marxismo poderia ser útil à teologia?" e "A que tipo de teologia pode ser útil o marxismo?"[400] À primeira questão,

---

394. SEGUNDO, J. L., Teologia da Libertação, p. 126. O filósofo P. Sloterdijk afirma que Marx, sob a impressão da miséria da classe trabalhadora, adaptou o imperativo categórico kantiano para a "tese revolucionária segundo a qual cada ser humano teria a obrigação indispensável de abolir todas as condições nas quais o ser humano seria um ser pobre, miserável, desprezível e abandonado" (SLOTERDIJK, P., Pós-Deus, p. 271).

395. CDF, Instrução sobre alguns aspectos da "Teologia da Libertação", VII, 8.

396. CDF, Instrução sobre alguns aspectos da "Teologia da Libertação", VII, 4.

397. AQUINO JÚNIOR, F., A teologia como intelecção do reinado de Deus, p. 43-47.

398. SEGUNDO, J. L., Teologia da Libertação, p. 128-129. Entre os aspectos do marxismo rejeitados estão a filosofia materialista, a ideologia ateísta e a tendência economista baseada no desenvolvimento das forças produtivas a qualquer custo (LÖWY, M., O que é Cristianismo da Libertação, p. 136).

399. BOFF, L., O caminhar da Igreja com os oprimidos, p. 280.

400. BOFF, L., O caminhar da Igreja com os oprimidos, p. 281-287.

responde que, dentro das várias correntes do marxismo, aquela que se articula como uma prática científica, como um método de análise sócio-histórica, pode permitir ao teólogo um instrumental válido para sua aproximação com o mundo[401]; em relação à segunda, afirma que nem a todos os tipos de teologia servirá o marxismo, sobretudo àqueles "que não colocam na agenda de seu trabalho a meditação teológica sobre a paixão dolorosa da humanidade", mas apenas àquela que, a exemplo do que acontece na América Latina, preocupa-se em refletir, à luz da mensagem de Jesus, "o pecado da opressão econômica, política, cultural e espiritual". Destaca ainda que o marxismo não entra em todas as partes da TdL, mas apenas no momento da apreensão da realidade social; e que "utiliza este método e não outro porque lhe parece mais adequado para denunciar as falsificações ideológicas do capitalismo", que costuma ocultar "as verdadeiras causas que geram empobrecimento, primordialmente a acumulação de riqueza em poucas mãos com a exclusão das grandes maiorias"[402]. Nesse sentido, vale destacar o que afirmou J. B. Metz:

> Enquanto a tentativa da teologia (exigida energicamente e feita pela "Teologia da Libertação") de tomar consciência da sua situação de partida, por meio da análise da situação mundial, é criticada globalmente e é suspeita de ser manobra de encobrimento [...] em favor de interesses estranhos, *não haverá na Igreja nem sequer consciência do alcance destes problemas*[403].

Por isso, refletindo sobre a necessidade de uma abordagem socioanalítica como passo fundamental para a TdL, J. M. Sung afirma:

> Se a nossa reflexão teológica não tiver como ponto de partida esta situação econômico-política que gera a morte de milhões de pessoas no Terceiro Mundo, então a nossa teologia terá um "discurso vazio" e merecemos que os pobres nos lancem na cara: "sois todos uns consoladores inoportunos" (Jó 16,2)[404].

---

401. BOFF, L., O caminhar da Igreja com os oprimidos, p. 283.

402. BOFF, L., O caminhar da Igreja com os oprimidos, p. 285-287.

403. METZ, J. B., A fé em história e sociedade, p. 92, grifo nosso.

404. SUNG, J. M., A idolatria do capital e a morte dos pobres, p. 33. Aqui podemos destacar que a própria Congregação para a Doutrina da Fé, na segunda Instrução, *Libertatis Conscientia*, fazendo referência ao método "ver, julgar e agir", reconhece a necessidade de recorrer às ciências humanas, como princípio de reflexão, para dirimir aspectos técnicos que a ajudem a julgar e a adotar diretrizes de ação: "o ensinamento social da Igreja nasceu do encontro da mensagem evangélica e de suas exigências [...]. Ele constituiu-se como uma doutrina, *usando os recursos da sabedoria e das ciências humanas*, diz respeito ao aspecto ético desta vida e leva em consideração *os aspectos técnicos dos problemas*, mas sempre para julgarmos do ponto de vista moral [...]. Perita em humanidade, a Igreja oferece, em sua doutrina social, um conjunto

Quanto à segunda acusação, de que a abordagem socioanalítica da TdL seria pré-teológica, isto é, de que a teologia estaria "dispensada" do primeiro momento da reflexão, a qual seria realizada apenas com base em um instrumental supostamente neutro[405], podemos afirmar que o estudo da realidade social feito pelo *teólogo* não pode ser considerado "pré-teologia", mas, ao contrário, "na medida em que essa análise está em função da reflexão teológica a partir e sobre as práticas sociais e eclesiais, ela já é uma parte da teologia e está também influenciada pela perspectiva da teologia"[406]. De forma semelhante, também a própria Doutrina Social da Igreja, por muito tempo, não teve seu estatuto epistemológico reconhecido como teológico, o qual só foi admitido, de maneira clara, muito recentemente, no pontificado de João Paulo II[407]. Para evitar confusões, portanto, o método "ver, julgar e agir" não deve ser visto como algo linear, pois entre seus três momentos acontece uma relação tal, que "o segundo momento pode influenciar o primeiro; e o terceiro […], determinar o primeiro e o segundo. Isso ocorre porque esses três momentos estão organizados e se relacionam dentro de um sistema e operam como partes de um pensamento complexo"[408]. O Documento de Aparecida, como vimos, apresenta uma definição do método "ver, julgar e agir" que integra, em todas as suas etapas, "contemplar a Deus com os olhos da fé através

---

de *princípios de reflexão*, de *critérios de julgamento*, como também de *diretrizes de ação*, para que sejam realizadas as mudanças profundas que as situações de miséria e de injustiça estão a exigir e isso de uma maneira que sirva ao verdadeiro bem dos homens" (CDF, *Libertatis Conscientia*, 72, grifo nosso).

405. Conforme apontamos, para a Instrução, o instrumental utilizado não é neutro; ele carrega toda a significação marxista original (CDF, Instrução sobre alguns aspectos da "Teologia da Libertação", VII, 8).

406. SUNG, J. M., Teologia da Libertação e a "revolução da estrutura mítica" do capitalismo, p. 793. Alguns autores, como C. P. Carias, consideram que "a análise da realidade não pertence ao método teológico, mas sim ao diálogo interdisciplinar" (CARIAS, C. P., Teologia Espiritual da Libertação, p. 128). F. Aquino Júnior aponta que são posturas diferentes: alguns, como G. Gutiérrez e C. Boff, tratam da análise social mais separada da teologia propriamente dita (pré-teologia); outros, como J. L. Segundo e I. Ellacuría, percebem, nesse passo, a dimensão social da teologia e seu processo de (des)ideologização (AQUINO JÚNIOR, F., O caráter práxico-social da teologia, p. 118-133).

407. SCANNONE, J. C., Doutrina Social da Igreja e Teologia da Libertação, p. 71-73. O autor destaca, nesse trecho, que a Doutrina Social da Igreja e a TdL são, ambas, eminentemente teológicas; no entanto, enquanto a Doutrina Social da Igreja tem por objeto material o "social", tendo seu caráter específico no âmbito da teologia moral, a TdL, em contrapartida, abrange todos os conteúdos, pois se trata de uma nova maneira de fazer teologia. De fato, o próprio Pontifício Conselho "Justiça e Paz" declara que o intento da Doutrina Social da Igreja "é de ordem religiosa e moral" (PONTIFÍCIO CONSELHO "JUSTIÇA E PAZ", Compêndio da Doutrina Social da Igreja, 82). J. B. Libanio destaca dissemelhanças e similaridades entre a Doutrina Social da Igreja e a TdL: elas são diferentes quanto ao estatuto epistemológico (estrutura do saber, sujeito produtor, experiência fundante); e são próximas quanto às preocupações fundamentais, às características do discurso e à dimensão crítica. Embora as relações entre ambas nem sempre tenham sido fáceis, é possível detectar momentos de mútua relação; hoje, podemos falar que não são modelos paralelos entre si, nem modelos de substituição um ao outro, mas modelos de mútua fecundação (LIBANIO, Doutrina Social da Igreja e Teologia da Libertação, p. 43-56).

408. SUNG, J. M., Categorias sociais e a experiência espiritual, p. 68.

de sua Palavra revelada", de maneira que o "ver" a realidade que nos circunda já se dá "à luz de sua providência"[409]. De modo diferente mas preciso, Aquino Júnior assim sintetiza o fazer teológico da TdL: seu método consiste em "(A) tratar tudo a partir e na perspectiva da realização histórica do reinado de Deus, (B) procurar o máximo de intelecção possível dessa realização histórica [...], (C) situando-se, para isso, no lugar mais adequado de sua realização e sua intelecção: o mundo dos pobres e oprimidos"[410]. Como se vê, hoje já se tem a clareza de que todo momento do método é eminentemente teológico.

Em síntese, a metodologia da teologia latino-americana deve estar atenta aos pobres de seu continente, enquanto chave hermenêutica e crítica de seu próprio fazer reflexivo; deve sempre "aprender que existe o Sul; aprender a ir para o Sul e aprender a partir do Sul e com o Sul"[411]. A situação dos pobres deste Sul, portanto, pode e deve ser descrita a partir do melhor instrumental científico que estiver à disposição. Com isso, não deixa de ser teológica, pois ela o faz a partir dos pobres e à luz da fé, visando à libertação integral do ser humano[412]. No fundo, a reflexão teológica latino-americana não evoluiu simplesmente de uma análise crítica da realidade, "mas de uma experiência mística, de um encontro com o Senhor crucificado no rosto do pobre"[413], de sorte que essas questões fundamentais implicam mais do que uma opção temporal, e sim um modo de viver e de agir no mundo, um modo de se buscar ser cada vez mais humano[414]. Não se trata, portanto, apenas de um movimento de libertação; é uma espiritualidade que, na América Latina e no Caribe, encontrou seu ambiente de interpelação na pobreza e na dor do outro. Assim, percebe-se que "esse movimento não é apenas ético e político, mas também místico", ou melhor, "é místico porque ético e vice-versa,

---

409. DAp 19.

410. AQUINO JÚNIOR, F., A teologia como intelecção do reinado de Deus, p. 327.

411. M. C. L. Bingemer destaca, enfatizando o pensamento de Boaventura de Sousa Santos, que o movimento teológico latino-americano contribuiu para a construção de uma "epistemologia do sul" (BINGEMER, M. C. L., Algumas tendências teológicas na América Latina, p. 138). Nesse sentido, podemos afirmar que há uma relação bidirecional entre o pensamento decolonial e a TdL. Desde seu nascimento, as teologias da libertação latino-americanas "entraram em conflito com as ciências sociais, epistemologias e hermenêuticas do Atlântico Norte". Assim, por um lado, "a TdL [...] é uma das expressões do pensamento decolonial e oferece a ele uma contribuição importante"; por outro, "o pensamento decolonial é relevante para a TdL", justamente por ajudar a descobrir aspectos da atitude decolonial em seu próprio seio e por explicitar aspectos da matriz de poder colonial que essa teologia não considerava (TAMAYO, J. J., Teologias da libertação e pensamento decolonial, p. 242).

412. M. F. Miranda, acentuando as relações entre a libertação social e as demais libertações que o ser humano almeja, afirma que "essa *leitura teológica* da realidade social [...] é legítima e não pode ser omitida" (MIRANDA, M. F., A salvação de Jesus Cristo, p. 129).

413. BINGEMER, M. C. L., Teologia Latino-americana, p. 59.

414. BINGEMER, M. C. L., Teologia Latino-americana, p. 46.

uma vez que na Revelação Bíblica e no cristianismo ambas as coisas não estão dissociadas"[415].

Nesse sentido, entende-se por que os teólogos da libertação entendem a sua tarefa como uma palavra segunda, feita a partir dos excluídos e em função de sua efetiva libertação. De fato, "a função e o serviço da teologia como reflexão crítica dos acontecimentos humanos e eclesiais resumem o sentido e a contribuição do método teológico latino-americano", que compreendeu o pobre como lugar teológico privilegiado da manifestação de Deus, a perspectiva dos excluídos e a luta por sua libertação como ótica a partir de onde se interpretam os acontecimentos da história, e o próprio serviço da teologia como palavra segunda, uma reflexão crítica do agir humano e eclesial[416].

3.3. Conclusões teológico-latino-americanas

As raízes e os ramos da Teologia da Libertação latino-americana estão fortes e com vitalidade. O seu passado glorioso, que deixou marcas na Doutrina Social da Igreja e exerceu influência sobre muitas pessoas, entre elas, o Papa Francisco, vê-se desafiado por um futuro aberto, em uma América Latina ainda cheia de violência, pobreza e opressão, agravadas, nos últimos tempos, pela pandemia de Covid-19. O conceito de pobre, núcleo da opção desta teologia, foi alargado, e não significa mais simplesmente as vítimas da pobreza material[417], contemplando também aquelas pessoas que sofrem injustiças sociais, que são vistas como sem valor na sociedade, que não têm esperança de viver; são as vítimas do racismo, da violência de gênero, da marginalização cultural; são aqueles e aquelas que se sentem esmagados pela força de um sistema que objetiva apenas o lucro, que se veem acorrentados em suas possibilidades de viver, que não têm a quem recorrer na hora do desespero; enfim, são todas as pessoas às quais Jesus, a seu tempo, dedicou, preferencialmente, sua palavra, seus gestos, seu amor, e que todos nós, ao nosso tempo, deveríamos acolher e colocar no centro de nossa reflexão e nossa ação[418]. À teologia cabe, portanto, "*desmascarar*

---

415. BINGEMER, M. C. L., A mística na raiz das teologias da libertação, p. 169.

416. OLIVEROS, R., Historia de la teología de la liberación, p. 28-29.

417. Por esse termo não estamos reduzindo o problema. R. Muñoz, abordando a perspectiva dos pobres consolidada em Puebla, afirma que "é uma atitude típica dos que não são pobres [...] considerar a fome e a desnutrição, a falta de sapatos ou de abrigo no inverno, a falta de teto que pertença a quem mora sob ele... como problemas exclusivamente 'materiais'. E os pobres sabem que não é assim. Sabem que estes são problemas que afetam o homem inteiro, que são problemas humanos" (MUÑOZ, R., Evangelho e libertação na América Latina, p. 32).

418. Comparando Simone Weil e a TdL, M. C. L. Bingemer aponta que o conceito de pobre, que na teologia

as ideologias incrustadas sub-repticiamente na cultura dominante, denunciando-as e combatendo-as", visando sempre à *"transformação das estruturas sociais* injustas pelos meios mais variados, sempre procurando a promoção humana, a solidariedade com os mais fracos, a diminuição do sofrimento"[419]. Diante de limites, na impossibilidade de realizar uma mudança estrutural, sabemos que podemos, no mínimo, fazer "a revolução possível", da qual fala poeticamente H. Assmann:

> Viva a revolução das espumas e ondas. Nós, humanos, não somos rochas fixas nem crustáceos imóveis em pedras, somos espumas flutuantes e ondas que se entretocam e crescem, formando maré e criando praias. Até as areias são obra de nossa persistência em continuar sendo ondas que não param de espumar e evaporar[420].

Olhando para a TdL, com suas opções e sua metodologia, e para o continente latino-americano, com suas veias ainda abertas, perguntamo-nos: Que tipo de Teologia Fundamental poderia dar conta de explicar a automanifestação de um Deus libertador a um povo marcado pela exploração? De que maneira o mundo dos pobres e sofredores constitui um novo "lugar hermenêutico" ou um novo "lugar social"? Poderíamos falar propriamente de um novo "lugar teológico? Enfim, quais seriam as características de uma Teologia Fundamental libertadora? Essas perguntas nos movem ao próximo capítulo, no qual tentaremos refletir sobre a revelação a partir da perspectiva latino-americana.

---

latino-americana significa vítima de uma organização socioeconômica injusta – portanto, não querida por Deus –, corresponde ao "desventurado" na literatura weiliana, aquele que foi atingido por um acontecimento que toma conta de sua vida e a desenraiza, atingindo-o em todas as suas partes, social, psicológica e física (BINGEMER, M. C. L., A desventura e a opção pelos pobres, p. 783-788).

419. MIRANDA, M. F., A salvação de Jesus Cristo, p. 142, grifo do autor.

420. ASSMANN, H., Fragmentos de sociopedagogia, p. 38.

Capítulo 4 | Por uma Teologia Fundamental Latino-americana

A Teologia Fundamental, descrita no capítulo 1, é a disciplina que investiga o fato da revelação, assunto tratado no capítulo 2. Tal revelação, entretanto, pode ser percebida através da perspectiva própria da teologia que se desenvolveu na América Latina, como apontamos no capítulo 3. Há que se notar que a TdL já vem elaborando sua própria teologia da revelação, reconhecendo, por um lado, os dados centrais já desenvolvidos pela doutrina cristã, tais como a iniciativa gratuita de Deus, a universalidade de sua salvação e a própria história da revelação (libertação do Egito, atuação dos profetas, encarnação do Filho, missão do Espírito etc.); e, por outro lado, acrescentando os pobres como um dado novo enquanto lugar específico e próprio da revelação de Deus à humanidade[421]. Isso se dá porque a revelação nunca é um dado abstrato, mas uma autocomunicação de Deus já realizada em Cristo e a se realizar em cada momento da história. Essa revelação tem, portanto, uma estrutura dual: "é automanifestação de Deus (Transcendência) na história (imanência)"[422], por isso só pode ser compreendida plenamente na situação concreta em que o ser humano que a acolhe vive. De acordo com J. B. Libanio,

> a Teologia Fundamental olha para o simples fiel [...] e pergunta-se: na condição sociocultural de hoje, que desafios o cristão enfrenta para crer com lucidez e honestidade? No espírito da teologia latino-americana, ela lança

---

421. FELLER, V. G., A revelação de Deus a partir dos excluídos, p. 7-8. A obra citada é um excelente exemplo de uma Teologia Fundamental em perspectiva latino-americana. Por exemplo, o autor afirma que, no capítulo II (p. 23-30), pretende trabalhar "no campo da teologia fundamental, estudando: 1) as afirmações da fé cristã sobre a constituição e a atualização do conteúdo revelado em sua relação com a realidade dos excluídos; e 2) o surgimento do tema da exclusão no âmbito da teologia da revelação" (FELLER, V. G., A revelação de Deus a partir dos excluídos, p. 23).

422. LIBANIO, J. B., Teologia da revelação a partir da Modernidade, p. 433.

primeiro olhar para a situação real e concreta. Descobre nela valências positivas e negativas que interferem na compreensão da fé. E sobre ela reflete à luz do grande projeto salvador de Deus. Assim nasce a Teologia Fundamental[423].

E, de fato,

> desde seu nascimento, a TdL se autocompreendeu como "uma nova maneira de fazer teologia" e como "uma teologia fundamental", que oferece não só uma justificação da fé vivida antes que pensada, como se propõe, sobretudo, a buscar o sentido do "sem-sentido", ou seja, a razão da situação de miséria e de opressão de dois terços da humanidade[424].

Entretanto, caracterizar um continente do porte da América Latina não é fácil e só pode ser realizado de maneira generalizada. Enfrentando o desafio, J. B. Libanio menciona como características marcantes da situação social e eclesial deste continente a política de dominação e exploração, que, através de uma vergonhosa concentração de renda na mão de alguns poucos, gera uma multidão de famigerados; os movimentos de libertação, que, reagindo àquela situação, organizam-se das mais variadas formas, visando superar a condição a que são submetidos; e o clima de abertura eclesial, que se pode ver nos círculos bíblicos, na Igreja engajada, na teologia libertadora[425].

Nesse contexto, o autor aponta algumas coordenadas para uma teologia da revelação em perspectiva latino-americana: seu ponto de partida devem ser os pobres, pelos quais Deus mesmo optou; sua visão de história deve ser unitária, prestigiando a intervenção do Deus libertador no momento histórico presente; sua percepção de revelação está ligada à sua experiência espiritual de Deus nos pobres, "lugar teológico" no qual se pode captar a revelação do verdadeiro Deus; a revelação é compreendida em chave de libertação, valorizando a dimensão da práxis em suas dimensões sociopolítica e teologal; a sua identidade eclesial é percebida nas CEBs, no interior das quais "processa-se uma releitura da revelação"; a Palavra de Deus é lida em confronto com a vida, não sendo compreendida apenas como um conjunto de livros sagrados, mas como verdadeira Boa Nova para os pobres[426]. Em suma, a revelação, na América Latina, é percebida:

---

423. LIBANIO, J. B., Introdução à Teologia Fundamental, p. 9.
424. BRIGHENTI, A., Contribuições e crises da Teologia da Libertação, p. 205.
425. LIBANIO, J. B., Teologia da revelação a partir da Modernidade, p. 434-439.
426. LIBANIO, J. B., Teologia da revelação a partir da Modernidade, p. 439-451.

1. antes como uma autocomunicação de Deus feita aos pobres e a partir deles entendida em relação aos outros que indiscriminadamente feita a todos;
2. antes como interpelação de Deus que ensinamento;
3. antes como práxis social que moral intimista;
4. antes em vista da transformação do futuro que da guarda do passado;
5. antes como conversão comprometida com a realidade que transformação do coração individual;
6. antes como um Deus envolvido com a luta dos homens que soberano juiz [...];
7. antes como projeto libertador para toda a humanidade que patrimônio da Igreja;
8. antes como projeto a ser começado na história que a ser vivido já totalmente pronto na vida eterna;
9. antes como um projeto a ser entendido em articulação com uma realidade socioanaliticamente analisada que em si mesmo;
10. antes como um projeto a ser realizado na história por ações propiciadas por análises sociais que restrito a obras já definidas anteriormente;
11. antes como um projeto a ser vivido dentro da conflitividade social até o martírio que uma mensagem de reconciliação por cima dos conflitos[427].

Isso nos leva a perceber Deus de maneira diferente, o que, no fundo, nos aproximará mais da história do povo de Israel e do messias de Nazaré, sobretudo em sua atuação com os marginalizados de sua época. Assim, podemos chegar a uma experiência de Deus de um modo distinto do que é comumente apresentado, um Deus excluído, pobre, impotente e fraco; e essa percepção transformará "nossa concepção de Deus e o modo de corresponder a Ele na fé, modificará nossa concepção de ser humano e a forma de amá-lo, trará alterações à nossa concepção de Igreja e ao jeito de a ela pertencer, mudará nossa concepção de mundo e a maneira de transformá-lo!"[428].

Para aprofundarmos a forma como essa nova maneira de perceber a revelação gera uma nova imagem de Deus, antes faz-se necessário ainda analisarmos certas questões metodológicas que se impõem ao fazer teológico na América Latina. Com isso, poderemos apresentar, por fim, quais são, na nossa percepção, as características fundamentais de uma Teologia Fundamental em perspectiva latino-americana.

---

427. LIBANIO, J. B., Teologia da revelação a partir da Modernidade, p. 439-452.
428. FELLER, V. G., A revelação de Deus a partir dos excluídos, p. 9.

4.1. Questões de método na América Latina: o lugar dos pobres

A Teologia Fundamental, conforme já explicamos no capítulo 1, dedica-se mais a questões formais acerca da compreensibilidade da revelação, ou seja, à própria estrutura do ato de crer, à sua autocompreensão teológica e à sua estrutura epistemológica em geral, explicitando, com isso, uma tarefa hermenêutica mediadora, que, vale lembrar, jamais é neutra. Trata-se de uma "ciência segunda" em relação à fé, que surge normalmente nos momentos em que a adesão à doutrina cristã é questionada ou quando se julga necessária uma autojustificação do ato de crer. Do ponto de vista do método, assim como acontece na TdL, também a Teologia Fundamental neste continente deve estar atenta à realidade social e, por isso, precisa de um instrumental socioanalítico. Da mesma maneira, a opção preferencial pelos pobres, que marca a identidade da Igreja na América Latina e no Caribe, deve estar no centro das discussões sobre a compreensibilidade e a plausibilidade da revelação em solo latino-americano.

A dupla função da Teologia Fundamental, a saber, a "fundacional-hermenêutica" e a "dialogal-contextual", de acordo com o que já apresentamos, exige-se reciprocamente, e isso significa que as questões da dogmática devem dialogar com as do mundo contemporâneo. Na América Latina, portanto, isso obriga os teólogos da libertação a analisar, criticamente, a posição que a opção preferencial pelos pobres terá em seu fazer teológico, não só do ponto de vista hermenêutico, mas também do ponto de vista dogmático. Por isso, antes de indicarmos as características de uma possível Teologia Fundamental Latino-americana, vamos aprofundar a maneira efetiva como os pobres entram nessa reflexão enquanto "lugar hermenêutico" e "lugar social", ou ainda, de modo mais apropriado, enquanto "lugar teológico".

4.1.1. Os pobres enquanto "lugar hermenêutico" e "lugar social"

De acordo com o filósofo italiano G. Vattimo, "a história da salvação acontece ou se dá somente como história da interpretação"[429]. De fato, toda a tradição judaico-cristã se baseou na referência a textos fundantes, que orientam e normatizam a vida. Dessa maneira, a discussão do sentido dos textos é intrinsecamente ligada à própria história do cristianismo. Todo texto exige, é evidente, uma leitura atenta; contudo, a Escritura, por estar ligada à fé, parece ter uma particularidade que torna essa interpretação, no mínimo, diferente: "para nos salvarmos é necessário que compreendamos a Palavra de Deus na Escritura e a apliquemos correta-

---

429. VATTIMO, G., Depois da cristandade, p. 76.

mente à nossa condição e situação". Com o advento da Modernidade, além disso, surge ainda o desafio de "interpretá-la de forma que não se choque com a razão, usando portanto as nossas faculdades para respeitar profundamente a Palavra de Deus e evitar que lhe sejam atribuídos significados aberratórios"[430]. Logo, podemos dizer que tanto a interpretação quanto a salvação têm uma história: "a salvação se forma, se dá, se constitui, na sua história e, igualmente [...], na história da interpretação"[431]. Em síntese,

> a ideia da produtividade da interpretação – ou seja, a ideia de que esta não seja tão somente um esforço para apreender o sentido originário do texto (por exemplo, a intenção do autor) e reproduzi-lo com o máximo de rigorismo, mas acrescente algo de essencial ao próprio texto (entender o texto melhor do que o autor, como diz um adágio da hermenêutica do século XVIII) – pode nascer apenas como um "efeito" da concepção judaico-cristã (ou, mais especificamente, cristã), da história da revelação e da salvação[432].

Há, portanto, um esforço para resgatar, entender e/ou ampliar o sentido de um texto que foi perdido ou, ao menos, enfraquecido pelo passar do tempo, para colocá-lo em confronto com o mundo atual e com as percepções hodiernas. De fato, a partir de uma nova compreensão da epistemologia e da hermenêutica, passou-se a defender que o sentido de um texto não é só dado pelos autores e pelas palavras específicas utilizadas em determinada construção textual; é dado também pelos destinatários, considerados "coautores na medida em que inserem a mensagem dentro dos contextos vitais em que se acham, colocam acentos, percebem a relevância e a pertinência de aspectos que iluminam ou denunciam situações históricas"[433]. Entretanto, nota-se um problema fundamental nesse caso de comunicação inter-humana: o paradigma do distanciamento da comunicação, ou seja, o caráter fundamental da própria historicidade e da experiência humanas, que pretendem ser comunicação "na" e "pela" distância. Trata-se, em outras palavras, do "problema hermenêutico" ou da "aporia" que acompanha a própria história da hermenêutica[434]. Além disso, a hermenêutica não pode ser confundida

---

430. VATTIMO, G., Depois da cristandade, p. 77.

431. VATTIMO, G., Depois da cristandade, p. 79.

432. VATTIMO, G., Depois da cristandade, p. 81.

433. BOFF, L., Do lugar do pobre, p. 30.

434. Tal aporia, na história da hermenêutica, foi apresentada de diversas maneiras: disputa entre a "interpretação gramatical" e a "interpretação técnica" ou "psicológica" (Schleiermacher); diferença entre "explicação da natureza" e "compreensão histórica" (Dilthey); divergência entre uma "compreensão" epistemológica e uma "pré-compreensão" ontológica (Heidegger); ou ainda como uma distância escandalosa entre verdade e método (Gadamer). Paul Ricoeur sintetiza a aporia fundamental da história da

com a intelecção humana, sem mais; ela é *um momento*, importante e essencial, mas apenas um momento desse processo maior[435]. Da mesma maneira, no campo teológico, a hermenêutica não pode ser identificada com a teologia, mas se constitui também como um *momento* de sua realização[436]. Aliás, a própria teologia é, por sua vez, um momento (intelectivo) do processo de realização histórica do reinado de Deus, "momento que implica interpretação de sentido, mas no contexto mais amplo de sua apropriação e realização histórica"[437].

Todas essas questões nos levam a perceber a dificuldade de se compreender algo como "lugar hermenêutico", visto que a própria questão hermenêutica é complexa. Entretanto, a expressão também traz dificuldade quanto ao "lugar" a partir do qual se interpreta. A própria tradição hermenêutica parece ter sido marcada pela ideia de que a continuação temporal de um texto se dá em uma tensão entre passado, presente e futuro, de maneira que o núcleo do problema hermenêutico seria de ordem temporal em detrimento da espacialidade. Porém, já se sabe que a topologia hermenêutica é tão determinante quanto qualquer outro fator da interpretação. O simples fato de não dar importância ao *topos* pode acarretar uma série de problemas, tais como: a) desconsideração de que a semântica das palavras varia geograficamente; b) generalização dos acontecimentos, privilegiando totalidades epocais; c) abordagem da história demasiadamente eurocêntrica e, com isso, colonialista[438]. Por esse motivo, faz-se necessário conhecer o "lugar hermenêutico"[439] a partir do qual se recebe uma tradição.

---

hermenêutica moderna como o problema entre compreensão-explicação, ou ainda entre pertença-distanciamento. Para ver um resumo do estado do problema hermenêutico, cf. AQUINO JÚNIOR, F., Teologia e hermenêutica, p. 19-64.

435. Embora a intelecção diga respeito à hermenêutica, ela não é, sem mais, hermenêutica. Isso, porque "intelecção não é sinônimo de interpretação" e porque "interpretação não é o modo primário de intelecção" (AQUINO JÚNIOR, F., Teologia e hermenêutica, p. 101).

436. Essa é a tese de Aquino Júnior, baseada nos trabalhos de Xavier Zubiri, do ponto de vista filosófico, e de Ignacio Ellacurría, do ponto de vista teológico. O autor defende que a teologia não pode ser compreendida, sem mais, como hermenêutica, tal como apontava Claude Geffré, mas como um *momento* da teologia, isto é, um momento complexo e irredutível, mas apenas um momento do processo maior de intelecção do reinado de Deus. Cf. AQUINO JÚNIOR, F., Teologia e hermenêutica.

437. AQUINO JÚNIOR, F., Teologia e hermenêutica, p. 175. O autor destaca, nessa mesma página, que essa foi "uma intuição fundamental que está nas origens das teologias da libertação latino-americanas, mas que nem sempre foi suficientemente explicitada e assumida de modo consequente".

438. MELO, R. F., Lugar e espacialidade, p. 69-72.

439. Não se deve, contudo, restringir a espacialidade hermenêutica a um *topos* físico, determinável objetivamente; ao contrário, o "lugar hermenêutico" aponta para uma "abertura dos limites no interior do qual existimos e podemos compreender as coisas, a nós mesmos e os outros" (MELO, R. F., Lugar e espacialidade, p. 73).

Pois bem, a partir dessa pequena reflexão acerca das relações entre fé cristã, interpretação e espacialidade, queremos introduzir o papel da hermenêutica na TdL latino-americana. Em primeiro lugar, queremos destacar uma mudança ocorrida no modo de interpretar as Escrituras. O Concílio Vaticano II havia pretendido resgatar a importância da Bíblia no meio dos crentes; contudo, ela tem um texto considerado "difícil". Os métodos que se utilizava para sua explicação geralmente partiam do princípio de que a causa de tal dificuldade estava na própria Bíblia, que, por ser complexa e complicada, acabava por explicitar nossa ignorância. O ponto de vista dos teólogos da libertação era outro: "a causa principal não está na Bíblia, mas em nós, na nossa maneira de encarar a Bíblia"[440]. Assim, procurou-se mudar os óculos a partir dos quais se liam as Escrituras[441]: passou-se a compreendê-la a partir dos pobres, que "leem a Bíblia em uma situação de sofrimento e de dominação econômica e política", que não fazem uma leitura teórica nem procuram nela simplesmente ideias, mas a entendem como "uma questão de vida ou morte, de liberdade ou dominação"[442]. Assim, embora as Escrituras sejam o "lugar constitutivo" da teologia, ao serem interpretadas a partir de um lugar concreto, a própria prática libertadora passa a se constituir em "lugar hermenêutico" da Palavra: "vai-se à Revelação com as questões postas pela práxis e os princípios com os quais se responde a essa pergunta procedem da Palavra revelada, recebida na via e na experiência da fé"[443].

Em segundo lugar, a própria teologia do século XX mudou completamente de rumo quando, a partir da Constituição Pastoral *Gaudium et Spes*, começou a considerar a história atual como lugar da manifestação de Deus, superando uma hermenêutica exclusiva do texto escrito. Seguindo essa percepção, a TdL passou a dar prioridade "ao 'texto' da história, que só poderá ser decifrado com o 'texto' sagrado, ambos considerados frutos da única Palavra de Deus". Dessa forma, "a nova teologia vai querer ser uma interpretação teológica do presente"[444]. Com isso, exigiu-se uma verdadeira abertura à época atual, pois se percebeu que a evangelização deve sempre estar relacionada aos "sinais dos tempos" e nunca ser "atemporal

---

440. MESTERS, C., Deus, onde estás?, p. 18-19.

441. Mesters afirma: "entramos no mundo da Bíblia por uma porta que nos foi ensinada, durante longos anos de estudo. Mas a convivência com o povo nos ensinou uma outra porta, já muito antiga, muito usada pelos Santos Padres da Igreja, hoje, porém, a maior parte do tempo, fechada e esquecida" (MESTERS, C., Deus, onde estás?, p. 19).

442. GORGULHO, G. S., Hermenêutica bíblica, p. 170.

443. BRIGHENTI, A., Contribuições e crises da Teologia da Libertação, p. 210.

444. COSTADOAT, J., ¿Hacia un nuevo concepto de revelación?, p. 109.

nem a-histórica", porque esses sinais, "observados em nosso continente sobretudo na área social, constituem um 'dado teológico' e interpelação de Deus"[445]. Assim,

> se a medida da compreensão de um fato histórico depende da medida de abertura pela própria existência, os acontecimentos históricos levados à categoria de textos inspirados exigem, na atualidade, um deslocamento da hermenêutica que nos ajuda a renovar a teologia da renovação[446].

Seja na interpretação da Escritura, seja na interpretação da história presente, a opção pelos pobres tornou-se um elemento-chave para o fazer teológico latino-americano. Não se trata de uma mera expressão de efeito, nem de uma opção que se limite à ética ou à pastoral; antes, ela passou a constituir "o lugar hermenêutico e epistêmico da fé e da teologia", uma verdade eminentemente teológico-cristológica, que tem suas raízes na encarnação do Filho, que assumiu com radicalidade a condição social de um pobre e viveu constantemente em favor deles[447].

A questão do "lugar hermenêutico", enquanto *topos* que fornece "orientações de sentido e de localização que seguimos existencialmente"[448], leva-nos à questão do "lugar social". O fato de sabermos que "é dentro de suas experiências que o ser humano interpreta a revelação"[449] obriga-nos a considerar o ambiente existencial geográfico, sobretudo com suas especificidades culturais, econômicas e políticas, como um "lugar" com características coletivas, ou seja, como "lugar social"[450]. Segundo F. Aquino Júnior, um "lugar social" pode indicar um "espaço físico-geográfico", uma "posição social" e ainda um "ponto de vista intelectivo". Enquanto "espaço físico-geográfico", o "lugar social" indica a materialidade básica e constitutiva da vida. Porém, ele não se resume a apenas um lugar natural; também manifesta a forma como esse espaço é ocupado e organizado socialmente, a

---

445. DM VII 2,2.

446. XAVIER, D., Teologia Fundamental, p. 142.

447. TAMAYO, J. J., Recepción en Europa de la Teología de la Liberación, p. 77. Isso não significa que a TdL reduza o fazer teológico à hermenêutica. Na perspectiva de Claude Geffré (que percebia a teologia como hermenêutica), pelo fato de uma teologia hermenêutica necessariamente ter uma relação dialética entre teoria e prática, os teólogos da libertação eram identificados como "teólogos hermenêuticos" (AQUINO JÚNIOR, F., Teologia e hermenêutica, p. 130). Entretanto, a percepção da hermenêutica como um *momento* da teologia leva a compreender o fazer teológico latino-americano como um momento de intelecção dentro do processo maior de realização histórica do reinado de Deus; e a hermenêutica, como um momento menor, embora fundamental e irrenunciável, dentro desse processo intelectivo (AQUINO JÚNIOR, F., Teologia e hermenêutica, p. 173-179).

448. MELO, R. F., Lugar e espacialidade, p. 74.

449. LIBANIO, J. B., Teologia da Revelação a partir da Modernidade, p. 167.

450. A problemática acerca do "lugar social" da própria teologia é recente e foi desenvolvida, principalmente, pela TdL (AQUINO JÚNIOR, F., Teologia em saída para as periferias, p. 65-66).

"trama complexa e conflitiva de relações" desiguais, presentes em determinada região geográfica[451]. Enquanto "posição social", o "lugar social" designa a situação particular que diz respeito ao acesso a bens, às relações de poder, à profissão, ao saber, à cor da pele, ao gênero, à orientação sexual, entre outros. Trata-se, portanto, de uma determinação e de uma construção social, que se refere tanto às relações de domínio de uns sobre outros quanto à identidade mais profunda de cada pessoa[452]. Enquanto "ponto de vista intelectivo", vincula-se ao acesso que temos às coisas e aos acontecimentos, ao modo como os inteligimos e à perspectiva a partir da qual os vemos, condicionados pela posição existencial em que estamos[453]. Importa destacar que esses "lugares sociais" são sempre plurais, resultado de um processo de dominação/subordinação que condiciona a ação humana e seu entendimento; e tais lugares, por isso mesmo, podem ser mantidos ou transformados mediante alteração na correlação de forças. Além disso, o "lugar social" em que uma pessoa realmente está inserida nem sempre coincide com as opções explícitas e conscientes que ela assume; entretanto, assumir um lugar diferente do "lugar social" em que se está inserido não muda o "lugar social" real[454].

Os teólogos da libertação perceberam que a própria América Latina era um "lugar social" com características próprias, ou seja, que a realidade dos pobres do continente constituiria "um 'onde' socialmente determinado"[455] a partir do qual se poderia reler a história. Ao considerar a América Latina um "lugar social" diferente, enquanto resultado das tensões de poder que geram pobreza e sofrimento, resistência e luta, segundo F. Aquino Júnior, novas questões acerca da teologalidade das resistências e lutas populares se impuseram: De que maneira a experiência de Deus (revelação) contribui para o caráter espiritual das lutas

---

451. AQUINO JÚNIOR, F., O caráter práxico-social da teologia, p. 98-100.

452. AQUINO JÚNIOR, F., O caráter práxico-social da teologia, p. 100-101.

453. AQUINO JÚNIOR, F., O caráter práxico-social da teologia, p. 101-104. Importa também destacar aqui, pela complexidade que apontamos, que esse ponto de vista intelectivo não deve ser confundido com o "lugar hermenêutico".

454. AQUINO JÚNIOR, F., O caráter práxico-social da teologia, p. 102-104. F. Aquino Júnior apresenta alguns exemplos: um pobre ser contra a luta dos pobres não faz dele rico; da mesma forma, pode existir uma mulher machista, um negro racista, um homossexual homofóbico. Em nenhum desses casos muda-se de lugar social. Da mesma maneira, o fato de um homem branco, de classe média e heterossexual defender mulheres, negros, pobres e homossexuais não muda seu lugar social.

455. AQUINO JÚNIOR, F., A teologia como intelecção do reinado de Deus, p. 287-292. De fato, os teólogos da libertação perceberam tanto a importância do "lugar social" no fazer teológico quanto o fato de "o mundo dos pobres e marginalizados constituir o lugar social fundamental da revelação, da fé e da teologia cristãs" (AQUINO JÚNIOR, F., Teologia em saída para as periferias, p. 66). Tais questões se implicam mutuamente, uma vez que "o lugar social da teologia está determinado pelo lugar social da revelação e da fé que, de acordo com a Sagrada Escritura, não é outro senão os pobres e marginalizados e seus processos de libertação" (AQUINO JÚNIOR, F., Teologia em saída para as periferias, p. 69).

populares (salvação)? Como entender a relevância e a densidade epistemológica dessa relação (teologia)?[456] Para o teólogo, a própria TdL nasceu e se desenvolveu no interior das lutas populares, nas quais os cristãos desempenharam um papel tão importante, que acabou por obrigar a Igreja a tentar explicitar o caráter teologal ou espiritual dessas lutas[457]. Desse fato, conforme aponta F. Aquino Júnior, surgiram as seguintes consequências teológicas:

> 1) fazer e entender teologia como um momento da fé da Igreja e do processo mais amplo de realização histórica da salvação ou do reinado de Deus; (2) ser coerente com a natureza histórica e parcial da salvação ou do reinado de Deus, superando todas as formas de dualismo e universalismo abstrato; (3) insistir na centralidade dos processos históricos de libertação como sinal histórico privilegiado e mediação da salvação ou do reinado de Deus; (4) não desperdiçar o grande *kairós* que o ministério pastoral do Papa Francisco representa para a Igreja e para o mundo e colaborar no processo de renovação eclesial [...]; (5) levar a sério o fato de que "fora dos pobres não há salvação" e permanecer sempre unidos a eles em suas resistências e lutas, sempre atentos e vigilantes sobre o risco e a tentação permanente do "docetismo teológico"[458].

A opção preferencial pelos pobres, portanto, levou a teologia latino-americana a repensar o seu estatuto epistemológico, passando a considerar o mundo dos pobres e oprimidos como o "lugar hermenêutico" e o "lugar social" próprios a partir dos quais a sua reflexão deveria se construir[459]. Contudo, isso nos leva a ir além, a pensar se a realidade de pobreza do continente não poderia ser considerada, além disso, também um *"lugar teológico"* – pelo menos no sentido dado por I. Ellacuría e J. Sobrino –, enquanto

> o "lugar social" no qual o Deus bíblico se revelou e continua se revelando; consequentemente, o "lugar social" mais adequado da fé (práxis teologal) e de sua intelecção (teoria teológica) – o lugar a partir de onde se tratam e se

---

456. AQUINO JÚNIOR, F. A., La dimensión teologal de las resistencias y las luchas populares, p. 71-99. São essas questões que F. Aquino Júnior enfrenta no artigo.

457. AQUINO JÚNIOR, F. A., La dimensión teologal de las resistencias y las luchas populares, p. 71.

458. AQUINO JÚNIOR, F. A., La dimensión teologal de las resistencias y las luchas populares, p. 98.

459. Entretanto, cabe destacar uma ressalva crítica de I. Gebara: "cada vez mais me dou conta que nós intelectuais temos a ousadia de falar em nome do povo pobre, analisar a vida do pobre no lugar deles/delas, criar teorias explicativas sem perceber a distância que existe entre viver a dor em meu corpo e interpretar a dor dos outros. Sei que as teorias não fogem das abstrações e generalizações. Porém, há que reconhecer que muitas teologias que fazemos são apenas obras de pensamentos sem nenhuma eficácia ou incidência real na vida da maioria das pessoas" (GEBARA, I., 50 anos de LIBERTAÇÃO de quem?, p. 36).

interpretam, inclusive, os "temas fundamentais" e os diversos "domicílios de argumentos" da teologia[460].

4.1.2. Os pobres enquanto "lugar teológico"

A expressão "lugar teológico" (*locus theologicus*), apesar de ter uma longa tradição na teologia, não adquiriu um *status* unívoco; ao contrário, quando ela passou a ser utilizada com mais frequência – como se pôde observar a partir do Concílio Vaticano II, especialmente pelos teólogos da libertação – começou a gerar mais equívocos[461].

O seu sentido mais tradicional, entretanto, já fora dado pelo teólogo dominicano espanhol M. Cano (1509-1560), em sua clássica obra intitulada *Sobre os lugares teológicos*, publicada em 1563, e "diz respeito às 'fontes' ou aos 'domicílios' de argumentos teológicos"[462]. Em sua época, frente às questões levantadas pela Reforma, havia um esforço para demonstrar que a revelação mediata não só era necessária, mas também suficiente. Assim, longas discussões acerca do aspecto formal da fé levaram alguns teólogos a tentar precisar o que entendiam por revelação. Em M. Cano, todavia, a noção de revelação só aparece indiretamente, quando, tratando da fé, afirma que daria sua adesão a toda a doutrina cristã, não por causa das Escrituras ou do que outros disseram, e sim porque Deus mesmo a revelou. Porém, há que se notar que reserva o termo "revelação" para falar da "revelação incriada", que há em Deus, ou a "iluminação interior da graça", que induz a crer[463]. A sua contribuição mais importante, contudo, não se deve ao conceito de revelação, mas à definição de "lugares teológicos". Para M. Cano, há alguns lugares que são próprios do fazer teológico, dos quais é possível extrair todos os argumentos necessários à teologia, seja para confirmar, seja para refutar

---

460. AQUINO JÚNIOR, F., A teologia como intelecção do reinado de Deus, p. 287-288.

461. A expressão acabou por extrapolar seu sentido tradicional, e esse fato nem sempre foi suficientemente tematizado, de maneira que, "quando se fala de 'lugar teológico', nem sempre se fala da mesma coisa" (AQUINO JÚNIOR, F., Teologia em saída para as periferias, p. 61-62). O teólogo J. Costadoat investigou, em uma série de artigos, o uso da expressão por teólogos da libertação latino-americanos, tais como J. L. Segundo, A. Parra, J. C. Scannone, J. Sobrino, J. H. Aceves, P. Trigo, C. Mesters, I. Ellacuría, C. Boff, A. Bentué, S. Silva e J. B. Libanio. Concluiu que não há uma precisão terminológica: a maioria parece utilizá-la como sinônimo de "lugar hermenêutico"; outros, como "lugar teológico", mas sem distinguir claramente entre "lugar teológico" *próprio* e *adscrito*. Cf. COSTADOAT, J., Dios habla hoy; COSTADOAT, J., Novedad de la Teología de la liberación en la concepción de la revelación; COSTADOAT, J., ¿Hacia un nuevo concepto de revelación?; COSTADOAT, J., Revelación y Tradición en los Manuales de Teología.

462. AQUINO JÚNIOR, F., Teologia em saída para as periferias, p. 62.

463. LATOURELLE, R., Teologia da Revelação, p. 205-207. M. Cano não chama a doutrina de salvação de revelação.

qualquer tese. Em relação à quantidade de "lugares", admite não haver consenso, mas, de qualquer forma, elenca dez: "Sagrada Escritura, Tradição de Cristo e dos apóstolos, Igreja Católica, Concílios, Igreja Romana, Santos Padres, Teólogos Escolásticos e Canonistas, Razão Natural, Filósofos e História Humana"[464]. Vale destacar que, para ele, nem todos têm a mesma autoridade: alguns deveriam ser considerados "próprios"; isto é, uma "fonte" através da qual se tem acesso a Deus (os sete primeiros); e outros, "impróprios" ou "adscritos", ou seja, um "auxílio" necessário para aprofundar e esclarecer o conhecimento dos primeiros[465]. Na obra de M. Cano, a concepção de "lugares teológicos", em síntese, pode ser traduzida como uma espécie de domicílio, repleto de "expressões da fé" de diferentes níveis de autoridade, que, por um lado, são capazes de tornar a revelação acessível aos crentes e, por outro, funcionam como um depósito de onde se podem retirar variados argumentos teológicos. O importante para nós, nessa breve descrição, é apontar a relação, já tradicionalmente estabelecida, entre "lugar teológico" – no caso, "próprio" – e "fontes da revelação", pois é sobre esse aspecto que os teólogos latino-americanos mais divergem. Por isso, faremos um pequeno resgate do que já dissemos acerca da revelação, mas, agora, enfatizando a questão das fontes.

4.1.2.1. A discussão acerca da(s) fonte(s) da revelação

Como vimos no capítulo 2, desde Trento, o magistério da Igreja começou a especificar o que entendia por "fontes". O princípio da Reforma, *"sola scriptura"*, indicava que apenas a Escritura era considerada "Palavra de Deus", autoridade máxima e suficiente, regra de fé e de prática, tanto para os indivíduos quanto para a Igreja[466]. Não haveria, portanto, nenhuma revelação fora dela, e por isso mesmo ela seria a única fonte de todos os argumentos teológicos. Em Trento, a Igreja reagiu à atenção exclusiva às Escrituras, afirmando serem fontes da verdade e da ordem divinas "livros escritos e tradições não escritas que [...] chegaram até nós", os quais a Igreja recebe "com igual sentimento de piedade

---

464. AQUINO JÚNIOR, F., A teologia como intelecção do reinado de Deus, p. 284. Alguns desses lugares, como se pode perceber, assemelham-se: Igreja Católica e Igreja Romana; Razão Natural e Filosofia. Essas distinções, entretanto, não são necessárias para a presente pesquisa. Convém destacar que o número de "fontes" ou "domicílios" de argumentos teológicos pode ser ampliado (ou até mesmo reduzido), uma vez que o importante é, por um lado, fugir de lugares supérfluos, e, por outro, não omitir nenhum lugar essencial (AQUINO JÚNIOR, F., Teologia em saída para as periferias, p. 65).

465. COSTADOAT, J., ¿Hacia un nuevo concepto de revelación?, p. 109. Há uma série de distinções além dessa. Por exemplo, dentro dos "próprios", existem os "princípios próprios legítimos" (Escritura e Tradição) e os "princípios próprios declarativos" (os outros cinco), que contêm a interpretação dos primeiros. Cf. tb. AQUINO JÚNIOR, F., A teologia como intelecção do reinado de Deus, p. 284.

466. DE L. COSTA, J. C., Sola Scriptura, p. 127.

e igual reverência"[467]. Com isso, afirma J. B. Libanio que, "nas pegadas de M. Cano", transformou-se "a única fonte, que fora transmitida em tradições orais e escritas, em duas fontes"[468].

Da mesma maneira, o Vaticano I, lutando contra diversas correntes de pensamento que defendiam o primado e a autonomia da razão, afirmou que Deus pode ser conhecido com certeza tanto pela luz natural da razão humana, a partir das coisas criadas, quanto pela via sobrenatural, a partir daquilo que falou pelos profetas e pelo Filho[469]. Reafirmando Trento, ele especifica que essa última via de revelação está *contida* "nos livros e nas tradições não escritas"[470]. Com isso, uma visão demasiado extrinsecista dessas fontes – compreendidas como provas objetivas da manifestação de Deus, capazes de "forçar" o consentimento pela autoridade daquele que fala através delas – acabou consolidando-se ao longo do tempo.

Porém, essa maneira de entender as fontes entrou em crise na Modernidade, sobretudo a partir do confronto com a hermenêutica moderna das narrativas, para a qual essas fontes não eram documentos históricos neutros, mas apenas testemunhos de fé apresentados a outros crentes[471]; e com as novas técnicas de investigação de textos, que se aproximavam das Escrituras considerando-as literatura passível de ser analisada pelas técnicas modernas de investigação. Além disso, os movimentos de renovação exigiam um "retorno às fontes" e, consequentemente, um novo olhar sobre elas: a "Nova Teologia" insistia na volta às Escrituras e à tradição antiga dos padres da Igreja, ao mesmo tempo que buscava dialogar com a Modernidade; o movimento bíblico passou a aceitar os gêneros literários e o método histórico-crítico como ferramentas hermenêuticas para resgatar o sentido das fontes; o movimento litúrgico resgatava as fontes históricas, arqueológicas e filológicas a fim de renovar o culto; enfim, todos os movimentos reivindicavam

---

467. DH 1501. Sobre a origem da teoria das duas fontes, cf. a nota 122, no capítulo 2.

468. LIBANIO, J. B., Revelação a partir da Modernidade, p. 415. Entretanto, é necessário destacar que a intenção dos padres conciliares era, por um lado, defender as tradições contra a visão exclusivista das Escrituras como única fonte; por outro, tentar estabelecer as relações entre as Escrituras e essas tradições. Os primeiros esboços apresentavam que "a Verdade do Evangelho é contida em parte (*partim*) nos livros escritos, em parte (*partim*) nas tradições não escritas". Entretanto, substituíram o "*partim... partim*" por "*et*" (conjunção "e"), a fim de evitar que a interpretação da relação entre Escritura e tradições seja compreendida na chave de suficiência ou insuficiência de uma delas (LIBANIO, J. B., Revelação a partir da Modernidade, p. 414).

469. DH 3004.

470. DH 3006.

471. MOINGT, J., Deus que vem ao homem: do luto à revelação de Deus, p. 241.

uma nova maneira de entender a doutrina das fontes, não mais como algo estático, mas como algo essencialmente histórico e dinâmico[472].

Por fim, no Vaticano II, a questão da "fonte" ou das "fontes" da revelação é descrita, de modo especial, no capítulo II, que trata da "transmissão da divina revelação". Assim afirma a Constituição *Dei Verbum*:

> Deus dispôs com suma benignidade que aquelas coisas que revelara para a salvação de todos os povos permanecessem sempre íntegras e fossem transmitidas a todas as gerações. Por isto o Cristo Senhor, em quem se consuma toda a revelação do Sumo Deus (cf. 2Cor 1,20; 3,16-4,6), ordenou aos apóstolos que o Evangelho, prometido antes pelos profetas, completado por Ele e por sua própria boca promulgado, fosse por eles pregado a todos os homens como fonte de toda verdade salvífica e de toda disciplina de costumes, comunicando-lhes dons divinos. E isto foi fielmente executado pelos apóstolos, que na pregação oral, por exemplos e instituições, transmitiram aquelas coisas que ou receberam das palavras, da convivência e das obras de Cristo ou aprenderam das sugestões do Espírito Santo, como também por aqueles apóstolos e varões apostólicos que, sob inspiração do mesmo Espírito Santo, puseram por escrito a mensagem da salvação[473].

Como se vê, os padres conciliares apresentaram uma única "fonte de toda verdade salvífica e de toda disciplina de costumes", que chamam de "Evangelho", e declararam que ela, por mandato de Cristo, foi pregada pelos apóstolos – a fim de "comunicar os dons divinos" – tanto em sua forma oral quanto em sua forma escrita. De fato, como apontamos no capítulo 2, já no proêmio da *Dei Verbum*, a "Palavra de Deus" é identificada como a única fonte de toda revelação, ou seja, como a totalidade do que Deus quer comunicar aos seres humanos. Assim, há "um só sagrado depósito da Palavra de Deus confiado à Igreja", e portanto um só "lugar" do qual ela pode extrair tudo o que "propõe para ser crido como divinamente revelado"[474].

Entretanto, esse único Evangelho exprime-se na Tradição e na Escritura, entendidas como resultado da pregação apostólica, "fielmente executada" sob a inspiração do Espírito Santo, tanto em forma oral, através de "exemplos e instituições", quanto em forma escrita, realizada por aqueles "apóstolos e varões apos-

---

472. Cf. o item 2.2 do capítulo 2 desta pesquisa: "O conceito de revelação a partir do Concílio Vaticano II".

473. DV 7.

474. DV 10.

tólicos"[475]. Conforme a *Dei Verbum*, a Tradição é a ação que "transmite integralmente aos sucessores dos apóstolos a Palavra de Deus confiada por Cristo Senhor e pelo Espírito Santo aos apóstolos para que [...] eles por sua pregação fielmente a conservem, exponham e difundam"; já a "Sagrada Escritura é a Palavra de Deus enquanto é redigida sob a moção do Espírito Santo"[476]. Ambas, portanto, estão estreitamente unidas e comunicantes entre si, promanando da mesma fonte divina e formando, de certo modo, uma grande unidade que tende para o mesmo fim; "são como o espelho em que a Igreja peregrinante na terra contempla a Deus, de quem tudo recebe, até que chegue a vê-lo face a face como é"[477].

Mesmo com as ênfases destacadas, alguns autores continuam a afirmar que a unicidade da fonte da revelação ainda não ficou clara no texto conciliar. De fato havia uma tensão entre tradicionalistas, que queriam manter a ideia das "duas fontes", tal qual se consagrou na interpretação do Concílio de Trento, e outros, impulsionados pelo espírito ecumênico, que defendiam haver uma única. Sendo um dos textos mais debatidos no Concílio – um dos primeiros a começar a ser trabalhado e um dos últimos a ser aprovado –, a redação final foi o resultado das tensões entre os dois grupos. Nesse sentido, afirma A. T. Queiruga: "foi uma pena que a discussão conciliar, por não querer dirimir autoritativamente a velha polêmica das 'duas fontes' da revelação, oferecesse aqui [no texto da *Dei Verbum*] certa ambiguidade e não deixasse fluir livremente seu evidente impulso unitário"[478]. Também J. B. Libanio, em um curso acerca do Concílio Vaticano II, afirmou que o texto pode ser interpretado protestante ou catolicamente: com a primeira chave hermenêutica encontramos apenas uma fonte; com a segunda, duas. Naquele ambiente, mais descontraído, reiterou que a *Dei Verbum* "diz que há uma única

---

475. DV 7. R. Latourelle destaca que o Vaticano II, ao contrário de Trento, prefere falar primeiro de Tradição e depois de Escritura, pois assim seria mais fiel à realidade histórica, uma vez que a pregação oral precedeu os textos (LATOURELLE, R., Teologia da Revelação, p. 389). K. Rahner afirma que "a Escritura é essencialmente produto da Igreja [...]. Pelo prisma histórico, a Escritura é a sedimentação da história da fé da comunidade das origens. Consequentemente, ela surgiu e foi sustentada pela pregação viva e concreta da Igreja viva. E, neste sentido, a Escritura é já o resultado da Tradição" (RAHNER, K., Curso fundamental da fé, p. 421). Entretanto, A. T. Queiruga lembra que "também a Escritura 'precede', de certo modo, a Tradição. A razão está em que [...] o fato de escrever foi um dos fatores mais eficazes e dinâmicos na constituição mesma da tradição eclesial" (QUEIRUGA, A. T., Repensar a revelação, p. 439).

476. DV 9. K. Rahner descreve o conceito de Tradição como a "sequência legítima de testemunhas, que não se autodesignam, mas que devem demonstrar sua legitimidade mediante sua derivação de testemunhas que remontam até a grande testemunha que é Jesus Cristo"; e o conceito de Escritura como a "objetivação normativa para nós da Igreja da era apostólica", ou ainda como "o processo concreto e a objetivação da consciência da fé da Igreja dos inícios" (RAHNER, K., Curso fundamental da fé, p. 421; 432; 439, respectivamente).

477. DV 7; 9.

478. QUEIRUGA, A. T., Repensar a revelação, p. 437.

fonte, mas são duas", e conclui, em um tom de humor: "parece que foi um mineiro quem escreveu aquilo!"[479]

4.1.2.2. Os pobres como "lugar teológico (próprio?)" na teologia latino-americana

Independentemente da forma como expliquemos, seja apontando que há uma única fonte, a Palavra de Deus – o que é mais rigoroso e de acordo com o Concílio –, seja explicitando o acesso a ela, que, de modo concreto, só é possível através da Escritura e da Tradição – o que possibilitaria falar em "duas fontes"[480] –, ambas sempre foram categorizadas como "lugares teológicos"; isto é, como expressões da fé que constituem um depósito a partir do qual se pode construir os argumentos teológicos. Como vimos, segundo a concepção de M. Cano, o "lugar teológico" pode ser "próprio" ou "impróprio", e, entre os primeiros, pode ser "constitutivo" (como a Escritura e a Tradição) ou "declarativo" (como os concílios, os Santos Padres etc.), os quais contribuem para explicitar, com autoridade, o sentido das anteriores[481]. Tendo claras essas diferenciações, J. Costadoat levanta algumas questões[482]:

> Observamos que na teologia da libertação latino-americana há o reconhecimento de uma revelação atual de Deus que, do ponto de vista da reivindicação de originalidade dessa teologia, tem enorme importância [...]. Essa característica, que bem pode ser considerada a maior originalidade deste "novo modo" de Teologia da Libertação, pelo que foi dito, exigiria que a teologia desenvolvesse precisões terminológicas que atualmente não possui. Como, por exemplo, poderia ser entendida a afirmação-chave dos

---

479. LIBANIO, J. B., Concílio Vaticano II. Tal curso foi realizado no Centro Loyola – Espiritualidade, Fé e Cultura, de Belo Horizonte, em maio de 2012. Encontra-se disponível on-line, embora subdividido em vários vídeos. O link no qual se encontra a afirmação de J. B. Libanio citada está nas referências. A partir dele, é possível encontrar os outros e ter acesso ao curso completo.

480. Há que se notar que, na *Dei Verbum*, não consta a palavra "fontes", no plural. Vale destacar que o Vaticano II indica também várias fontes da revelação, em sentido genérico. Assim, em seus mais diversos documentos, encontramos como fontes "Sagrada Escritura, Santos Padres, Magistério (particularmente os concílios e o bispo de Roma), teólogos, história dos dogmas, história da Igreja, teologia de outras Igrejas e comunidades eclesiais, liturgia, vida da Igreja, sinais dos tempos" (AQUINO JÚNIOR, F., O caráter práxico-social da teologia, p. 25).

481. COSTADOAT, J., Dios habla hoy, p. 187.

482. J. Costadoat participou de um grupo de pesquisa cujo título era "Os acontecimentos históricos como lugar teológico: uma contribuição à renovação metodológica da teologia", realizado entre 2015 e 2017, junto com Eduardo Silva e Carlos Schickendantz (investigador principal). Cf. COSTADOAT, J., Revelación y Tradición en los Manuales de Teología Fundamental en América Latina, p. 246, especialmente a nota 2. Desse trabalho, surgiu uma série de artigos, que já tivemos a oportunidade de citar. Cf. nota 460.

pobres como um "lugar teológico"? O que significa isso do ponto de vista da autoridade que tal voz merece na Igreja? Deus fala através dos pobres ou pode-se dizer apenas que a partir "dos pobres" as Escrituras são melhor compreendidas? Não será o mesmo se forem considerados um mero "lugar hermenêutico" do que um "lugar teológico próprio", um espaço para uma possível revelação de Deus[483].

J. Costadoat afirma ser notório que alguns teólogos da libertação admitem que Deus se manifesta na história, referindo-se não apenas aos acontecimentos do passado mas também aos do presente. Assim, admitem a possibilidade de uma revelação de Deus análoga à das Escrituras[484]. Se assim o for, ele argumenta, "se na história Deus exige uma resposta histórica da Igreja, é porque a Igreja constitui uma espécie de 'lugar teológico', um lugar onde se encontra a voz de Deus, um 'onde' Deus se comunica com 'autoridade' e, portanto, deve ser ouvido e obedecido"[485]. Entretanto, para além disso, muitos desses teólogos da libertação não hesitam em afirmar que os pobres constituem um "lugar teológico fundamental", ou seja, "o lugar mais próprio para fazer a reflexão sobre a fé, para fazer teologia cristã"[486]. Assim – prossegue J. Costadoat, levantando sua hipótese –, se o mundo dos pobres é um "lugar teológico", e mais, se ele tem essa função fundamental atribuída a ele, "o mundo dos pobres é *fonte 'declarativa'*, e, então, trata-se de um lugar teológico *'próprio'*. Isso significa que o mundo dos pobres constituiria uma *fonte* de conhecimento teológico"[487].

Com essa hipótese, retomamos uma questão que havíamos levantado no fim do capítulo 1. Naquela oportunidade, ao concluir as especificidades de uma Teologia Fundamental, perguntamos se haveria um conceito de revelação diferente na América Latina que justificasse uma Teologia Fundamental Latino-americana. Afirmamos, no capítulo 3, que a América Latina constitui um "lugar hermenêutico" diferente, e, mais que isso, um "lugar social" próprio, enquanto espaço físico-geográfico, enquanto lugar organizado socialmente e enquanto ponto de vista intelectivo[488]. Além do mais, já havíamos destacado, nesse mesmo capítu-

---

483. COSTADOAT, J., Dios habla hoy, p. 199-200.

484. COSTADOAT, J., Novedad de la Teología de la liberación en la concepción de la revelación, p. 28.

485. COSTADOAT, J., ¿Hacia un nuevo concepto de revelación?, p. 107.

486. AQUINO JÚNIOR, F., A teologia como intelecção do reinado de Deus, p. 303. Na América Latina, a expressão passou a ser utilizada também para indicar, de modo especial, o "lugar social" da revelação, da fé e da teologia (AQUINO JÚNIOR, F., Teologia em saída para as periferias, p. 63).

487. COSTADOAT, J., Dios habla hoy, p. 187, grifo nosso.

488. AQUINO JÚNIOR, F., O caráter práxico-social da teologia, p. 97-116. Cf. tb. capítulo 3 deste trabalho, item 3.1.1.1., especialmente a nota 285.

lo, quando nos referimos à questão do método teológico latino-americano, que os pobres são chave hermenêutica para a reflexão latino-americana, pois se deve sempre "aprender que existe o Sul; aprender a ir para o Sul e aprender a partir do Sul e com o Sul"[489]. Entretanto, ser um novo "lugar hermenêutico" não significa ser um "lugar teológico", como descrevemos antes. Contudo, a suspeita de J. Costadoat é que isso tenha acontecido neste continente, e quando isso ocorre, "quando se reconhece em um 'lugar hermenêutico' um tipo de revelação de Deus, estamos diante da maior novidade metodológica da teologia da libertação"[490]. Julgamos importante, neste momento, retornar a uma citação que fizemos no fim do capítulo 1. Àquela altura, ela ainda era obscura, mas tinha a função de projetar em que direção iríamos; aqui, ela tem a função de esclarecer a novidade que estamos querendo apontar. Assim afirma J. Costadoat:

> Deus fala hoje. Quando a Teologia da Libertação compreende que a atenção a esta "revelação" constitui a sua tarefa principal, torna-se ainda mais nova do que quando é posta a serviço da compreensão da Bíblia "desde" os pobres. É original na história da teologia sustentar que "desde" os pobres se entende melhor o Evangelho. Mas é ainda mais original reconhecer "na" voz dos pobres a voz de Deus. Pode-se dizer, consequentemente, que na Teologia da Libertação, pelo menos em alguns autores, houve uma nova concepção de revelação[491].

De fato, ao considerar a história atual como lugar da presença de Deus, a teologia contemporânea, em especial a latino-americana, realizou uma "virada" completa em relação a uma hermenêutica exclusiva da Palavra escrita. Assim, para a TdL, "a prioridade será dada ao 'texto' da história, que só pode ser decifrado com o 'texto' sagrado, ambos considerados frutos da única Palavra de Deus"; dito de outro modo, "a nova teologia vai querer ser uma interpretação teológica do presente"[492].

Contudo, conforme já destacamos, entender os pobres e excluídos como "lugares teológicos próprios" é uma questão em investigação. Isso, porque tal tema é um dos mais polêmicos na teologia latino-americana, visto que diz respeito "à *parcialidade* da revelação, da fé e da teologia judaico-cristãs pelos pobres e margi-

---

489. BINGEMER, M. C. L., Algumas tendências teológicas na América Latina, p. 138. Cf. tb. o capítulo 3, item 3.2.2.2, principalmente a nota 410.

490. COSTADOAT, J., Novedad de la Teología de la Liberación en la concepción de la revelación, p. 30.

491. COSTADOAT, J., Novedad de la Teología de la Liberación en la concepción de la revelación, p. 45.

492. COSTADOAT, J., ¿Hacia un nuevo concepto de revelación?, p. 109.

nalizados"⁴⁹³. Descreveremos brevemente algumas conclusões a que J. Costadoat chega após analisar os escritos de alguns teólogos da libertação.

Num primeiro artigo, em que analisa as obras de J. L. Segundo, A. Parra, J. C. Scannone e J. Sobrino, o autor conclui que a manifestação de Deus na história corrente é descrita mais pela categoria "sinais dos tempos" do que por "lugar teológico", como se vê em J. L. Segundo e J. Sobrino. Além disso, os autores preferem não utilizar o termo "revelação" para se referir à atuação de Deus no presente, recorrendo mais à palavra "manifestação"⁴⁹⁴. Em outro artigo, estudando os teólogos J. H. Aceves, P. Trigo e C. Mesters, constata uma distinção que J. H. Aceves introduz ao utilizar a expressão "lugares teológicos": a Palavra de Deus se refere à revelação em "sentido pleno", e os acontecimentos históricos, à revelação em "sentido derivado". Entretanto, em ambos, Deus se revela, de maneira que os acontecimentos históricos são considerados um "lugar teológico polivalente", fonte de conhecimento teológico. Em P. Trigo, destaca aquilo que o autor chama de "ação espiritual" dos cristãos que se realiza na "atualidade de Deus", uma práxis que, sob o impulso do Espírito, atualiza o seguimento de Jesus. Já em C. Mesters, destaca que o autor reconhece uma revelação de Deus hoje na vida dos pobres, que só pode ser percebida porque se reconhece na Bíblia a Palavra de Deus⁴⁹⁵. Em síntese, J. Costadoat percebe que todos os autores valorizam a história e os pobres, todos entendem que há uma relação entre a revelação de Deus e o presente. Porém, quanto ao uso da expressão "lugar teológico", não há consenso; a maioria deles, quando recorre à expressão de M. Cano, parece o fazer no sentido de "lugar hermenêutico".

Por sua vez, F. Aquino Júnior⁴⁹⁶ trata do mundo dos pobres e oprimidos explicitamente tanto como "lugar teologal fundamental" quanto como "lugar teológico fundamental"⁴⁹⁷. Por "lugar teologal fundamental", entende "o lugar pri-

---

493. AQUINO JÚNIOR, F., Teologia em saída para as periferias, p. 61, grifo do autor.

494. COSTADOAT, J., Dios habla hoy.

495. COSTADOAT, J., Novedad de la Teología de la Liberación en la concepción de la revelación.

496. Aquino Júnior utiliza a expressão em um sentido diferente de J. Costadoat. O autor enfatiza que, em M. Cano, a expressão se refere a *textos* nos quais se encontram argumentos teológicos, e, nessa perspectiva, não faria sentido falar, por exemplo, de *vida eclesial* ou *ação litúrgica* como lugares teológicos. Por isso, quando a TdL fala dos pobres como lugar teológico, utiliza uma atualização ou ampliação do conceito, recurso próprio da atividade teológica, na qual é comum a mutação semântica de expressões. Aquino Júnior enfatiza ainda que "é importante ter presente esses diferentes sentidos e deixar claro em que sentido tal expressão está sendo usada" (AQUINO JÚNIOR, F., Teologia em saída para as periferias, p. 65).

497. Note-se que, para evitar confusões terminológicas, F. Aquino Júnior fala de "lugar teológico *fundamental*", e não *próprio*. O autor explica que houve uma mutação semântica da expressão, que desde o Vaticano II vem sendo utilizada "num sentido bem distinto do que ela tem na tradição teológica". Segundo o autor, é nesse ponto que se encontra "a razão de certas incompreensões e até injustiças" (AQUINO JÚNIOR, F., O caráter práxico-social da teologia, p. 114-116).

vilegiado da salvação ou da realização histórica do reinado de Deus", e isso num duplo sentido: como lugar da revelação salvífica do Deus bíblico e como lugar da fé e do seguimento. Quanto ao primeiro, destaca que, na Escritura, os pobres aparecem como o lugar essencial da presença de Deus: uma presença escondida, escandalosa, profética e apocalíptica; quanto ao segundo, acentua o mundo dos pobres como o lugar mais adequado para viver a práxis e o seguimento de Jesus, um "lugar social" privilegiado para se viver a fé. Já por "lugar teológico fundamental", o autor entende "o lugar mais próprio para fazer a reflexão sobre a fé, para fazer teologia cristã"[498]. Descreve que algumas dificuldades em compreender o mundo dos pobres e oprimidos como "lugar teológico fundamental" advêm tanto de um caráter ideológico quanto de um caráter mais propriamente epistêmico. As ideológicas surgem ou em função do mundo da riqueza e do poder, em geral enquanto defesa ou legitimação da prática das classes dominantes, ou a partir de um discurso aparentemente neutro, que julga ser dever da teologia, enquanto saber que se supõe universal e imparcial, não se envolver nos interesses sociais. As objeções de caráter epistêmico dirigem-se mais à compreensão do próprio saber e conhecer, julgados autônomos em relação à atividade empírica. Assim, "*se* o saber e o conhecer *fossem* de tal modo independentes da práxis e autossuficientes, *não teria* sentido falar de uma teologia, *enquanto teoria*, feita a partir dos pobres e oprimidos"[499]. Por fim, o autor dá três razões para defender sua tese. O mundo dos pobres e oprimidos é "lugar teológico fundamental" na medida em que: 1) constitui o lugar teologal fundamental; 2) é o destinatário privilegiado da salvação, a serviço da qual está a teologia; 3) integra o lugar fundamental de historicização da teologia e um princípio fundamental de desideologização dela[500]. Em síntese, afirma o autor:

> Certamente, o lugar social que é o mundo dos pobres e oprimidos não produz automaticamente uma teoria teológica nem garante sua qualidade teórica, mas oferece (1) um lugar privilegiado de acesso ao real (visão, apreensão) a seu "objeto", o reinado de Deus, (2) uma orientação fundamental no desenvolvimento da própria atividade intelectiva, assim como (3) um lugar privilegiado de sua historicização e um princípio fundamental de sua desideologização. É nesse sentido precisamente que afirmamos que ele constitui o lugar teológico fundamental[501].

---

498. AQUINO JÚNIOR, F., A teologia como intelecção do reinado de Deus, p. 303.
499. AQUINO JÚNIOR, F., A teologia como intelecção do reinado de Deus, p. 306, grifo do autor.
500. AQUINO JÚNIOR, F., A teologia como intelecção do reinado de Deus, p. 296-314.
501. AQUINO JÚNIOR, F., A teologia como intelecção do reinado de Deus, p. 314.

Portanto, se não podemos falar dos pobres enquanto "lugar teológico (próprio)", no sentido tradicional da expressão sistematizada por M. Cano, podemos e devemos entendê-los como um "lugar teológico fundamental", sem, com isso, diminuir em nada a importância teológica deles enquanto "fontes" presentes na história, pois "o lugar social que constitui os pobres e oprimidos é *um momento* constitutivo e determinante, a seu modo, da TdL e de seu método"[502]. A vida dos excluídos, conforme aponta V. G. Feller, não é apenas um lugar de acesso do ser humano a Deus; "é o lugar próprio, senão único, da vinda de Deus à história humana"[503].

4.2. Características de uma Teologia Fundamental Latino-americana

Como vimos no capítulo 1, existem diversos modelos de Teologia Fundamental, cada um deles trabalhando com certas especificidades que os caracterizam. Na verdade, o recurso aos modelos é didático, uma forma de tentar organizar o vasto trabalho desenvolvido em esquemas que ajudam a compreender não só a sua trajetória histórica mas também "os diferentes objetivos secundários, debaixo da capa maior de finalidades comuns e permanentes desse tratado teológico"[504]. Com efeito, os teólogos não desenvolvem sua reflexão a partir de modelos, mas, ao contrário, depois de haver uma vasta produção na área, outros teólogos tentam classificar as obras, a fim de compreender melhor o escopo, o alcance e, principalmente, os limites desse fazer teológico. Sendo assim, falar de um modelo de Teologia Fundamental Latino-americana seria algo *a posteriori*, realizado a partir das observações da prática teológica neste continente. J. B. Libanio, ao tratar dos modelos, não especificou um modelo próprio da TdL latino-americana, embora tenha observado que alguns deles também eram utilizados pelos teólogos da libertação. Ao falar de "modelo político", por exemplo, buscando responder à questão de como dar razão da esperança em um continente de oprimidos, o teólogo apontou: "a teologia da libertação tem procurado desenvolver uma teologia fundamental que respondesse a tal problemática. *São inícios, ainda não bem sis-*

---

502. AQUINO JÚNIOR, F., A teologia como intelecção do reinado de Deus, p. 317, grifo do autor. Obviamente, os pobres, dentro das Escrituras, sempre fizeram parte da revelação de Deus. O que pretendemos acentuar aqui é que, da mesma maneira como percebemos o lugar e o papel dos excluídos "no momento fundante", devemos percebê-los e valorizá-los também "no momento interpretativo da revelação divina" (FELLER, V. G., A revelação de Deus a partir dos excluídos, p. 26).

503. FELLER, V. G., A revelação de Deus a partir dos excluídos, p. 86

504. LIBANIO, J. B., Teologia da Revelação a partir da Modernidade, p. 66.

tematizados. Mas as *intuições centrais* são oferecidas pelas obras de G. Gutiérrez, L. Boff, J. Sobrino e outros"[505]. Obviamente, trata-se de pensar em uma Teologia Fundamental *desde* a América Latina[506], com o propósito de reler o conceito de revelação, acontecimento que deve ser compreendido de maneira orgânica, a partir da realidade que experimentamos como "lugar teológico"[507]. Em outras palavras, estamos falando de uma Teologia Fundamental que seja prática e, por isso mesmo, política.

De modo geral, conforme aponta J. B. Metz, qualquer nova teologia, em um primeiro momento, não parece ser teologia nenhuma; sobretudo se tiver uma forma política fora dos moldes esperados[508]. Por isso, a tendência política de uma teologia só será considerada correta quando também sua tendência teológica for correta – e não o contrário. Assim, uma teologia que seja política deve sempre explicitar e desenvolver criticamente seu ponto de partida enquanto uma Teologia Fundamental prática que busca enfrentar os problemas estruturantes do cristianismo no confronto com o mundo contemporâneo. Para esse tipo de teologia, "práxis" e "sujeito" são categorias essenciais, visto que a Teologia Fundamental prática deverá ser sempre uma teologia política do sujeito em ação. De fato, a fé deve ser formulada de tal jeito que "não seja 'comprada' pelo fechar dos olhos àquelas experiências sociais de contraste, através das quais ela hoje deve ser 'preservada' ou feita desaparecer"[509].

Essa Teologia Fundamental, que é prática e política, ganha contornos específicos no contexto da América Latina, continente submetido a um sistema que "vomita homens", na expressão de E. Galeano. Aqui, o desenvolvimento do capitalismo significa apenas marginalização de pessoas pobres, pois o sistema não é capaz de integrá-las; "terras ricas e subsolos riquíssimos" estranhamente convivem com "homens muito pobres neste reino da abundância e desamparo"; e esse

---

505. LIBANIO, J. B., Teologia da Revelação a partir da Modernidade, p. 70, grifo nosso. Note-se que a primeira edição desse livro é de 1992, portanto o contexto da citação é de trinta anos atrás.

506. Em um congresso internacional intitulado "Paixão de Cristo, paixão pela humanidade", "Libanio foi indagado no início de sua conferência: 'Esperamos que o senhor não nos venha falar da teologia *da* América Latina'. Respondeu J. B. Libanio: 'De fato, eu não vou falar da teologia *da* América Latina, mas vou falar da teologia *desde a* América Latina'" (XAVIER, D., Teologia Fundamental, p. 225, grifo nosso).

507. XAVIER, D., Teologia Fundamental, p. 226. O autor está, na verdade, citando indiretamente J. B. Libanio.

508. Um dos preconceitos presentes na prática eclesiástica é considerar que uma determinada orientação teológica já é correta pelo simples fato de nela aparecer "uma tendência política mais ou menos direitista e [...] conservadora" (METZ, J. B., A fé em história e sociedade, p. 61-62).

509. METZ, J. B., A fé em história e sociedade, p. 61-64.

sistema, que, como dissemos, regurgita uma "maioria de derrotados", "opta por esconder o lixo debaixo do tapete"[510]. Em suma,

> a cidade torna os pobres ainda mais pobres, pois cruelmente lhes oferece miragens de riqueza às quais jamais terão acesso, automóveis, mansões, máquinas poderosas como Deus e o diabo, ao mesmo tempo em que lhe nega um emprego seguro, um teto decente para se recolher e pratos cheios na mesa de cada meio-dia[511].

Por isso, fazer teologia *desde* a América Latina implica reconhecer a realidade histórica desse povo como ponto-chave para uma "teologia hermenêutico-libertadora", em cujo centro está a evangélica e radical opção pelos pobres[512]. Com efeito, já a primeira geração de teólogos da libertação, embora formada pelo pensamento europeu, desenvolveu uma sensibilidade especial para com a realidade de pobreza e exclusão e uma espiritualidade evangélica e perspicaz, capaz de privilegiar "a experiência sociopolítica do compromisso cristão, embora sem ignorar a dimensão pneumatológica e mística do referido seguimento"[513].

Neste texto, como já dissemos, temos nos limitado a trabalhar apenas alguns aspectos da Teologia Fundamental, sem aprofundarmos os desdobramentos concretos da revelação, investigados por essa disciplina, tais como Escritura, cânon, inspiração, inerrância, Tradição, Magistério, fé, entre outros. Olhando apenas para o que nos propomos a abordar, perguntamos: Quais seriam as características centrais de uma Teologia Fundamental Latino-americana? Sem pretensão nenhuma de apresentar algo completo, devido ao caráter limitado desta pesquisa, listamos nossas principais conclusões, levantadas a partir de tudo aquilo que descrevemos até aqui.

4.2.1. Quanto à manifestação/revelação de Deus na história atual

Conforme dissemos, o uso do termo "revelação" para se referir à atuação de Deus "aqui e agora" não é consenso entre os teólogos latino-americanos; de fato, alguns preferem utilizar a palavra "manifestação". Contudo, seja por um vocábulo, seja por outro, de maneira geral a TdL dá certa ênfase ao "texto da história" – sem-

---

510. GALEANO, E., As veias abertas da América Latina, p. 347-353. Essa descrição da América Latina, a nosso ver, continua atual.

511. GALEANO, E., As veias abertas da América Latina, p. 349.

512. XAVIER, D., Teologia Fundamental, p. 226.

513. MENDOZA-ÁLVAREZ, C., Teologia e pós-modernidade na América Latina e no Caribe.

pre na sua correlação com o "texto sagrado", obviamente –, fazendo uma verdadeira interpretação teológica do presente[514]. Na verdade, já a partir do holocausto de judeus (*Shoah*) durante a Segunda Guerra Mundial (1939-1945), a teologia europeia havia realizado uma grande reflexão sobre o lugar de Deus na história atual, iniciada por aqueles que perderam suas vidas nos campos de concentração, como D. Bonhoeffer, e desenvolvida por outros que sobreviveram àquele genocídio, como J. B. Metz[515].

Também no Concílio Vaticano II a história é valorizada, mesmo que, inicialmente, por motivos pastorais. A Constituição *Gaudium et Spes* é o documento mais emblemático dessa guinada da Igreja, que, a fim de desempenhar sua missão de servir ao mundo, assumiu o "dever de perscrutar os sinais dos tempos e interpretá-los à luz do Evangelho" e de "entender o mundo no qual vivemos", bem como "suas esperanças, suas aspirações e sua índole frequentemente dramática"[516]. Com isso, reconheceu-se que, "assim como é de interesse do mundo admitir a Igreja como realidade social da história e seu fermento, também a própria Igreja não ignora o quanto o mundo tenha recebido da história e da evolução da humanidade". Mais adiante, concluiu-se:

> Compete ao Povo de Deus, principalmente aos pastores e teólogos, com o auxílio do Espírito Santo, auscultar, discernir e interpretar as várias linguagens do nosso tempo, e julgá-las à luz da palavra divina, para que a Verdade revelada possa ser percebida sempre mais profundamente, melhor entendida e proposta de modo mais adequado[517].

A partir de então, a Igreja reconheceu um caráter escatológico na história: "o Reino de Deus, como destino que se antecipa no presente [...], passou a constituir o foco que deu unidade à história e à salvação [...]. A imanentização do mundo moderno ajudou a compreender que a salvação podia ser verificada como humanização"[518]. Tal valorização da história ganhou especificidades na América

---

514. COSTADOAT, J., ¿Hacia un nuevo concepto de revelación?, p. 109.

515. MENDOZA-ÁLVAREZ, C., Teologia e pós-modernidade na América Latina e no Caribe.

516. GS 4.

517. GS 44.

518. COSTADOAT, J., ¿Hacia un nuevo concepto de revelación?, p. 108. Com isso, a ideia de duas histórias paralelas, uma da salvação e outra humana, acabou. De acordo com K. Rahner, se a historicidade é uma dimensão intrínseca e constitutiva do ser humano, então a salvação não pode estar separada da história; antes, é nela que ele deve realizar sua salvação. Por isso, há uma unicidade na história, uma coexistência, embora sem excluir as diferenças entre história da salvação e história geral (RAHNER, K., Curso fundamental da fé, p. 55-57).

Latina, que passou a interpretá-la "a partir do sofrimento dos inocentes como alteridades invisíveis"[519]:

> Com todas as limitações que podem ser notadas, o "*topos*" da história e da sociedade aludidos na GS 44 adquiriram visibilidade e relevância no período pós-conciliar, por exemplo, tanto na teologia política europeia como na teologia da libertação latino-americana. A obediência à autoridade dos que sofrem, das vítimas, no primeiro, e a irrupção dos pobres e sua correlativa opção preferencial, no segundo, constituem lugares, sujeitos emergentes e comunidades linguísticas concretas, das quais brota uma lucidez, uma certa capacidade de ver, que, segundo a providência de Deus, não vem de outra fonte [...]. É a força "subversiva", também subversora do ver e do pensar, que vem do sofrimento evocado[520].

Considerando, portanto, a valorização que a história tem na TdL, caberia a uma Teologia Fundamental Latino-americana investigar mais a fundo o papel hermenêutico e o estatuto teológico que a história já tem em seu fazer teológico. Por que essa "manifestação" de Deus não é considerada "revelação"? Existiria algum "dualismo moderado" que impedisse de ver uma plena realização de Deus no presente – "sem mistura, sem mudança, sem divisão, sem separação" – da mesma maneira que se tem certeza da plena realização de Deus em Jesus Cristo?[521]. Assim, ao afirmar a centralidade da ação de Deus na história presente, em nada se negaria ou diminuiria a economia cristã, que – tal qual aprofundamos no capítulo 2 –, "como aliança nova e definitiva, jamais passará", de sorte que "já não há que esperar nenhuma nova revelação pública antes da gloriosa manifestação de Nosso Senhor Jesus Cristo"[522]. O Deus da revelação, conforme conhecemos através da Escritura, é um Deus histórico, um Deus que "mostra sua face através da vida e da luta de homens e mulheres concretos e nos eventos contingentes da história da humanidade"[523]. Por isso, se a teologia europeia contemporânea prefere ir da

---

519. MENDOZA-ÁLVAREZ, C., Teologia e pós-modernidade na América Latina e no Caribe.

520. SCHICKENDANTZ, C., Una eclipse com dos focos, p. 108.

521. Fazemos aqui referência ao dogma de Calcedônia (DH 302) apenas para apontar o seguinte: da mesma maneira que não se pode pensar que Cristo é menos humano ao afirmar sua divindade (e vice-versa), não se poderia opor uma manifestação/revelação no presente à sua automanifestação na plenitude dos tempos. Fazemos referência também ao "dualismo moderado", que se infiltrou na teologia e na vida da Igreja. Nesse tipo de dualismo, dando um exemplo da relação corpo-alma, a matéria não é desprezada, mas não é valorizada na mesma medida do espírito. Cf. RUBIO, A. G., Unidade na pluralidade, p. 102-103. Não aconteceria o mesmo na relação entre "revelação" na plenitude dos tempos e "manifestação" na história presente?

522. DV 4.

523. BINGEMER, M. C. L., Crer e dizer Deus Pai, Filho e Espírito Santo, p. 199.

revelação de Deus em Cristo para a fé, e da fé para a história, valorizando-a, a TdL poderia, sem desmerecer esse caminho, fazer o reverso: ir da história à revelação, passando pela fé. Conforme aponta J. L. Segundo:

> O "depósito" da revelação terá terminado, mas Deus continua conduzindo os homens em direção à plenitude da verdade. E, nessa ordem que proponho, o que parece o último é, na realidade, o primeiro desses condicionamentos que, além do mais, são garantia de libertação e de verdade[524].

Atribuindo à história um valor de acesso à revelação, ou ainda, redescobrindo nela sua dimensão escatológica, a práxis adquire um papel central. Assim, se a história é abertura ao futuro, ela aparece a nós como tarefa eminentemente política, pois, conforme aponta G. Gutiérrez, "construindo-a, o homem orienta-se e abre-se ao dom que dá sentido último à história: o encontro definitivo e pleno com o Senhor e com os outros homens"[525]. É este tipo de teologia, que parte da história, de uma problemática peculiar, que produziu uma "*teologia em perspectiva latino-americana* que se deseja e necessita"[526]. Entretanto, a interpretação de Deus na história atual é um dado dinâmico, que exige constante atenção e autocrítica a certo idealismo teológico. Por isso, pode acontecer que "a teologia, mesmo a da libertação", hoje já não saiba mais "ler os acontecimentos do mundo"[527].

4.2.2. Quanto à opção preferencial pelos pobres

Como vimos no capítulo 1, a justificação da fé realizada a um primeiro nível de reflexão na América Latina depara-se com alguns desafios para além daqueles que acontecem na Europa. A Modernidade trouxe, para a fé cristã europeia, o problema de entender a justa relação entre o fato particular do evento Cristo e sua pretensão universal, a dificuldade de explicar o "caráter obrigatório da fé", a tarefa de relacionar adequadamente a metodologia da teologia com as ciências literárias contemporâneas e a questão de adequar o discurso da fé com a nova mentalidade anti-intervencionista. Por isso,

> O interlocutor privilegiado da teologia europeia é o ser humano burguês não crente – ateu, agnóstico, religiosamente indiferente – de ideologia neoliberal. O principal desafio vem da incredulidade nas suas várias manifesta-

---

524. SEGUNDO, J. L., O dogma que liberta, p. 395.

525. GUTIÉRREZ, G., Teología de la Liberación, p. 32.

526. GUTIÉRREZ, G., Teología de la Liberación, p. 39, grifo do autor.

527. GEBARA, I., 50 anos de LIBERTAÇÃO de quem?, p. 40.

ções. As questões que tenta responder são: como falar de Deus num mundo que atingiu a maioridade, emancipado da religião, e como tornar Deus acessível num ambiente de incredulidade[528].

De modo distinto, neste continente os grandes obstáculos que se impuseram como desafio para uma Teologia Fundamental Latino-americana foram: a constatação de uma ineficácia da fé para realizar uma transformação das estruturas sociais injustas e, consequentemente, de certa conivência do cristianismo com tal situação; o reconhecimento de uma enorme massa de pobres em meio à maior população cristã do mundo; e a conscientização acerca do domínio cultural que assola os povos latino-americanos[529]. Assim,

> os interlocutores privilegiados da TdL são as maiorias oprimidas da América Latina: os povos ausentes e anônimos da história, as classes exploradas, as culturas destruídas, as religiões eliminadas, os grupos étnicos colonizados, os conhecimentos negados, as sabedorias desprezadas, os povos marginalizados, as mulheres pluralisticamente discriminadas. A questão é: como anunciar o Deus da vida, da paz e da solidariedade num mundo dominado pela injustiça, pela falta de solidariedade e pela violência estrutural contra as maiorias populares?[530]

Em parte, a nova compreensão de revelação advinda do Vaticano II, como vimos no capítulo 2, responde ao drama da busca da *razoabilidade* da fé que a Europa necessitava, pois aí se apontou a revelação não como algo extrínseco à vida humana, mas como uma palavra que Deus dirige à humanidade de forma íntima, *afetiva*, e ao mesmo tempo histórica e concreta, *efetiva*. Entretanto, essa mesma resposta não serve para a América Latina[531], porque esta parte de outro lugar, isto é, do "reverso da história e da modernidade festiva do Primeiro Mundo"[532], e de

---

528. TAMAYO, J. J., Teologias da libertação e pensamento decolonial, p. 244.

529. LIBANIO, J. B., Teologia da Revelação a partir da Modernidade, p. 24-26. Cf. tb. o capítulo 1, item 1.1 desta pesquisa.

530. TAMAYO, J. J., Teologias da libertação e pensamento decolonial, p. 244.

531. A teologia europeia tratou da revelação em diálogo com a Modernidade, abordando "história, linguagem, interpretação, palavra, testemunho, encontro, criação, religiões", relacionando a revelação com os dados fundamentais da fé, "mas permanecem no âmbito universal, sem descer ao concreto da vida" (FELLER, V. G., A revelação de Deus a partir dos excluídos, p. 27). V. G. Feller argumenta que, embora alguns teólogos europeus tenham reconhecido a importância dos pobres no tema da revelação, alguns deles ainda, ao apresentarem "os lugares de acesso à revelação de Deus", não assumem a situação dos pobres, citando apenas como lugar de encontro com Deus o esquema tradicional: "os textos magisteriais, a liturgia, os Padres, os teólogos e espirituais, a história e a vida da Igreja!" (FELLER, V. G., A revelação de Deus a partir dos excluídos, p. 29).

532. LIBANIO, J. B., Teologia da Revelação a partir da Modernidade, p. 79.

outra pergunta, a saber: Como crer em tal revelação a partir da periferia do mundo, a partir do lugar dos pobres e condenados da história?[533]

Foram, de certa maneira, essa perspectiva e essa questão que levaram a Igreja latino-americana a assumir, como sua identidade mais profunda, a evangélica "opção preferencial pelos pobres". Como vimos no capítulo 3, a TdL não procurou responder, literal e simplesmente, aos desafios da Modernidade, mas buscou ouvir, a partir de sua opção fundamental, o "grito das vítimas da civilização criada por este homem moderno"[534]; e, por isso, fez um esforço para abordar todos os tratados teológicos "a partir da 'opção pelos pobres' como chave hermenêutica da autêntica recepção da mensagem cristã"[535]. Dessa forma, de Medellín a Aparecida, ou melhor, da recepção do Concílio Vaticano II na América Latina ao pontificado do argentino Papa Francisco, foi se percebendo que a Igreja não pode "ficar indiferente ante as tremendas injustiças sociais existentes na América Latina"[536]; que se faz necessária uma "mudança das estruturas sociais, políticas e econômicas injustas"[537]; que a base e o estímulo da autêntica opção pelos pobres estão na própria Doutrina Social da Igreja[538]; que tal opção, implícita na fé cristológica, é "uma das peculiaridades que marca a fisionomia da Igreja latino-americana e caribenha"[539]; e que "ninguém pode sentir-se exonerado da preocupação pelos pobres e pela justiça social"[540]. Isso só foi possível porque se notou, por detrás das macroestruturas de injustiças, o rosto e o nome de pessoas pobres e concretas, de modo que a teologia pôde abandonar o discurso acerca daquela "pobreza sem cara", objeto de estudo, e assumir "a carne dolorosa de tantos e tantos"[541].

Com essa opção bem-definida, surgiu o desafio para a Teologia Fundamental de pensar o papel hermenêutico, o lugar social e o estatuto teológico do pobre em sua reflexão[542]. Como vimos, ainda não há um consenso entre os teólogos da

---

533. BOFF, L., A fé na periferia do mundo; BOFF, L., Do lugar do pobre, p. 103-151. Cf. tb., neste trabalho, o capítulo 3, item 3.1.1.

534. RUBIO, A. G., Unidade na pluralidade, p. 63.

535. NÓBREGA, D., Teologia Fundamental.

536. DM XIV, Pobreza da Igreja, seção I, 1-2.

537. DP 1155.

538. DSD 50.

539. DAp 391.

540. EG 201.

541. LIBANIO, J. B., Teologia da Revelação a partir da Modernidade, p. 25.

542. Há que se destacar, conforme V. G. Feller aponta, que "os excluídos da sociedade não são apenas destinatários da revelação de Deus, são sobretudo sujeitos dessa revelação, enquanto fazem parte do método e do conteúdo da automanifestação de Deus à história" (FELLER, V. G., A revelação de Deus a partir dos excluídos, p. 30).

libertação não só quanto à terminologia adequada, mas também quanto ao significado dos termos utilizados. De certa forma, ainda é um desafio compreender e explicar de que maneira os pobres são, efetivamente, "o lugar hermenêutico e epistêmico da fé e da teologia"[543], se os teólogos estão, na realidade, em um "lugar social" diferente; ainda é uma questão aberta à razoabilidade da fé compreender a densidade epistemológica de atribuir à revelação, enquanto autocomunicação amorosa de Deus realizada na plenitude dos tempos, um papel importante nas lutas populares atuais, enquanto processo efetivo de libertação, e vice-versa – compreender o papel teologal dessas lutas[544]; por fim, é uma grande dificuldade determinar a que se refere a TdL ao afirmar que o mundo dos pobres e dos oprimidos é um "lugar teológico" – sem reduzir a realidade dos excluídos a um simples "lugar hermenêutico" ou "lugar social", nem confundi-lo com "as fontes" (tradicionais) fundamentais da revelação –, mesmo quando se procura apontar tal mundo, conforme o faz F. Aquino Júnior, como lugar de acesso ao reinado de Deus, como orientação fundamental da atividade intelectiva e como lugar privilegiado de historicização da salvação[545]. Há, portanto, um grande desafio aberto, campo próprio para uma Teologia Fundamental Latino-americana.

4.2.3. Quanto ao método

Toda a discussão que fizemos no capítulo 3 acerca do instrumental metodológico aponta para a importância dessa questão em uma Teologia Fundamental Latino-americana. De fato, o aprofundamento das reflexões acerca da revelação só faz sentido quando estas estão contextualizadas; isto é, quando podem ser confrontadas e descritas a partir de uma análise profunda da realidade. Obviamente, conforme já apontamos, investigar as questões sociais a partir de um instrumental socioanalítico não é, para a reflexão da fé, uma fase "pré-teológica"; é a própria fé que busca compreender (*fides quaerens intellectum*) não só a si mesma mas também o mundo no qual está inserida e do qual ela recebe sentido. Além disso, essa análise é igualmente uma topologia hermenêutica da realidade, compreendida a partir de uma "epistemologia do Sul", capaz de denunciar a desconsideração dos contextos, a generalização dos acontecimentos e o eurocentrismo e o colonialis-

---

543. TAMAYO, J. J., Recepción en Europa de la Teología de la Liberación, p. 77.

544. AQUINO JÚNIOR, F. A., La dimensión teologal de las resistencias y las luchas populares, p. 73.

545. AQUINO JÚNIOR, F., A teologia como intelecção do reinado de Deus, p. 314. De fato, deve-se ter em mente que "é colocando-se do lado dos excluídos e engajando-se na luta pela sua libertação sociopolítica que se tem o melhor acesso ao Deus vivo e verdadeiro" (FELLER, V. G., A revelação de Deus a partir dos excluídos, p. 53).

mo adjacentes em uma leitura supostamente neutra do mundo moderno[546]. O fato de essa análise já ser uma hermenêutica e uma teologia em nada diminui seu rigor. Antes, o teólogo deve buscar compreender a sociedade em suas interconexões que a fazem um corpo em rede, a partir dos melhores estudos e dos melhores especialistas.

Ora, a sociologia, se quisermos seguir as conclusões de M. Castells, defende que o novo modelo capitalista que há no mundo, ou seja, o aspecto econômico da nova "sociedade em rede", longe de propiciar maior integração entre os indivíduos, penetra em todos os níveis da sociedade, "abalando instituições, transformando culturas, criando riqueza e induzindo à pobreza, incitando a ganância, a inovação e a esperança, e ao mesmo tempo impondo o rigor e instilando o desespero"[547]. O que se vê é que "a nova ordem social, a sociedade em rede, parece cada vez mais uma metadesordem social à maioria dos indivíduos"[548]. O teólogo, portanto, já se aproxima dessa leitura criticamente à luz da fé, buscando entender aquilo que, em sua linguagem, caracteriza como pecado, desumanização ou, ainda, estado de não salvação.

Também uma Teologia Fundamental que se julgue genuinamente latino--americana não poderá abrir mão de uma metodologia que a ajude a compreender as especificidades de seu continente, sobretudo porque este é, conforme dissemos, o reverso do mundo, o "lado obscuro dos desmandos e da exploração"[549]. Por isso, "a reflexão teológica fundamental tem cada vez mais consciência de que, junto com o *auditus fidei*, realiza-se também um verdadeiro *auditus temporis e alterius*", ou seja, a escuta da fé só se realiza como primeiro elemento constitutivo da Teologia Fundamental quando é, ao mesmo tempo, uma verdadeira escuta do tempo e do outro[550]. Por acaso a teologia latino-americana deveria abrir mão do método que lhe permitiu ter consciência da própria realidade socioeconômica, mesmo sob pretexto de essa ser supostamente marxista? Não teriam os teólogos da América do Sul criticidade suficiente para rejeitar

---

546. Sobre a "topologia hermenêutica", cf. MELO, R. F., Lugar e espacialidade, p. 69-72. Sobre a suposta isenção das ciências sociais, vale destacar o que afirma D. Ribeiro no prefácio de seu próprio livro: "Não se iluda comigo, leitor. Além de antropólogo, sou homem de fé e de partido. Faço política e faço ciência movido por razões éticas e por um patriotismo. Não procure, aqui, análises isentas. Este é um livro que quer ser participante, que aspira influir sobre as pessoas, que aspira ajudar o Brasil a encontrar-se a si mesmo" (RIBEIRO, D., O povo brasileiro, p. 17).

547. CASTELLS, M., A Era da Informação: Economia, Sociedade e Cultura: o poder da identidade, p. xxx.

548. CASTELLS, M., A Era da Informação: Economia, Sociedade e Cultura: sociedade em rede, p. 614.

549. LIBANIO, J. B., Teologia da Revelação a partir da Modernidade, p. 154.

550. XAVIER, D., Teologia Fundamental, p. 242. O autor aponta que tal postura é possível encontrar no Papa Francisco, a que ele chama de "Papa da Teologia Fundamental do terceiro milênio".

seus pressupostos ateístas e totalizantes? Acaso os pensadores da América do Sul não conseguem construir sua própria epistemologia? Ademais, a utilização desse método teve uma influência grande na forma de o povo perceber a ação de Deus em sua história, de maneira que podemos afirmar que "este método melhorou a visão que tínhamos da revelação de Deus"[551]. Essa é a razão pela qual acreditamos que uma Teologia Fundamental Latino-americana não abrirá mão de discutir seu aparato metodológico, através do qual poderá conhecer mais a fundo a realidade em que está – realidade esta para a qual pretende fazer uma justificação da razoabilidade da fé.

4.2.4. Quanto à identidade e às funções

Por causa do seu estatuto de "hermenêutica de fronteira", a Teologia Fundamental, como vimos no capítulo 1, apresenta-se em uma pluralidade de modelos e acaba por abordar múltiplas questões, o que coloca a sua identidade em discussão. De fato, muitas vezes o próprio teólogo fundamental pode ficar inseguro quanto à identidade epistemológica de sua disciplina[552]. Por um tempo, o objetivo central da Teologia Fundamental foi buscar "a pretensão de verdade da revelação como proposta sensata de credibilidade"[553]. Contudo, com o Concílio Vaticano II, a disciplina assumiu um caráter mais *eclesial*, pautado tanto na dimensão interna da fé vivida em comunidade (*Lumen Gentium*) quanto no diálogo com o mundo moderno (*Gaudium et Spes*). Assim, a Teologia Fundamental tornou-se uma disciplina que investiga "significatividade – credibilidade – razoabilidade da proposta cristã em seu conjunto", sempre a partir de uma realidade histórica concreta e contextualizada, buscando relacionar o acontecimento Cristo e o conjunto da revelação com o mundo contemporâneo, com a história e com o caminhar da Igreja atual[554].

A identidade de uma Teologia Fundamental Latino-americana, portanto, explicita-se na sua inserção *eclesial* local. Assim, se a opção pelos pobres é "uma das peculiaridades que marca a fisionomia da Igreja latino-americana e caribenha"[555], da mesma forma, como já dissemos, essa será uma marca identitária dessa teologia; se as raízes mais profundas dessa opção se encontram na

---

551. MESTERS, C.; OROFINO, F., A opção pelos pobres e a leitura popular da Bíblia na dinâmica da Teologia da Libertação, p. 124.

552. FISICHELLA, R., Introdução à Teologia Fundamental, p. 53.

553. PIÉ-NINOT, S., La Teología Fundamental, p. 74-80.

554. PIÉ-NINOT, S., La Teología Fundamental, p. 80.

555. DAp 391.

"tradição profética dos evangelizadores e missionários dos primeiros tempos coloniais [...], que questionavam o tipo de presença adotado pela Igreja e o modo como eram tratados os povos indígenas, negros, mestiços e as massas pobres rurais e urbanas"[556], então a identidade de uma Teologia Fundamental neste continente se baseará não na apologética mas no *testemunho* – inclusive no martírio – daquelas pessoas que viveram com profundidade um cristianismo libertador; se a eclesiologia típica do Sul é organizada (também, mas não só) em torno de CEBs, que "nos recordam permanentemente a necessidade da comunidade, da comunhão e da consciência de que a Santíssima Trindade é a melhor comunidade"[557], a nossa justificativa da fé a um primeiro nível de reflexão será necessariamente comunitária e participativa.

Há que se lembrar também que a Teologia Fundamental exerce uma dupla função, a saber, a "fundacional-hermenêutica", que dialoga com a dogmática, exercendo uma função crítica da própria teologia, e a "dialogal-contextual", que procura interagir dialeticamente com as grandes questões da modernidade. Na América Latina, a função "fundacional-hermenêutica" deve contribuir, em um diálogo interno da própria TdL, para uma revisão crítica do fazer teológico latino-americano, analisando a condição de possibilidade histórica e transcendental da fé em um contexto de exploração e domínio; e buscando "desvendar a significação permanente dos enunciados da fé a partir da inteligência que o homem tem de si e de sua relação com o mundo"[558]. Por sua vez, a função "dialogal-contextual" deverá se explicitar na procura de interação com os temas fronteiriços, tais como diferentes culturas e religiões presentes no continente, bem como com as diversas ciências, sempre realizada na chave do *testemunho*. Nesse sentido, vale destacar que a fé, para uma Teologia Fundamental Latino-americana, deve ser não tanto o conhecimento e a confissão da ação salvífica de Deus (*Credere Deum*), nem mesmo a atitude de confiança e submissão à Palavra de Deus e a seus preceitos (*Credere Deo*); quanto, principalmente, a fé como comunhão de vida com Deus, orientada para a escatologia (*Credere in Deum*), um itinerário da fé (práxis) que tem em Cristo sua meta[559].

---

556. BINGEMER, M. C. L., Teologia Latino-americana, p. 12.

557. BOFF, L., Eclesiogênese, p. 90. Neste trabalho, por causa do recorte que nos propomos, não pudemos aprofundar a questão das CEBs. Contudo, ao refletir sobre o caráter eclesial da identidade de uma Teologia Fundamental Latino-americana, não poderíamos deixar de fazer essa referência.

558. LIBANIO, J. B., Teologia da Revelação a partir da Modernidade, p. 64-65

559. PIÉ-NINOT, S., La Teología Fundamental, p. 189.

4.2.5. Quanto ao modelo

Quando tratamos das "novas correntes de Teologia Fundamental"[560], que surgiram no período pós-conciliar, dissemos que estas podem ser compreendidas a partir de diferentes modelos. De fato, segundo a organização de J. B. Libanio, além do apologético tradicional e do apologético da imanência, surgiram os seguintes modelos a partir do Vaticano II: dogmático, que visa estudar o fato da revelação nas próprias fontes (Escritura e Tradição); formal, que busca uma teoria axiomática das categorias fundamentais da teologia; político, que pretende compreender como é possível crer vivendo em um mundo repleto de injustiças; semeiológico, que procura interpretar os "sinais dos tempos" que se manifestam no mundo; ecumênico, que se propõe a dialogar com as diferentes Igrejas cristãs e com as diversas religiões; e o modelo de diálogo com mundo contemporâneo, que quer ser uma ponte entre a teologia e uma série de temas fronteiriços[561].

Já havíamos apontado que, na percepção de J. B. Libanio, os modelos com mais afinidades com a TdL latino-americana eram o modelo político e o semeiológico. De fato, J. B. Metz, ao tentar responder às questões acerca da emancipação e da autonomia do sujeito, advindas do Iluminismo, propôs uma "nova teologia política", na qual rechaça uma neopolitização da fé ou uma neoclericalização da política, "desprivatizando" e criticando os próprios fundamentos da teologia. Entretanto, esse modelo de teologia política não se relaciona com a teologia política em sua forma libertadora latino-americana. Segundo G. Gutiérrez, há "certa insuficiência em suas análises da situação contemporânea", pois sua reflexão se enquadra "longe da fermentação revolucionária que se vive nos países de Terceiro Mundo"; falta-lhe, em sua concepção do político, "a contribuição da experiência das lutas e conflitos que acarreta a rejeição dessa situação de opressão de alguns seres humanos sobre outros", de maneira que "o político se mova, nos escritos de Metz, em terreno abstrato"[562]. Por sua vez, na TdL latino-americana a concretude da pobreza levou a uma igual concretude política, sob a égide da opção pelos pobres. Por meio dessa opção, a teologia se torna necessariamente "rebelde e libertária", uma vez que "postula a superação da atual forma de organização social"; luta pela causa dos oprimidos concretamente, pelos direitos básicos da vida, como alimentação, saúde, trabalho, educação e lazer; assume as lutas do

---

560. TORREL, J. P., Novas correntes da teologia fundamental no período pós-conciliar, p. 15-29.
561. LIBANIO, J. B., Teologia da Revelação a partir da Modernidade, p. 66-75.
562. GUTIÉRREZ, G., Teología de la Liberación, p. 288-297.

povo, como aquelas presentes nos sindicatos, nas associações, nos diversos grupos de resistência; e reconhece que o sujeito da libertação é o próprio oprimido, conscientizado e organizado[563].

Da mesma maneira, o modelo semeiológico europeu não coincide com a prática teológica da América Latina. Na Europa, conforme consagrado na *Gaudium et Spes* 4, percebeu-se que era necessário "perscrutar os sinais dos tempos e interpretá-los à luz do Evangelho, de tal modo que [a Igreja] possa responder, de maneira adaptada a cada geração, às interrogações eternas sobre o significado da vida presente e da futura e de suas mútuas relações"[564]. Na América Latina, entretanto, os "sinais dos tempos" foram interpretados a partir da irrupção dos pobres. Trata-se de sinais históricos que não apontam para algo positivo; antes, revelam, como pecado do mundo, estruturas de injustiça e opressão, ou seja, o mal que assola os desamparados. Esse mal, com certeza, é uma das realidades que mais desafiam a fé, e portanto um dos principais focos de uma Teologia Fundamental em perspectiva latino-americana[565].

Outros modelos de Teologia Fundamental que apresentamos no capítulo 1 também poderiam ser relacionados com a TdL, como o "ecumênico", que é fundamental para o ambiente religioso plural da América Latina[566], ou ainda o do "diálogo com o mundo contemporâneo", que, ao trabalhar questões como linguagem, literatura, cultura popular, entre outros, torna-se importante para a identidade latino-americana. Cada tema desses, sob a ótica da libertação, seria diferente da forma como são na Europa. Por isso, em vez de falar de um modelo que é meio político, meio semeiológico, meio ecumênico etc., preferimos simplesmente falar de um *modelo "latino-americano da libertação"*, que engloba as características que temos apontado até agora.

---

563. BOFF., L., O caminhar da Igreja com os oprimidos, p. 203-207.

564. GS 4.

565. LIBANIO, J. B., Teologia da Revelação a partir da Modernidade, p. 71.

566. Vale destacar que a própria TdL contém origens e história ecumênicas, seja pela tese doutoral de Rubem Alves, de 1968, *Towards a Theology of Liberation* ["Por uma Teologia da Libertação"], posteriormente publicada como *Da esperança*; seja pela sua corrente teológico-pastoral, chamada "Missão Integral"; seja ainda pelas publicações que abordam diretamente o tema, como *Lutero e a libertação*, de Walter Altmann (1994) e *Teologia Protestante Latino-Americana*, organizada por Claudio de Oliveira Ribeiro (2018). Para uma visão sintética da questão, cf. RIBEIRO, C. O.; BAPTISTA, P. A. N., Leitura das origens ecumênicas da Teologia da Libertação, p. 89-111.

4.3. Conclusões: por uma Teologia Fundamental para encontrar Deus no chão da América Latina

No fim de cada um dos capítulos anteriores formulamos uma série de perguntas que nos ajudavam a seguir a reflexão rumo a um caminho de investigação. No capítulo 1 perguntamos se era possível falar de uma Teologia Fundamental Latino-americana, realizada de um modo distinto, com identidade e funções próprias, e se tal teologia seria uma adaptação dos modelos apresentados ou se ela poderia ser considerada um novo modelo. Questionamos, no capítulo 2, se o conceito de revelação poderia ser percebido de um jeito diferente na América Latina, de tal forma que justificasse uma nova Teologia Fundamental, bem como quais seriam as características, as opções essenciais e a metodologia próprias da TdL que estariam conectadas a essa Teologia Fundamental. Por fim, no capítulo 3, levantamos questões acerca das especificidades de uma Teologia Fundamental que desse conta da automanifestação de um Deus libertador a um povo oprimido, da possibilidade de a América Latina ser considerada um novo "lugar hermenêutico" e um novo "lugar teológico"; e, finalmente, acerca das características que teria essa Teologia Fundamental. Ao concluirmos essa caminhada, julgamos ter respondido, não de maneira final e completa, mas ao menos de forma básica, a essas questões.

De fato, podemos dizer que há uma Teologia Fundamental especificamente latino-americana, que não se encaixa nos modelos habituais, com uma identidade eclesial própria, ligada às grandes opções da Igreja deste continente e às CEBs. Essa Teologia Fundamental não é uma apologética nos moldes tradicionais: não é um discurso racional, dirigido aos ateus, que se prestaria a convencê-los de que Deus existe, uma vez que, na América Latina, o fenômeno do ateísmo não é um problema como o é na Europa; não é uma argumentação, dirigida aos adeptos das mais diversas religiões, que pretenderia apontar o cristianismo como a única religião revelada, uma vez que a pluralidade religiosa neste continente é vista, pela TdL, como um aspecto positivo; muito menos é uma exposição sistemática, direcionada aos protestantes, que demonstraria que a Igreja Católica seria a única e verdadeira Igreja de Cristo, já que, seguindo o espírito do Concílio Vaticano II, a teologia latino-americana preza pelo diálogo ecumênico. Tampouco podemos dizer que a Teologia Fundamental Latino-americana se encaixaria em um modelo apologético moderno, que se prestaria a um diálogo com a Modernidade, buscando apontar a plausibilidade da fé ao ser humano contemporâneo; ao contrário, a experiência latino-americana quer falar às pessoas concretas de seu continente acerca das possibilidades de crer em um contexto marcado pela opressão e pela exploração, domínio este, por um lado, com o qual a Igreja foi conivente e, por outro, contra o qual muitos missionários, evangelizadores e mártires lutaram.

Também não é, nos moldes da teologia europeia pós-conciliar, uma variação adaptada dos modelos de Teologia Fundamental existentes: não pode ser descrita como um modelo dogmático, embora também estude a revelação enquanto fato histórico realizado na plenitude dos tempos, privilegiando a Escritura e a Tradição; não pode ser especificada como um modelo formal, não obstante também aborde a questão da epistemologia; não deve ser entendida como um modelo de diálogo com o mundo contemporâneo, mesmo que também investigue a cultura, a linguagem, os sentimentos etc.; não pode ser enquadrada em um modelo ecumênico, apesar de também objetivar encontrar denominadores comuns que possam levar a uma ética fundamental; não pode ser confundida com um modelo semeiológico, visto que, ao ler os sinais dos tempos, procura encontrar, antes, os "sinais negativos", os quais clamam a Deus por justiça; muito menos pode ser simplesmente identificada ao modelo político europeu, uma vez que não é uma teoria abstrata, mas uma tentativa de superar a forma de organização social vigente, buscando justiça, direitos e conscientização e assumindo as lutas populares.

Uma Teologia Fundamental Latino-americana, de fato, não é um *reflexo* das teologias europeias, mas uma *fonte*, que procura apontar novos caminhos do fazer teológico, sobretudo tentando encontrar o justo lugar do pobre em sua reflexão, em consonância com o lugar do pobre na Escritura. Em suma,

> o poder dos pobres e excluídos é designado pela teologia pós-moderna da América Latina e do Caribe – em clara continuidade com a experiência de Israel libertada da escravidão do faraó pelo Deus das estepes – como um horizonte de tempo contraído, a partir de experiências históricas de resistências múltiplas experimentadas como gratuidade que vem da superação do mimetismo violento e como transformação do conflito através da justiça e da misericórdia unidas, para aprender a "viver como sobreviventes" no meio do colapso que nos espera. Só então o anúncio da esperança cristã no reinado de Deus faz sentido. Aquela que não desvia o olhar das feridas dos crucificados de sempre. Aquela que experimenta o consolo que vem do Mistério amoroso do real através dos gestos messiânicos que interrompem a temporalidade violenta. A esperança daqueles que estabelecem sinais patentes de compaixão no meio do desamor[567].

---

567. MENDOZA-ÁLVAREZ, C., Teologia e pós-modernidade na América Latina e no Caribe.

Assim, essa teologia adota conscientemente o pobre como "lugar teológico fundamental", como lugar de encontro com o crucificado, que abre o acesso à revelação de Deus e ajuda a criticar a história. Reconhece-se que

> os excluídos são, pois, lugares de revelação de Deus, não enquanto Deus quer a exclusão nem enquanto quer os excluídos, mas exatamente enquanto nos convida a contemplá-lo presente neles, a nos escandalizar com o inaudito dessa presença, e, a partir daí, nos interpela à solidariedade, nos impele às lutas pela libertação, nos cobra atitudes, compromissos e práticas que tirem os pobres da cruz[568].

A própria discussão acerca da metodologia da TdL, no fundo, remete a uma experiência mística fundamental, a um encontro primordial com Deus que se revela através dos pobres. Fazer Teologia da Libertação latino-americana, enquanto método, é antes de mais nada, como diz G. Gutiérrez,

> uma maneira de vivermos a fé, uma questão de seguimento de Jesus. Para dizer a verdade, *a nossa metodologia é a nossa espiritualidade*. E não há nada de surpreendente nisto. Método deriva de *hodós*, caminho. A reflexão sobre o mistério de Deus (isto é, uma teologia) somente poderá ser efetivada a partir do seguimento de Jesus. Somente a partir deste seguimento de Jesus é que poderemos pensar e anunciar o amor gratuito do Pai por toda a pessoa humana[569].

Ao se perceber o rosto dos pobres como espiritualidade e metodologia da libertação, os excluídos como "lugar de concentração da revelação de Deus"[570], tem-se, por resultado, uma mudança da imagem de Deus[571]: não mais um tradicional, criador, providente, ocioso, mas o pessoal, envolvido na história humana; não mais um Todo-poderoso, legitimador da ordem vigente, mas o que se coloca ao lado dos fracos; não mais um Altíssimo, distante da vida, mas o próximo e amante dos homens; não mais um legislador burocrático, mas o comprometido com a libertação; não mais um das fórmulas dogmáticas, mas o acolhido pelo

---

568. FELLER, V. G., A revelação de Deus a partir dos excluídos, p. 72.

569. GUTIÉRREZ, G., Beber em seu próprio poço, p. 150-151, grifo nosso.

570. FELLER, V. G., A revelação de Deus a partir dos excluídos, p. 119.

571. Essa capacidade de mudar a imagem de Deus remete à própria ação de Jesus. De fato, "Jesus se guia por uma atividade iconoclasta, Ele derruba as imagens de Deus que não condizem com o ser e agir divinos" (FELLER, V. G., A revelação de Deus a partir dos excluídos, p. 63-64). Assim também, desde seu advento, a teologia da revelação latino-americana "marcou-se por uma face negativa, demolindo as falsas imagens de Deus, incompatíveis com a experiência que os excluídos fazem de Deus [...]. Trata-se de uma teologia iconoclasta" (FELLER, V. G., A revelação de Deus a partir dos excluídos, p. 106).

testemunho do Filho; não mais um impassível ao sofrimento dos pobres, mas o envolvido nas suas dores e angústias[572].

Uma Teologia Fundamental Latino-americana, buscando dar razões de sua esperança (1Pd 3,15) neste continente marcado pela opressão, voltar-se-á para o Cristo, Verbo encarnado capaz de desvelar o mistério do ser humano ao próprio ser humano[573], principalmente para as suas chagas de sofrimento, através das quais Ele se identifica com toda pessoa que tem fome e sede, é (i)migrante e despida, está doente ou presa (Mt 25,31-46), para encontrar aí, nos pobres, a plena revelação de Deus no chão da América Latina.

---

572. LIBANIO, J. B., Teologia da revelação a partir da modernidade, p. 453-458.

573. GS 22.

Conclusão

Ao terminarmos esta caminhada de investigação acerca de uma Teologia Fundamental Latino-americana e, consequentemente, da recepção da revelação de Deus neste contexto de pobreza e exclusão, queremos apontar para o fio condutor que julgamos constituir a questão central desta pesquisa: a relação entre Teologia Fundamental (disciplina a partir da qual se investiga), o conceito de revelação (noção central investigada) e a teologia latino-americana (perspectiva a partir da qual se investiga). Em sentido inverso, podemos descrever que o caminho foi buscar apresentar alguns elementos essenciais para se construir uma Teologia da Revelação a partir das intuições e noções centrais da teologia latino-americana (capítulo 4), o que só foi possível através da investigação de alguns elementos da Teologia da Libertação e de sua própria história (capítulo 3), bem como do próprio conceito de revelação, tal como o compreendemos a partir do Concílio Vaticano II (capítulo 2); tudo isso realizado a partir de uma perspectiva metodológica de investigação, de uma disciplina teológica, que contém seus próprios objetivos, caracterizados em diferentes modelos de Teologia Fundamental (capítulo 1). O percurso, no seu formato acadêmico, obrigou-nos a delimitar não só o tema de nossa pesquisa mas também cada etapa de seu trajeto. Assim, não tratamos de Teologia Fundamental em geral, mas de características dessa disciplina que nos ajudassem a chegar ao nosso objetivo. Da mesma maneira, não pretendíamos em nenhum momento esgotar o tema, amplo e complexo, da revelação; apenas elencar características que nos ajudassem a relacioná-lo com a questão a ser investigada. Tampouco fizemos uma dissertação exclusiva sobre as teologias da libertação latino-americanas, e sim nos delimitamos a apontar alguns aspectos centrais que ajudassem a entender a questão da revelação nesse contexto. Essas noções fundamentais, é evidente, inter-relacionam-se, de maneira que o tratamento separado em cada capítulo é mais pedagógico e metodológico do que propriamente sistemático-teológico. De fato, percebemos que não há Teologia Fundamental sem seu objeto de estudo, a revelação; nem há estudo da revelação sem uma teologia que se dedique a uma certa justificação da fé, mesmo que num primeiro nível de reflexão; muito menos se pode tratar de Teologia Fundamental e revelação sem observar o contexto concreto em que elas se inserem e a que elas se referem: a vida humana, com seus dramas, conflitos e contradições.

O objetivo geral da pesquisa foi tentar indicar de que maneira a revelação de Deus pode ser percebida, analisada e descrita "hoje", na situação específica em que estão os pobres e excluídos da América Latina. No fundo, essa manifestação não é diferente da revelação de "ontem", daquela que se deu no passado, mais concretamente na "plenitude dos tempos", na pessoa de Jesus de Nazaré, que por meio de palavras e ações, intimamente relacionadas entre si, fez uma opção radical pelos pobres e excluídos de seu tempo, dando, por um lado, continuidade à ação dos profetas no seguimento da vontade do Deus de Israel e fundamentando, por outro, a maneira como Deus se revelaria (sempre a partir dos pobres) em qualquer época e lugar. O desafio que se impôs a nós, desde o começo, foi perceber as características dessa atualização da revelação, sem perder sua referência de plenitude em Cristo e sem esvaziar a importância do "hoje", da história atual, enquanto lugar em que também há plena manifestação divina. Nosso ponto de partida foi a Teologia Fundamental, genericamente falando, enquanto disciplina e método de investigação sobre a revelação; e a nossa meta foi chegar a uma Teologia Fundamental especificamente latino-americana, que pensasse a revelação a partir dos pobres e excluídos, tal como se percebe em todos os ramos das diversas teologias da libertação. Os critérios básicos para realizar esse percurso foram aqueles que permitiram unir o ponto de partida à meta. Assim, do ponto de partida, a Teologia Fundamental, surgiu a questão do estudo da revelação; e da meta, uma Teologia Fundamental Latino-americana, brotou a necessidade de se trabalhar a Teologia da Libertação latino-americana. Assim, encadeamos as ideias entre os capítulos.

No primeiro capítulo, percebemos que a Teologia Fundamental é uma maneira de refletir em termos teológicos a revelação a partir dos desafios presentes no mundo moderno e contemporâneo. Essa reflexão, que, ao contrário de outras disciplinas teológicas, não pode ter a Palavra de Deus como ponto de partida puro e simples – visto que pretende entender justamente o que significa Deus falar aos seres humanos –, precisa de um diálogo aberto com outras disciplinas da atualidade, no propósito de dar razão de uma esperança que lhe é anterior: Deus se revela! Parte-se da fé, do sujeito crente, não há dúvida; mas o trabalho da Teologia Fundamental é precisamente justificar essa possibilidade de fé na revelação que se faz presente hoje. Daí o seu caráter transdisciplinar, dialogal, atual e desafiador. E, uma vez que o mundo é plural, ambíguo, complexo, também a Teologia Fundamental será diversa, desenvolvendo-se conforme a necessidade de dar razão da fé em determinado contexto histórico-cultural. Por isso, para o mundo moderno e contemporâneo, não faz mais sentido apresentar a questão da revelação a partir de uma apologética tradicional, enquanto método de demonstração racional cujo objetivo consiste em provar que a religião vem de Deus, que Cristo é o único mediador e que a Igreja Católica é a única religião verdadeira revelada. Tampouco se deverá buscar uma "apologética da imanência", visando demonstrar que os anseios humanos correspondem diretamente aos conteúdos da revelação. Ao contrário, sobretudo a partir do Concílio Vaticano II, a pretensão da Teologia Fundamental é identificar modelos de diálogo com o mundo que encontrem o lugar próprio – a saber, a significatividade, a credibilidade e a razoabilidade – da fé cristã, vista em conjunto. Essa tarefa exige uma dupla função: uma "fundacional-hermenêutica", que pretende conversar com a dogmática e exercer uma crítica da própria teologia, e outra "dialogal-contextual", que procura exercer um diálogo com as questões contemporâneas. Assim, vimos que a Teologia Fundamental tenta encontrar, de diversas maneiras, caminhos plausíveis para falar da Revelação de Deus em nossos dias a partir da história, da cultura e da realidade dos mais variados povos.

  O segundo capítulo foi dedicado à investigação do conteúdo da Teologia Fundamental, a saber, a revelação em si, principalmente a partir do Concílio Vaticano II. Esse conceito, como vimos, foi de maneira particular problematizado no mundo moderno, com o advento das ciências da religião, que passaram a reconhecer no termo não mais que uma manifestação genérica de Deus, presente em qualquer povo, em qualquer lugar, em qualquer cultura. Sem negar que Deus se faz presente em tudo e em todos e sem omitir que a universalidade a que a Igreja é chamada aponta para uma realização do reinado de Deus para além do cristianismo, a teologia buscou apresentar de que jeito a Revelação a que ela se refere é, também, específica, histórica, acontecida de uma vez por todas em Cristo (embora sempre acontecendo no desenrolar da história por meio de seu Espírito). A revelação, no Concílio Vaticano II, foi definida como uma ação livre de Deus, dirigida de maneira amorosa aos seres humanos, ação essa na qual Deus manifesta-se a si mesmo, desejando a comunhão com todos e todas. Isso se realizou, quanto ao período histórico, desde os primeiros pais até a plenitude em Cristo e se tornou um caminho aberto de revelação para todos que recebem essa Palavra tradicionada. O centro de tal mistério, sem dúvida, é a encarnação, a vida, a paixão, a morte e a ressurreição de Jesus Cristo, referência absoluta da autodoação de Deus, que foi objetivada em escritos e tradições, os quais a Igreja é chamada a conservar, explicar e propor, de modo que todos e todas, chamados pela fé, possam aderir livre e totalmente a Deus, que livre e totalmente se deu aos seres humanos.

No capítulo terceiro, abordamos a Teologia da Libertação latino-americana, a qual investigamos a partir de duas questões que nos pareceram principais: a "opção preferencial pelos pobres" e o problema do método "ver, julgar e agir". Vimos de que modo o magistério latino-americano, desde Medellín, decidiu, de maneira firme e irrenunciável, posicionar-se ao lado dos pobres e excluídos. Tal opção tem raízes profundas e ramos diversificados. As raízes brotam de uma tradição profética de cristãos que questionaram, desde o começo da colonização, o modelo de presença adotado pela Igreja nestas terras, posicionando-se ao lado da massa de explorados que aqui se produzia em larga escala e colocando-se como adversários de uma minoria dominante. Em particular, essas raízes se manifestaram na recepção do Concílio, que reavivou esse espírito e colocou a Igreja latino-americana conscientemente no caminho da opção evangélica pelos pobres. Os ramos dessa teologia se estendem, desde então, aos mais variados temas e ações, sempre visando à libertação de toda forma de opressão. As diversas fases históricas da Teologia da Libertação revelam como essa produção intelectual com objetivos pastorais concretos se transformou diante dos novos desafios e das novas formas de opressão existentes no continente, tendo sempre em mente a opção radical feita e o critério da libertação como chave hermenêutica de sua realização. O magistério latino-americano, como dissemos, de Medellín a Aparecida, ou melhor, da recepção do Concílio na América Latina ao pontificado do Papa Francisco, insistiu em reafirmar, contundentemente, a opção preferencial pelos pobres, como identidade e rosto da própria Igreja latino-americana, como critério sem o qual se perde a fé no Cristo, que se fez pobre para enriquecer-nos com sua pobreza (2Cor 8,9).

Não obstante, a maneira de investigar a fonte da dominação produtora de miséria, a saber, a utilização de um método respaldado pelas ciências sociais, foi acusado de ser "marxista". O método "ver, julgar e agir" propunha-se, na verdade, a fazer uso da mediação socioanalítica como um de seus passos, a fim de ter um elemento material para a reflexão teológica – embora esse passo não seja, de fato, isento de uma perspectiva já teológica. Num segundo momento, inter-relacionado ao primeiro, utiliza-se a mediação hermenêutica, ou seja, a Palavra de Deus como critério para analisar e julgar a situação descrita na fase anterior. Por fim, o método procura caminhos de ação, uma mediação prática que seja uma verdadeira metodologia da libertação com vistas a agir e transformar a realidade de opressão. Quanto ao primeiro passo, o mais problematizado, destacamos que o ponto não é utilizar o marxismo, sem mais, na teologia, mas sim saber usar as ferramentas analíticas que permitem desmitologizar a naturalização da pobreza e da exclusão, bem como indicar claramente as verdadeiras fontes do sofrimento que assola grande parte da humanidade. Além disso, esse não é um momento "separado" dos demais, no qual a teologia não entraria, mas já é uma reflexão teológica, um fazer teológico que consiste em tratar tudo a partir da realização histórica do reinado de Deus, procurando a sua intelecção a partir de mundo dos pobres e oprimidos.

No capítulo intitulado "Por uma Teologia Fundamental Latino-americana", buscamos relacionar os passos dados nos capítulos anteriores, cumprindo, assim, o objetivo da pesquisa – discutir quais seriam os aspectos centrais de uma teologia da revelação numa perspectiva latino-americana. Sem renunciar ao que dissemos até então, destacamos que a Teologia Fundamental feita a partir do contexto dos pobres da América Latina se depara com questões próprias e desafios particulares quanto à maneira de se compreender a revelação. Por um lado, questões centrais desenvolvidas na reflexão europeia, como o desafio do ateísmo e a questão da mentalidade anti-intervencionista, pouco ou nada dizem aos latino-americanos; por outro, apontamentos que ganham pouco destaque na produção teológica da Europa, como a pobreza e a exclusão, tornam-se, neste continente, centrais para se falar da possibilidade da revelação. Portanto, uma Teologia Fundamental Latino--americana fica desafiada a entender como Deus se revela num mundo explorado e dominado, chagado por um mal que é estrutural e que, por isso mesmo, precisa ser compreendido e descrito a partir da ótica de libertação. Nesse sentido, é um grande desafio entender de que forma os pobres passem a ser o elemento-chave dessa reflexão; isto é, que papel eles ocupam de fato. Fala-se de "lugar social", "lugar hermenêutico", "lugar teológico", mas, como vimos, essa pluralidade de abordagens mostra um elemento, a centralidade dos pobres e excluídos, seja no próprio processo da revelação de Deus, seja no fazer teológico latino-americano. De um jeito especial, notamos como aspecto essencial da Teologia Fundamental na América Latina a discussão do "lugar teológico" do mundo dos pobres e excluídos, independentemente das diversas possibilidades de se entender o conceito. Aliás, podemos destacar que a expressão se refere tanto a um "lugar teologal fundamental", uma vez que, nos pobres e na situação concreta de exclusão, o reinado de Deus encontra um lugar privilegiado para a sua realização histórica (salvação); quanto a um "lugar teológico fundamental", pois é nos pobres, com os pobres e através dos pobres que a reflexão teológica descobre o seu lugar mais próprio para produzir sua reflexão sobre a fé.

Nesse mesmo quarto capítulo, como conclusão de um caminho percorrido, elencamos algumas características que julgamos ser inerentes a uma Teologia Fundamental com perspectiva latino-americana, características essas que não só ajudam mas também são essenciais na reflexão teológica que pretende dar razões da fé num contexto marcado pela opressão e pela pobreza. O primeiro ponto se refere ao reconhecimento (teológico) de que Deus se revela (também) na história presente; isto é, de que sua atuação aqui e agora, percebida através dos sinais dos tempos, é uma automanifestação e uma autodoação do mesmo Deus que se revelou aos antigos pais, aos profetas e, em definitivo, em Jesus Cristo. O segundo diz respeito à centralidade e à radicalidade da opção preferencial pelos pobres, que, realizada de modo enfático pelos teólogos e pelo magistério latino-americano, transformou-se no fio condutor de toda discussão que envolva as teologias da libertação, de sorte que essa opção, implícita na fé cristológica, torne-se cada vez mais explícita no fazer teológico e pastoral. A terceira característica se relaciona ao método teológico, sobretudo à necessidade de "ver, julgar e agir" a partir da ótica latino-americana – obviamente, não como momentos separados, mas como momentos que se inter-relacionam e que são interdependentes –, visando à libertação dos povos oprimidos. Como quarta especificidade dessa Teologia Fundamental Latino-americana, destacamos também a sua identidade eclesial, inserida numa dinâmica maior, não só de teologias da libertação mas também de um cristianismo profundamente libertador; bem como suas funções "fundacional-hermenêutica" e "dialogal-contextual", que a caracteriza como uma Teologia Fundamental aberta, crítica, dialogal e transdisciplinar. Por fim, o quinto ponto que destacamos se refere ao modelo de Teologia Fundamental tipicamente latino-americano, o qual se caracteriza, por um lado, pela rejeição dos modelos apologéticos (tradicionais) e, por outro, pela interação com diversos modelos pós-conciliares. Além disso, essa interação não é acrítica, e sim é um fazer teológico que assume os modelos, ressignificando-os, tal como acontece com o modelo político, que superou a concepção abstrata da "Nova Teologia Política" europeia, concretizando-se na luta por libertação nas mais variadas áreas; com o modelo semeiológico, que foi capaz de transformar a leitura dos "sinais dos tempos" a partir da irrupção dos pobres; com o modelo ecumênico, ampliado para a realidade cultural e religiosa do continente; e com os modelos de diálogo com o mundo contemporâneo, que passaram a privilegiar a cultura (literatura, música, expressões populares) com temas da identidade latino-americana. A soma dessas características nos leva a falar, portanto, de uma Teologia Fundamental realizada a partir de um "modelo latino-americano da libertação".

De maneira geral, pretendíamos, neste trabalho, investigar as características de uma Teologia Fundamental que buscasse dar razões de sua fé neste contexto específico latino-americano. O caminho percorrido nos fez compreender as propriedades gerais de uma Teologia Fundamental pensada depois do Concílio Vaticano II, os problemas relativos ao entendimento da revelação na modernidade e as especificidades das teologias da libertação latino-americanas. Com isso, chegamos à questão central de nosso trabalho: pensar a revelação e a Teologia Fundamental sob a perspectiva da América Latina. Nesse sentido, percebemos que a revelação de Deus, feita a partir dos pobres, nos pobres e com os pobres, só é devidamente captada e descrita com um instrumental que leve em consideração a ótica dos pobres, a realidade concreta dos pobres e os problemas que dizem respeito ao dia a dia dos pobres. Disso surge uma questão central: Qual o papel dos pobres nessa Teologia? Seriam eles apenas os destinatários? Seriam os sujeitos (e se sim, em que medida o seriam, uma vez que, tecnicamente falando, os pobres não escrevem livros de teologia!)? Qual, portanto, o lugar do pobre na reflexão teológica: trata-se de um "lugar social", com base no qual o teólogo (não pobre) produz seu pensar? Trata-se de um "lugar hermenêutico", que indica uma perspectiva intelectiva a partir da qual se interpreta a revelação? Ou, ainda, de um "lugar teológico", no qual se reconhece uma espécie de fonte de onde Deus ininterruptamente se revela através da história? É evidente que todas essas perspectivas são complementares e necessárias, mas cabe destacar a importância, na Teologia Fundamental Latino-americana, da compreensão do pobre como "lugar teológico", não no sentido de ser uma "fonte" tal qual a Tradição, com M. Cano, compreendia, mas como o lugar e o momento privilegiado da revelação de Deus na história presente, lugar onde se pode reconhecê-lo, tocar suas feridas, ver seu rosto e lhe dirigir uma palavra; lugar no qual se pode reconhecer, entre lutas e sofrimentos, a realização histórica do Reinado de Deus.

Neste trabalho, mais do que chegar a uma conclusão fechada acerca de como deve ser uma Teologia Fundamental Latino-americana, chegamos a uma questão ainda a ser investigada: De que maneira os livros de Teologia Fundamental escritos na América Latina são, de fato, uma Teologia Fundamental no "modelo latino-americano da libertação"? E essa questão não é simples, uma vez que, conforme já apontamos na introdução, poucos livros parecem assumir essa perspectiva do começo ao fim e de maneira intrínseca à obra. De fato, parece que muitos abordam a questão como um capítulo à parte, depois de tratar dos temas comuns de Teologia Fundamental, o que, evidentemente, não é o que buscamos. Cabe ainda, portanto, uma investigação maior nesse sentido. Além disso, identificar características gerais de uma Teologia Fundamental Latino-americana ainda deixa em aberto a questão acerca da pluralidade de perspectivas dessa mesma teologia. É notória a riqueza e a complexidade da história das Teologias da Libertação, bem como sua amplitude de temas e de ênfases. Fica, portanto, em aberto um estudo que identifique essa diversidade na Teologia Fundamental e a conjugue com suas características principais.

Em suma, uma Teologia Fundamental Latino-americana é um fazer teológico que procura justificar a possibilidade da fé cristã diante dos desafios próprios de seu continente e, por isso mesmo, tem a realidade de pobreza e opressão como uma das grandes questões que a desafiam. Além disso, essa realidade do mundo dos pobres e excluídos é não apenas um problema político e social, mas também um desafio eminentemente teológico, pois, pela fé, crê-se que Deus se revela a partir dos excluídos. Por isso, na luta por libertação de toda forma de opressão, uma Teologia Fundamental Latino-americana procura sempre, a partir de sua opção preferencial pelos pobres e dentro de uma realidade maior de busca da construção e da historicização do reinado de Deus, o entendimento das formas de Deus se revelar hoje; isto é, a compreensão da maneira como Cristo, enviado pelo Pai, torna-se presente na história dos pobres, pela ação do seu Espírito.

Em nosso itinerário por entre "raízes e ramos" da Teologia latino-americana, percebemos uma opção segura e sólida, não exclusiva, mas preferencial, pelos pobres, opção que marca a identidade da Igreja neste continente. O próprio conceito de revelação está ancorado, biblicamente, nos excluídos e na manifestação de Deus neles e para eles. Isso se dá porque eles constituem o mínimo, o resto, a sobra do que se tem quando se retira todo o supérfluo, todas as ilusões. São aquilo que o ser humano é em seu ser mais profundo, quando não há mais nada para encobrir e maquiar a chamada natureza humana. Esse mínimo, no entanto, é o máximo, é a completude da humanidade nua e crua, sem disfarces, sem uma realidade que esconda a sua forma mais íntima. É, teologicamente, a própria imagem de Deus, também nua e crua, que se apresenta nessa imagem de ser humano. Por isso, é apenas nos pobres que se pode ver com mais clareza Deus mesmo, tal como uma imagem refletida na outra, despida de ornamento. Assim, entendemos por que Deus se revela nos pobres, com os pobres e para os pobres. No entanto, a partir do reconhecimento de Deus neles, reconhece-se também a dignidade daquele portador de tal imagem, daquele "resto" que revela o "todo", do pobre revelador de Deus. Consequentemente, toda forma de opressão que mantém o pobre em sua pobreza deve ser destruída, visto que Deus mesmo – e também sua imagem – não pode estar preso pela opressão, que lhe retira toda dignidade. Logo, a luta por libertação se torna consequência direta da própria revelação do Deus que, escondido na face dos excluídos, denuncia a opressão de sua imagem e grita por reconhecimento. Esse é o motivo pelo qual o conceito de revelação de Deus a partir dos pobres leva à luta por libertação, e a intelecção dessa revelação nos coloca na luta por uma Teologia Fundamental Latino-americana.

Posfácio
Revelação-fé e os pobres e marginalizados

Ao abordar a problemática da possibilidade e das características de uma "Teologia Fundamental Latino-americana", a obra de Flavio José de Paula tem o mérito de destacar a densidade, a relevância, a novidade e os desafios de uma "compreensão da revelação a partir dos pobres". Não apenas indica a marca mais importante da Teologia da Libertação latino-americana (parcialidade pelos pobres e marginalizados), mas insiste em sua densidade e sua relevância teologais (revelação e fé), a ponto de constituir um aspecto dogmático fundamental da teologia cristã (Teologia Fundamental). Sua tese central é que "existe uma Teologia Fundamental Latino-americana subjacente a toda Teologia da Libertação, mas que muitas vezes não está explícita de forma sistemática". Partindo da constatação de que "muitos tratados de Teologia Fundamental escritos 'na' América Latina apresentam as mesmas questões que os manuais de outros lugares, cuidando apenas de acrescentar àquelas discussões alguns pontos específicos da teologia latino-americana" e que "poucos abordam a questão de maneira integrada", Flavio insiste que "essa perspectiva, às vezes apresentada como um apêndice, constitui, na verdade, o próprio núcleo da Teologia Fundamental Latino-americana".

Falando de "Teologia Fundamental Latino-americana", ele se refere não apenas a uma teologia "produzida 'na' América Latina", mas também ao que considera as "características" ou os "elementos constitutivos" de uma teologia latino-americana, formulada em termos de "compreensão da revelação a partir dos pobres". Ademais, como deixa bem claro na introdução do trabalho, sua pretensão não é "fazer um tratado de Teologia Fundamental Latino-americana", mas simplesmente "recolher os elementos críticos necessários para isso". Embora aborde temas diversos e complexos (Teologia Fundamental, revelação, teologia latino-americana), nunca perde o foco de sua reflexão (possibilidade e características de uma Teologia Fundamental Latino-americana).

Certamente, podem-se discutir algumas questões de compreensão, formulação e conceituação e insistir na necessidade de maiores aprofundamento e desenvolvimento dessas questões. Mas é preciso reconhecer e louvar a ousadia e a coragem de Flavio de se enfrentar com essa problemática, bem como a relevância e a contribuição de seu trabalho. Sua importância é ainda maior se considerarmos que essa problemática aparece na América Latina mais como capítulo/apêndice (João Batista Libânio[574], Alberto Parra[575]) ou como esboço/ensaio (Gustavo Gutiérrez[576], Juan Luis Segundo[577], Jon Sobrino[578], Ignacio Ellacuría[579]) do que como desenvolvimento sistemático (Vitor Feller[580], Antonio González[581]). Nesse sentido, apesar de ser uma obra inacabada e em construção (iniciada na graduação, desenvolvida no mestrado e em fase de aprofundamento no doutorado), o trabalho de Flavio nos confronta com o desafio e a tarefa de explicitar e desenvolver uma Teologia Fundamental Latino-americana que tome em sério a centralidade dos pobres e marginalizados na revelação, na fé e na teologia cristãs.

Mais que comentar o trabalho de Flavio, queremos insistir aqui no ponto que nos parece mais fundamental e decisivo para o desenvolvimento de uma Teologia Fundamental da Libertação: o *primado da práxis* e a *perspectiva dos pobres e marginalizados* na revelação, na fé e na teologia cristãs. Essas duas intuições, diz Gustavo Gutiérrez, constituem como que a "coluna vertebral" da Teologia da Libertação[582]. Enquanto tal, elas indicam o caminho e se constituem como marcos para o desenvolvimento de uma Teologia Fundamental da Libertação. Assim sendo, vale a pena insistir, e nunca se insistirá o suficiente, no caráter práxico da revelação-fé e em sua parcialidade pelos pobres.

Revelação cristã

A teologia cristã está possibilitada e condicionada pela experiência de Deus em Israel e, com certeza, na vida de Jesus de Nazaré. Essa experiência é a referência, a norma e o critério últimos e definitivos do que, cristãmente falando, sabemos e podemos dizer sobre Deus e sobre a relação com Ele. O discurso cristão

---

574. LIBANIO, J. B., Teologia da Revelação a partir da modernidade, p. 431-462; LIBANIO, J. B., Eu creio, nós cremos, p. 437-466.
575. PARRA, A., Textos, contextos y pretextos, p. 297-326.
576. GUTIÉRREZ, G., Teologia da Libertação, p. 199-239.
577. SEGUNDO, J. L., Revelación, fe, signo de los tempos, p. 443-466.
578. SOBRINO, J., Centralidad del Reino de Dios en la teología de la liberación, p. 467-510.
579. ELLACURÍA, I., Escritos Teológicos I, p. 517-698.
580. FELLER, V. G., O Deus da Revelação; FELLER, V. G., A revelação de Deus a partir dos excluídos.
581. GONZÁLEZ, A., Teología de la praxis evangélica.
582. GUTIÉRREZ, G., A força histórica dos pobres, p. 293-295.

sobre Deus é inseparável de sua presença/ação na história de Israel e na vida de Jesus de Nazaré, a tal ponto que Ele será nomeado não apenas como Deus, mas sim como o *Deus de Israel* e, em definitivo, como o *Pai de Jesus Cristo*[583].

E *esse Deus* (não qualquer deus!) se mostra e se dá a conhecer como um Deus *presente e atuante na história* (por mais transcendente que seja: transcende *na* história e não *da* história) e *partidário dos pobres e marginalizados*: pobre, órfão, viúva, estrangeiro... (por mais universal que seja em seu amor e em seu desígnio salvífico). Desse modo, nenhum discurso sobre Deus e/ou sobre a experiência de Deus que prescinda e menos ainda que se contraponha à sua atuação histórica e parcial pelos pobres e marginalizados pode ser tido como cristão em sentido estrito.

É preciso insistir no fato – e toda insistência, aqui, será pouca – de que o Deus que constitui o fundamento último da fé e da teologia cristãs não é um princípio absoluto-universal-imparcial-abstrato, lógico-racional ou como queira, mas sim, bem concretamente, o Deus que se revelou em Israel (*Deus de Israel*) e, definitivamente, em Jesus de Nazaré (*Pai de Jesus Cristo*). Esse Deus, vale insistir, não se revelou sem mais como o ser onipotente, onipresente e onisciente das metafísicas clássicas, e sim, antes de tudo, como *salvador dos pobres e marginalizados*. Tampouco sua revelação consistiu, em essência, na entrega de verdades sobre Ele, mas antes em *ação salvífica*.

Por um lado, "Deus não se manifestou primariamente nem como a verdade do mundo nem como o fundamento de toda verdade e de todo conhecimento", e sim, antes de mais nada, "como um Deus salvador, como fundamento da saúde e da liberdade do homem". Dito de um modo mais preciso, "Deus não se manifestou apenas *como* salvador, mas, primordialmente, *enquanto* salvador, *no ato mesmo de salvar*. Esta é a experiência fundamental que nos transmite a Escritura"[584]. No Antigo Testamento, Deus liberta o povo da escravidão e no contexto dessa libertação dá-se a conhecer: "na ação mesma de salvar a seu povo Deus diz quem Ele é e o diz justamente salvando"[585]. A revelação do nome de Deus (Ex 3,14) é inseparável do Êxodo e, por isso mesmo, deve ser lida a partir e em função do Êxodo. No Novo Testamento, por sua vez, a revelação de Deus é inseparável da ação salvadora de Jesus. Assim, por exemplo, quando os discípulos do Batista perguntam se Jesus é "aquele que deveria vir", Ele responde: "Ide informar a João sobre o que vistes e

---

583. GUTIÉRREZ, G., O Deus da vida; MUÑOZ, R., O Deus dos cristãos; MUÑOZ, R., Dios Padre, p. 531-549; MUÑOZ, R., Trindade de Deus Amor oferecido em Jesus, o Cristo.

584. GONZÁLEZ, A., Trinidad y liberación, p. 59.

585. GONZÁLEZ, A., Trinidad y liberación, p. 59.

ouvistes: cegos recuperam a visão, coxos caminham, leprosos ficam limpos, surdos ouvem, mortos ressuscitam, pobres recebem a boa notícia. E feliz aquele que não tropeça por minha causa" (Lc 7,22ss.). A "palavra" que Deus "comunicou" (At 10,36), diz Pedro, não é outra, senão "o que aconteceu por toda Judeia, começando pela Galileia" (At 10,37): "Deus ungiu com Espírito Santo e poder a Jesus de Nazaré, que passou fazendo o bem e curando todos os possuídos pelo diabo, porque Deus estava com Ele" (At 10,38).

Por outro lado, enquanto salvador, o Deus bíblico se manifestou como um Deus partidário dos pobres e dos oprimidos (Jd 9,11), a ponto de se identificar com eles (Mt 25,31-46). Na verdade, como tem insistido Jon Sobrino, "a relação de Deus com os pobres deste mundo aparece como uma constante em sua revelação. Esta se mantém formalmente como resposta aos clamores dos pobres; e por isso, para conhecer a revelação de Deus é necessário conhecer a realidade dos pobres". Noutras palavras: "a relação Deus-pobres no Êxodo, nos profetas ou em Jesus não é apenas conjuntural e passageira, mas estrutural. Existe uma correlação transcendental entre revelação de Deus e clamor dos pobres", de modo que, "embora a revelação de Deus não se reduza a responder ao clamor dos pobres, [...] sem introduzir essencialmente essa resposta não se compreende a revelação"[586]. A libertação dos pobres e oprimidos no Êxodo e na práxis de Jesus de Nazaré não é algo secundário ou periférico na revelação do Deus Bíblico, mas algo constitutivo dessa revelação, algo que diz respeito ao Mistério mais profundo de Deus mesmo. Revelar-se no processo de libertação do Êxodo (e não no processo de dominação do faraó) e na práxis libertadora de Jesus de Nazaré (e não na práxis de César) não é mero detalhe, acidente, casualidade ou roupagem, e sim algo essencial, algo que tem a ver com o Mistério mesmo de Deus, que não pode assumir a "forma" de um faraó ou de um César (tirano) sem se negar a si mesmo (Pai). O Deus bíblico é, portanto, *em si mesmo, essencialmente, constitutivamente*, um Deus partidário dos pobres e marginalizados.

Por mais que o Mistério de Deus não se esgote em sua parcialidade pelos pobres e marginalizados, essa parcialidade é uma de suas características ou notas constitutivas – mesmo que isso seja um escândalo metafísico (para certas metafísicas avessas ou pouco afeitas à história/historicidade e, sobretudo, à parcialidade...) e mesmo que muitas vezes tenha sido silenciada ou até comprometida ao longo da história (embora nunca negado de modo radical e sempre de novo retomado pelos santos e profetas e nos momentos e processos de renovação eclesial...). Desse modo, pelo menos na perspectiva cristã, não se pode falar de Deus

---

586. SOBRINO, J., Teología en un mundo sufriente, p. 55.

e de sua ação no mundo prescindindo de sua parcialidade pelos pobres e marginalizados, muito menos se contrapondo a ela. Negar ou relativizar essa parcialidade significa, na prática, negar ou relativizar a revelação em que Deus se mostra parcial pelos pobres e marginalizados.

É claro que, enquanto acontecimento histórico, a revelação é um processo vivo, dinâmico, aberto; e não só no que diz respeito à sua compreensão (sempre limitada...), mas também, de maneira mais radical, no que diz respeito à sua realização histórica (sempre atual...). É que Deus, Mistério inesgotável, continua agindo na história através de seu Espírito. A revelação não é algo meramente passado, mas algo muito atual. Por consequência, a teologia não pode ser reduzida a uma espécie de arqueologia salvífica. Ela é inteligência da ação salvífica de Deus *hoje* por meio de seu Espírito – daí a densidade teológica do presente[587], dos atuais processos históricos.

Mas não se deve esquecer que o *Espírito de Deus*, presente e atuante na história, não é outro senão o *Espírito de Jesus Cristo*. Sua missão, como lembra o Evangelho segundo João, é ensinar e recordar tudo o que Jesus disse (Jo 14,26), dizer e explicar o que ouviu/recebeu de Jesus (Jo 16,13-14), dar testemunho de Jesus (Jo 15,26). E, assim, é inseparável de Jesus de Nazaré, a ponto de a vida/carne de Jesus ser tomada na Escritura como critério fundamental e definitivo de discernimento dos espíritos (1Jo 4,1-3; 1Cor 12,1-3): e Deus se faz em nós o que fez em Jesus de Nazaré. O Espírito Santo é o Espírito de Jesus de Nazaré; o Espírito que o ungiu, o conduziu e o sustentou em sua missão de anunciar a Boa Notícia aos pobres (Lc 4,18s.; At 10,38). Como bem afirma Y. Congar, "o *Pneuma*, tal qual nos é dado, é totalmente relativo a Cristo [...]. Do ponto de vista do conteúdo, não há autonomia nem muito menos disparidade de uma obra do Espírito em relação à de Cristo"[588]. Não por acaso, o Espírito é invocado na Igreja, em um hino muito antigo, como "Pai dos pobres". E os estudos pneumatológicos na América Latina[589] têm insistido muito em que "o Espírito do Senhor atua a partir de baixo", para usar uma expressão muito cara a Victor Codina[590].

---

587. GUTIÉRREZ, G., A densidade do presente.

588. CONGAR, Y., Revelação e experiência do Espírito, p. 61.

589. PIXLEY, J., Vida no espírito; CODINA, V., Creio no Espírito Santo; CODINA, V., "Não extingais o Espírito" (1Ts 5,19); CODINA, V., El Espíritu del Señor actua desde abajo; COMBLIN, J., O Espírito Santo e a Tradição de Jesus; BOFF, L., O Espírito Santo; MANZATTO, A.; PASSOS, J. D.; MONNERAT, J. F., A força dos pequenos.

590. "A ação do Espírito a partir de baixo está em perfeita coerência com a opção de Jesus pelos pobres e pequenos, com o desígnio do Pai de fazer deles os destinatários privilegiados da revelação dos mistérios do Reino" (CODINA, V., El Espíritu del Señor actua desde abajo, p. 187).

Tudo isso mostra que a parcialidade pelos pobres e marginalizados é uma característica ou uma nota *essencial* do Deus que se revelou em Israel e definitivamente em Jesus de Nazaré. E se Deus se revelou tomando partido pelos pobres e marginalizados é porque essa parcialidade não só não é incompatível com sua realidade, por mais absoluta e universal que seja, mas também porque é uma de suas características ou notas essenciais. É, em si mesmo, se se quer, essencialmente, um Deus parcial, e por isso se revela/age tomando partido pelos pobres e marginalizados. Na linguagem mais formal de Karl Rahner, está em jogo, aqui, a problemática da unidade entre Trindade "imanente" e Trindade "econômica": "A Trindade 'econômica' é a Trindade 'imanente' e vice-versa"[591].

O Jubileu Extraordinário da Misericórdia, convocado pelo Papa Francisco, chamou atenção da Igreja para esse aspecto essencial do mistério de Deus, formulado em termos de misericórdia. Na Bula de proclamação do Jubileu, *Misericordiae Vultus*, Francisco afirma insistentemente: Deus é misericordioso (MV 1, 2, 6-11), nós devemos ser "misericordiosos como o Pai" (MV 13), a misericórdia "é o caminho que une Deus e o homem" (MV 2). De fato, a misericórdia é o "coração pulsante do Evangelho" (MV 12), é a "palavra que revela o mistério da Santíssima Trindade", é o "ato supremo pelo qual Deus vem ao nosso encontro" (MV 2), é a "palavra-chave para indicar o agir de Deus para conosco" (MV 9) e é a "qualidade da onipotência de Deus" (MV 6).

E misericórdia, como diz Santo Agostinho,

> não é outra coisa senão encher o coração de um pouco da miséria [dos outros]. A palavra "misericórdia" deriva da dor que se sente pelo "miserável". Há duas palavras contidas nesse conceito: miséria e coração. Quando teu coração é tocado e atingindo pela miséria dos outros, então isso é misericórdia[592].

Quanto à etimologia, recorda Francisco, misericórdia significa "*miseris cor dare*"; isto é, "'dar o coração aos míseros', aos que têm necessidade, aos que sofrem"[593]. E assim é o Deus que se revela na história de Israel e definitivamente na vida/práxis de Jesus de Nazaré: um Deus Misericordioso.

Também o teólogo Walter Kasper, em seu livro *A misericórdia*, insiste muito na misericórdia como "principal atributo de Deus", como "espelho da Trin-

---

591. RAHNER, K., O Deus trino, fundamento transcendente da história da salvação, p. 283-359.

592. SANTO AGOSTINHO, Sermão 358A *apud* CONSELHO PONTIFÍCIO PARA A PROMOÇÃO DA NOVA EVANGELIZAÇÃO. Os padres da Igreja e a misericórdia, p. 57.

593. FRANCISCO, PP., Ano Santo da misericórdia, p. 23.

dade"[594], como expressão da "essência divina"[595] e da "opção de Deus pela vida e pelos pobres"[596]. E afirma que "esquecer a misericórdia não é um problema marginal e secundário da doutrina de Deus", mas "confronta-nos com o problema fundamental da determinação da essência de Deus e dos atributos divinos em geral"[597], pois, na perspectiva bíblica, Deus "sofre com suas criaturas e, enquanto *misericors*, tem um coração (*cors*) junto dos pobres e para os pobres (*miseri*)"[598].

Daí que a parcialidade pelos pobres e marginalizados, tão central e determinante na Teologia da Libertação, não só não substitua Deus pelos pobres (inversão de princípios), como denunciam seus críticos, mas também seja uma característica ou nota essencial de Deus mesmo, tal como se revelou em Israel e definitivamente em Jesus Cristo (revelação cristã). Nesse sentido, a chamada "opção pelos pobres" que caracteriza radical (raiz) e principialmente (princípio) a Teologia da Libertação é uma "opção" estritamente teológica: "uma opção teocêntrica e profética que deita raízes na gratuidade do amor de Deus" (Gustavo Gutiérrez)[599]; uma opção que "está implícita na fé cristológica naquele Deus que se fez pobre por nós, para enriquecer-nos com sua pobreza" (Bento XVI)[600]; uma opção que "faz parte de nossa fé pneumatológica" (Victor Codina)[601].

Fé cristã

A fé cristã é o ato pelo qual se adere confiante e fielmente ao Deus que se revelou na história de Israel e definitivamente na vida/práxis de Jesus de Nazaré. Assim, está constitutivamente referida, determinada e configurada pelo jeito de ser/agir desse Deus na história de Israel e na práxis de Jesus de Nazaré. Não se pode compreender a fé cristã senão a partir e em função do Deus de Israel e de Jesus de Nazaré. Ela é resposta à proposta desse Deus. A iniciativa é dele (proposta), mas, para se tornar real e efetiva, precisa ser assumida por uma pessoa e/ou um povo (resposta). Nesse sentido, a fé é, sem dúvida, um "dom" (Ef 2,8), mas um dom que, uma vez acolhido, recria-nos, inserindo-nos ativamente em

---

594. KASPER, W. A misericórdia, p. 107-125.
595. KASPER, W., A misericórdia, p. 21, 24, 32, 70, 90, 107, 114, 117, 120, 125.
596. KASPER, W., A misericórdia, p. 75-79.
597. KASPER, W., A misericórdia, p. 24.
598. KASPER, W., A misericórdia, p. 25.
599. GUTIÉRREZ, G., Teologia da Libertação, p. 25.
600. BENTO XVI, PP., Discurso inaugural, p. 255.
601. CODINA, V., El Espíritu del Señor actua desde abajo, p. 183.

seu próprio dinamismo: "Criados por meio de Cristo Jesus para realizarmos as boas ações que Deus nos confiara com tarefa" (Ef 2,10). É, portanto, *dom-tarefa*: algo que *recebemos* para *realizar*.

    Enquanto tal, a fé tem um dinamismo, em essência, práxico[602]. Consiste numa dinâmica de vida, num jeito de viver a vida: viver como Jesus viveu. Sintetizando: consiste no *seguimento* de Jesus de Nazaré[603], o iniciador e consumador da fé (Hb 12,2). Certamente, a fé é um *ato inteligente* e tem seu momento de verdade. Mas nem é pura intelecção, nem essa intelecção é sem mais uma doutrina bem-elaborada em termos conceituais. E é certo que ela tem também sua *expressão simbólico-ritual*. Porém essa expressão não é senão manifestação mais ou menos adequada e eficaz do seguimento real de Jesus de Nazaré. Não se trata de contrapor o caráter práxico da fé a seus momentos de verdade/teoria e/ou de expressão simbólico-ritual. Trata-se apenas de advertir contra o risco de redução intelectualista ou ritualista da fé, compreendendo-a e assumindo-a em sua globalidade e com suas várias dimensões (também intelectual e litúrgica!) como práxis do seguimento de Jesus de Nazaré.

    A insistência no caráter práxico da fé não põe em risco o primado da graça nem, por consequência, cai na tentação da autossuficiência e autossalvação humanas, como se a salvação fosse fruto de nossa ação (individual ou coletiva), antes que dom gratuito de Deus. Como recorda João, não se deve esquecer que, se nós amamos, "amamos porque Ele nos amou primeiro" (1Jo 4,19) e que "o amor vem de Deus" (1Jo 4,7). Não existe contradição entre a ação de Deus e a ação humana. A afirmação de uma não implica a negação da outra. Pelo contrário, ambas se implicam e se remetem mutuamente. Como adverte Jon Sobrino, "tem sido um erro frequente situar a experiência da gratuidade no que recebemos, como se a ação fosse meramente 'obra' do homem". Na verdade, diz ele, "o dom se experimenta como dom na própria doação"[604]. Na formulação de Antonio González, "a ação humana não é, sem mais, 'obra' do homem, mas 'o dom se experimenta como dom na própria doação', enquanto fundamento da mesma. Desse modo, a fé é atividade humana enquanto *entrega* a Deus como fundamento da própria vida"[605].

    Dito isso, é preciso insistir que no centro da fé cristã estão Jesus Cristo e a Boa Notícia do reinado de Deus, ou melhor, está a vida de Jesus como expressão

---

602. AQUINO JÚNIOR, F., Fé e Práxis.

603. SOBRINO, J., Seguimento de Jesus, p. 771-775; BAMBONATTO, V. I., Seguimento de Jesus; CÁTEDRA CHAMINADE., El seguimiento de Jesus; AQUINO JÚNIOR, F., A fé como seguimento de Jesus Cristo, p. 788-815.

604. SOBRINO, J., Cristología desde América Latina, p. 193.

605. GONZÁLEZ, A., Trinidad y liberación, p. 68s. Cf. ZUBIRI, X., El hombre y Dios, p. 210-222.

máxima da realização do reinado de Deus neste mundo: em sua vida concreta, em seu modo de viver, em sua práxis cotidiana, Deus mesmo se faz presente e age no mundo, seu senhorio ou sua realeza vai se tornando realidade. E é preciso insistir muito também, por mais escandaloso que seja, em que a Boa Notícia do reinado de Deus tem a ver fundamentalmente com a justiça ao pobre, ao órfão, à viúva e ao estrangeiro.

Na verdade, Jesus, o Reino e os pobres são inseparáveis. Os estudos bíblicos[606] e cristológicos[607] das últimas décadas têm mostrado de modo cada vez mais consensual que não se pode falar de Jesus Cristo senão a partir e em função do reinado de Deus e que no centro do reinado de Deus está a justiça aos pobres e oprimidos deste mundo.

Por um lado, Jesus e o Reino são inseparáveis. Como bem afirma Walter Kasper, "Jesus não se anunciou a si mesmo, mas a Deus e seu reinado"[608]; "o centro da mensagem de Jesus e o verdadeiro conteúdo de sua existência é o reinado de Deus"[609]. Em Jesus Cristo "sua mensagem e sua pessoa se correspondem"[610]: "Ele compreende sua vida completamente como obediência ao Pai e como serviço aos homens" e, desse modo, "Ele é em sua pessoa a forma de existência do reinado de amor de Deus"[611]. Já Orígenes falava de Jesus como *autobasileia*; isto é, o reinado de Deus em pessoa. Por essa razão não se pode falar de Jesus sem falar do reinado de Deus nem se pode seguir a Jesus sem se entregar à causa do Reino.

Por outro lado, o reinado de Deus tem a ver fundamentalmente com a justiça ao pobre, ao órfão, à viúva e ao estrangeiro – símbolo dos marginalizados de todos os tempos. Joachim Jeremias, exegeta alemão, por exemplo, afirma que "o

---

606. BORNKAMM, G., Jesus de Nazaré, p. 60-90; SCHNACKENBURG, R., Reino y reinado de Dios; SCHNACKENBURG, R., Reino de Deus, p. 947-964; JEREMIAS, J., Teologia do Novo Testamento, p. 159-193; KÜMMEL, W. G., Síntese teológica do Novo Testamento, p. 21-108; FABRIS, R., Jesus de Nazaré, p. 89-179; MATEOS, J., A utopia de Jesus; GNILKA, J., Jesus de Nazaré, p. 83-153; VANONI, G.; HEININGER, B., Das Reich Gottes; LÉON-DUFOUR, X., Agir segundo o Evangelho, p. 23-54; PETERSEN, C., Die Botschaft Jesu vom Reich Gottes; MALINA, B., O evangelho social de Jesus.

607. PANNENBERG, W., Theologie und Reich Gottes; BOFF, L., Jesus Cristo libertador, p. 38-59; SCHILLEBEECKX, E., Jesus, p. 99-263; GONZÁLEZ FAUS, J. I., Acesso a Jesus, p. 34-46; KASPER, W., Der Gott Jesu Christi, p. 205-216; RAHNER, K., Curso fundamental da fé, p. 297-302; KESSLER, H., Cristologia, p. 242-247; SEGUNDO, J. L., A história perdida e recuperada de Jesus de Nazaré, p. 142-262; SOBRINO, J., Jesus, o Libertador, p. 103-201; MOLTMANN, J., O caminho de Jesus Cristo, p. 137-164; MOLTMANN, J., Quem é Jesus Cristo para nós hoje?, p. 11-32; FERRARO, B., Cristologia, p. 77-96; RATZINGER, J., Jesus de Nazaré, p. 57-70.

608. KASPER, W., Introducción a la fé, p. 65.

609. KASPER, W., Introducción a la fé, p. 62.

610. KASPER, W., Introducción a la fé, p. 67.

611. KASPER, W., Introducción a la fé, p. 68.

tema central da proclamação pública de Jesus foi o reinado de Deus"[612] e que "seu traço decisivo" consiste na "oferta de salvação feita por Jesus aos pobres"[613]. Nesse sentido, chega a afirmar de modo chocante ou mesmo escandaloso que o reinado de Deus "pertence *unicamente aos pobres*"[614]. Na mesma direção, Jacques Dupont, exegeta belga, afirma que nos evangelhos "os pobres são vistos como os beneficiários privilegiados do Reino de Deus"[615], e que esse privilégio "deve ser procurado, não por uma análise gratuita da psicologia dos próprios pobres, mas no conteúdo da boa-nova que lhe é anunciada"[616]. A Boa Notícia do reinado de Deus só pode ser compreendida em referência ao "ideal régio" do Antigo Oriente Próximo, no qual "o rei, por sua própria missão, é o defensor daqueles que não são capazes de se defender por si mesmos"; "Ele é o protetor do pobre, da viúva, do órfão e do oprimido"[617]. Logo, diz Dupont, "poder-se-á compreender perfeitamente que o anúncio do advento do Reino de Deus constitui uma boa-nova, precisamente para os pobres e para os desgraçados"[618].

Esse é um dos traços mais fundamentais da experiência bíblica de Deus que atinge sua plenitude em Jesus Cristo. Se tem algo que não se pode negar nem ofuscar na Sagrada Escritura é a centralidade dos pobres marginalizados na história da salvação. Deus aparece (revelação) como *Goèl* que resgata seus parentes da escravidão, como *Rei* que faz justiça aos pobres e oprimidos, como *Pastor* que apascenta suas ovelhas e as protege dos lobos, como *Pai* que cuida de seus filhos e os socorre em suas necessidades. E a relação com Ele (fé) passa sempre pela observância e pela defesa do direito do pobre e marginalizado, pela proximidade ao caído à beira do caminho. Todas as imagens ou metáforas que a Escritura usa para falar da ação e da interação entre Deus e seu povo (*Goèl*, Rei, Pastor, Pai etc.) revelam a centralidade dos pobres e marginalizados, expressos no quarteto "pobre-órfão-viúva-estrangeiro", tanto no Antigo Testamento quanto no Novo Testa-

---

612. JEREMIAS, J., Teologia do Novo Testamento, p. 160.

613. JEREMIAS, J., Teologia do Novo Testamento, p. 176.

614. JEREMIAS, J., Teologia do Novo Testamento, p. 187.

615. DUPONT, J., Os pobres e a pobreza segundo os ensinamentos do Evangelho e dos Atos dos Apóstolos, p. 37.

616. DUPONT, J., Os pobres e a pobreza segundo os ensinamentos do Evangelho e dos Atos dos Apóstolos, p. 51.

617. DUPONT, J., Os pobres e a pobreza segundo os ensinamentos do Evangelho e dos Atos dos Apóstolos, p. 53.

618. DUPONT, J., Os pobres e a pobreza segundo os ensinamentos do Evangelho e dos Atos dos Apóstolos, p. 54.

mento. Desse modo, a salvação dos pobres e marginalizados constitui o centro ou o coração da história de Deus com seu povo.

Por isso mesmo não se pode pensar a fé à margem dessa história de salvação, cuja metáfora privilegiada nos evangelhos sinópticos é o reinado de Deus. O tema da fé aparece aí, direta e explicitamente, vinculado ao tema do reinado de Deus: seja na apresentação do anúncio de Jesus no início de sua vida pública (Mc 1,15; Mt 4,17; Lc 4,18s.); seja como condição para os sinais ou reação diante dos sinais de sua chegada na práxis de Jesus (Mc 2,5; 5,34.36; 9,23; 10,52; Mt 8,13; 9,28; 15,28; Lc 17,19). A chegada do reinado de Deus provoca a conversão[619] e convida à fé. São realidades inseparáveis. Como bem afirma Walter Kasper, "fé e reinado de Deus são dois aspectos da única e mesma coisa": "a vinda do reinado de Deus significa que Deus se faz valer no reconhecimento crente do homem"; a fé é "o modo concreto da existência do reinado de Deus no homem. Deus é senhor onde é crido como tal, onde se lhe obedece"[620].

A fé não pode jamais ser identificada com pertença a uma instituição religiosa, nem com doutrina ou rito religioso, nem com certos estados psicológicos de emoção e bem-estar, muito menos de segurança fundamentalista e intransigente e de intimismo narcisista egolátrico. Tendo dimensões pessoal, eclesial, intelectual, litúrgica e psicológica, é muito mais do que isso. É um ato que envolve todas as dimensões da vida humana; é entrega radical, confiante e fiel ao Deus de Jesus na realização histórica de seu reinado. É, em sentido estrito, seguimento de Jesus de Nazaré; isto é, confiança em Deus como Pai e obediência e fidelidade ao seu reinado de justiça e fraternidade.

Tudo isso mostra que a fé cristã tem uma dimensão essencial e radical de parcialidade pelos pobres e marginalizados. Essa parcialidade diz respeito em última instância a Deus mesmo, tal como se revelou na história de Israel e definitivamente na vida/práxis de Jesus de Nazaré. Como tantas vezes insistiu Gutiérrez,

> o motivo último do que se chama "opção preferencial pelos pobres" encontra-se no Deus em quem cremos. Pode haver outras razões válidas: a irrupção dos pobres hoje, a análise social dessa situação, a compaixão humana, o reconhecimento dos pobres como protagonistas de sua própria história. Mas para dizer a verdade, o fundamento desse compromisso para o cristão é teocêntrico. A solidariedade com os pobres e oprimidos tem seu fundamento em nossa fé em Deus, o Deus da vida que se revela em Jesus Cristo[621].

---

619. FRANÇA MIRANDA, M., Em vista da nova evangelização, p. 24-27.
620. KASPER, W., Introducción a la fé, p. 64.
621. GUTIÉRREZ, G., A verdade vos libertará, p. 27.

A fé em um Deus parcial implica necessariamente participação em sua parcialidade. E não se trata apenas de "opção" no sentido de que se poderia também não optar. Trata-se, antes e de maneira mais radical, de uma dimensão essencial e constitutiva da fé, sem a qual não se pode falar propriamente de fé cristã.

Na medida em que a fé diz respeito à atitude global de entrega, confiança, obediência e fidelidade a Deus e ao dinamismo vital que essa atitude desencadeia, alimenta, conduz e configura; e na medida em que Deus se revela como um Deus parcial pelos pobres e marginalizados, a fé tem como elemento essencial e constitutivo ser parcial pelos pobres e marginalizados. Entregar-se ao Deus da revelação e configurar a vida a partir e em função dele implica necessariamente entrar em seu dinamismo salvífico no mundo que, por mais escandaloso que seja ou pareça, dá-se a partir e em função dos pobres e marginalizados. Na perspectiva cristã, assim como não se pode falar de um deus em si (absoluto, imparcial) que depois opta ou poderia optar pelos pobres, tampouco se pode falar de uma fé em si, anterior à parcialidade pelos pobres e marginalizados. Não há um antes (em si) e um depois (parcialidade). Assim como o Deus da revelação é em si mesmo um Deus parcial, a fé cristã, enquanto fé nesse Deus, é em si mesma uma fé parcial. É certo que a fé cristã não se reduz nem pode ser reduzida a essa parcialidade, mas sem ela não se pode falar em sentido estrito de fé cristã.

Nesse sentido, é preciso afirmar com Clodovis Boff que o fundamento e o princípio últimos da teologia cristã são a revelação e a fé cristãs em sua unidade radical revelação-fé. Mas é preciso também afirmar, contra Clodovis Boff, que essa revelação e essa fé são, em si mesmas, em essência, parciais pelos pobres e marginalizados, o que faz com que a teologia cristã, ao contrário de teologias filosóficas ou de outras teologias, seja radical e principalmente parcial pelos pobres e marginalizados[622]. Por mais que a revelação, a fé e a teologia cristãs não se esgotem nessa parcialidade, ela é uma de suas características, dimensões ou notas essenciais, sem a qual não se pode falar de maneira apropriada de revelação, de fé e de teologia cristãs. Não se trata de algo apenas *secundário e consecutivo*, por mais importante que seja. Trata-se, antes e de modo mais radical, de algo *essencial e constitutivo*, a ponto de não se poder falar propriamente de fé cristã independente ou anterior à sua parcialidade pelos pobres e marginalizados, pois, na medida em que essa parcialidade é constitutiva da fé, sua ausência ou, pior ainda, sua negação comprometeriam a integridade da própria fé.

---

622. BOFF, C., Teologia da Libertação e volta ao fundamento, p. 1001-1022; AQUINO JÚNIOR, F., Teoria Teológica – Práxis Teologal, p. 51-68.

Tomar em sério esse caráter práxico-parcial da revelação e da fé – ou da história da salvação ou do reinado de Deus – é decisivo para se fazer teologia cristã. Explicitar e desenvolver de modo sistemático esse caráter práxico-parcial da revelação e da fé são tarefas de uma teologia fundamental. E nisso precisamente consiste o aporte mais importante da Teologia da Libertação, ao mesmo tempo que constitui os marcos e as características de uma Teologia Fundamental da Libertação. O trabalho de mestrado de Flavio é um aporte valioso à problemática da possibilidade e das características de uma Teologia Fundamental Latino-americana. Oxalá sua pesquisa e seu trabalho de doutorado, em fase inicial, avancem ainda mais na direção de uma Teologia Fundamental da Libertação que tome em sério o caráter salvífico-libertador da revelação e da fé cristãs (densidade teologal), que mostre como isso é um aspecto dogmático fundamental da teologia cristã (densidade teológica) e que se constitua, em si mesma, a seu modo, como mediação/serviço salvífico-libertador no mundo (densidade teológico-teologal).

Prof. Dr. Francisco de Aquino Júnior[623]

Referências

AQUINO JÚNIOR, F. *Teoria teológica – Práxis teologal*: sobre o método da Teologia da Libertação. São Paulo: Paulinas, 2012.

AQUINO JÚNIOR, F. A fé como seguimento de Jesus Cristo. *Revista Eclesiástica Brasileira*, vol. 73, n. 292, p. 788-815, out. 2013.

AQUINO JÚNIOR, F. Fé e práxis. *In*: MORI, G. L. (ed.). *Theologica Latinoamericana*: Enciclopedia Digital. Belo Horizonte: Ministério da Cultura. Fundação Biblioteca Nacional, c2023. Disponível em: https://teologicalatinoamericana.com/?p=1931. Acesso em: 25 jul. 2023.

BAMBONATTO, V. I. *Seguimento de Jesus*: uma abordagem segundo a cristologia de Jon Sobrino. São Paulo: Paulinas, 2002.

BENTO XVI, PP. Discurso inaugural. *In*: Celam. *Documento de Aparecida*. São Paulo: Paulus; Paulinas; Brasília: CNBB, 2007, p. 249-266.

BOFF, C. Teologia da Libertação e volta ao fundamento. *Revista Eclesiástica Brasileira*, vol. 67, n. 268, p. 1001-1022, out. 2007.

BOFF, L. *Jesus Cristo libertador*. Petrópolis: Vozes, 1991.

---

[623]. Presbítero da Diocese de Limoeiro do Norte – CE, doutor em Teologia pela Westfälische Wilhelms-Universität Münster – Alemanha, professor de Teologia da Faculdade Católica de Fortaleza (FCF) e do PPGTEO da Universidade Católica de Pernambuco (Unicap).

BOFF, L. *O Espírito Santo*: fogo interior, doador de vida e Pai dos pobres. Petrópolis: Vozes, 2013.

BORNKAMM, G. *Jesus de Nazaré*. Petrópolis: Vozes, 1976.

CÁTEDRA CHAMINADE. *El seguimiento de Jesus*. Madri: Fundación Santa María, 2004.

CODINA, V. *Creio no Espírito Santo*: pneumatologia narrativa. São Paulo: Paulinas, 1997.

CODINA, V. *"Não extingais o Espírito" (1Ts 5,19)*: iniciação à pneumatologia. São Paulo: Paulinas, 2010.

CODINA, V. *El Espíritu del Señor actua desde abajo*. Santander: Sal Terrae, 2015.

COMBLIN, J. *O Espírito Santo e a Tradição de Jesus*: obra póstuma. São Bernardo do Campo: Nhanduti, 2012.

CONGAR, Y. *Revelação e experiência do Espírito*. São Paulo: Paulinas, 2005.

CONSELHO PONTIFÍCIO PARA A PROMOÇÃO DA NOVA EVANGELIZAÇÃO. *Os padres da Igreja e a misericórdia*. São Paulo: Paulinas; Paulus, 2015.

DUPONT, J. Os pobres e a pobreza segundo os ensinamentos do Evangelho e dos Atos dos Apóstolos. *In*: DUPONT, J. et al. *A pobreza evangélica*. São Paulo: Paulinas, 1976, p. 37-66.

ELLACURÍA, I. *Escritos Teológicos I*. San Salvador: UCA, 2000.

FABRIS, R. *Jesus de Nazaré*: história e interpretação. São Paulo: Loyola, 1988.

FELLER, V. G. *O Deus da Revelação*: a dialética entre revelação e libertação na teologia latino-americana, da "Evangelii Nuntiandi" à "Libertatis Conscientia". São Paulo: Loyola, 1988.

FELLER, V. G. *A revelação de Deus a partir dos excluídos*. São Paulo: Paulus, 1995.

FERRARO, B. *Cristologia*. Petrópolis: Vozes, 2004.

FRANÇA MIRANDA, M. Em vista da nova evangelização. *Perspectiva Teológica*, vol. 45, n. 125, p. 13-34, jan./abr. 2013.

FRANCISCO, PP. *Misericordiae Vultus*: Bula de Proclamação do Jubileu Extraordinário da Misericórdia. São Paulo: Paulinas, 2015.

FRANCISCO, PP. *Ano Santo da misericórdia*: 100 textos para meditação. Seleção e compilação de Luis M. Benavides. Petrópolis: Vozes, 2016.

GNILKA, J. *Jesus de Nazaré*: mensagem e história. Petrópolis: Vozes, 2000.

GONZÁLEZ, A. *Trinidad y liberación*: la teología trinitaria considerada desde la perspectiva de la teología de la liberación. San Salvador: UCA, 1994.

GONZÁLEZ, A. *Teología de la praxis evangélica*: ensayo de una teología fundamental. Santander: Sal Terrae, 1999.

GONZÁLEZ FAUS, J. I. *Acesso a Jesus*: ensaio de teologia narrativa. São Paulo: Loyola, 1981.

GUTIÉRREZ, G. *A força histórica dos pobres*. Petrópolis: Vozes, 1981.

GUTIÉRREZ, G. *O Deus da vida*. São Paulo: Loyola, 1992.

GUTIÉRREZ, G. *Teologia da Libertação*: prospectivas. São Paulo: Loyola, 2000.

GUTIÉRREZ, G. *A verdade vos libertará*: confrontos. São Paulo: Loyola, 2000.

GUTIÉRREZ, G. *A densidade do presente*. São Paulo: Loyola, 2008.

JEREMIAS, J. *Teologia do Novo Testamento*. São Paulo: Hagnos, 2008.

KASPER, W. *Introducción a la fé*. Salamanca: Sígueme, 1982.

KASPER, W. *Der Gott Jesu Christi*. Mainz: Grünwald, 1982.

KASPER, W. *A misericórdia*: condição fundamental do Evangelho e chave da vida cristã. São Paulo: Loyola, 2015.

KESSLER, H. Cristologia. *In*: SCHNEIDER, T. (org.) *Manual de Dogmática*. Petrópolis: Vozes, 2002, vol. 1, p. 219-400.

KÜMMEL, W. G. *Síntese teológica do Novo Testamento*. São Leopoldo: Sinodal, 1983.

LÉON-DUFOUR, X. *Agir segundo o Evangelho*: Palavra de Deus. Petrópolis: Vozes, 2003.

LIBANIO, J. B. *Teologia da Revelação a partir da Modernidade*. São Paulo: Loyola, 1992.

LIBANIO, J. B. *Eu creio, nós cremos*: Tratado da fé. São Paulo: Loyola, 2000.

MALINA, B. *O evangelho social de Jesus*: o Reino de Deus em perspectiva mediterrânea. São Paulo: Paulus, 2004.

MANZATTO, A.; PASSOS, J. D.; MONNERAT, J. F. *A força dos pequenos*: Teologia do Espírito Santo. São Paulo: Paulus, 2013.

MATEOS, J. *A utopia de Jesus*. São Paulo: Paulus, 1994.

MOLTMANN, J. *O Caminho de Jesus Cristo*. Petrópolis: Vozes, 1994.

MOLTMANN, J. *Quem é Jesus Cristo para nós hoje?* Petrópolis: Vozes, 1997.

MUÑOZ, R. *O Deus dos cristãos*. Petrópolis: Vozes, 1989.

MUÑOZ, R. Dios Padre. *In*: ELLACURÍA, I.; SOBRINO, J. (eds.). *Mysterium Liberationis*: conceptos fundamentales de Teología de la Libertación. San Salvador: UCA, 1994, p. 531-549, t. II.

MUÑOZ, R. *Trindade de Deus Amor oferecido em Jesus, o Cristo*. São Paulo: Paulinas, 2002.

PANNENBERG, W. *Theologie und Reich Gottes*. Gütersloh: Gerd Mohn, 1971.

PARRA, A. *Textos, contextos y pretextos*. Bogotá: Pontificia Universidad Javeriana, 2003.

PETERSEN, C. *Die Botschaft Jesu vom Reich Gottes*: Aufruf zum Neubeginn. Stuttgart: Kreuz, 2005.

PIXLEY, J. *Vida no espírito*: o projeto messiânico de Jesus depois da ressureição. Petrópolis: Vozes, 1997.

RAHNER, K. O Deus trino, fundamento transcendente da história da salvação. *In*: FEINER, J.; LOEHRER, M. (orgs.). *Mysterium salutis*: Compêndio de Dogmática Histórico-salvífico. Petrópolis: Vozes, 1978, p. 283-359, t. II/1.

RAHNER, K. *Curso fundamental da fé*. São Paulo: Paulus, 1989.

RATZINGER, J. *Jesus de Nazaré*. São Paulo: Planeta, 2007.

SCHILLEBEECKX, E. *Jesus*: a história de um vivente. São Paulo: Paulus, 2008.

SCHNACKENBURG, R. *Reino y reinado de Dios*: estudio bíblico-teológico. Madri: Faz, 1974.

SCHNACKENBURG, R. Reino de Deus. *In*: BAUER, J. *Dicionário de teologia bíblica*. São Paulo: Loyola, 1988, p. 947-964, vol. II.

SEGUNDO, J. L. Revelación, fe, signos de los tempos. *In*: ELLACURÍA, I.; SOBRINO, J. (eds.). *Mysterium liberationis*: conceptos fundamentales de la Teología de la Liberación. San Salvador: UCA, 1994, p. 443-446, t. II.

SEGUNDO, J. L. *A história perdida e recuperada de Jesus de Nazaré*. São Paulo: Paulus, 1997.

SOBRINO, J. *Cristología desde América Latina*: esbozo a partir del seguimiento del Jesús histórico. México: CRT, 1977.

SOBRINO, J. Teología en un mundo sufriente: la teología de la liberación como "intellectus amoris". *In*: SOBRINO, J. *El principio-misericordia*: bajar de la cruz a los pueblos crucificados. Santander: Sal Terrae, 1992, p. 47-80.

SOBRINO, J. Centralidad del Reino de Dios en la teología de la liberación. *In*: ELLACURÍA, I.; SOBRINO, J. (eds.). *Mysterium liberationis*: conceptos fundamentales de la Teología de la Liberación. San Salvador: UCA, 1994, p. 467-510, t. II.

SOBRINO, J. *Jesus, o Libertador*: a história de Jesus de Nazaré. Petrópolis: Vozes, 1996.

SOBRINO, J. Seguimento de Jesus. *In*: FLORISTÁN SAMANES, C.; TAMAYO-ACOSTA, J. J. *Dicionário de Conceitos Fundamentais do Cristianismo*. São Paulo: Paulus, 1999, p. 771-775.

VANONI, G.; HEININGER, B. *Das Reich Gottes*. Würzburg: Echter, 2002.

ZUBIRI, X. *El hombre y Dios*. Madri: Alianza Editorial, 2003.

Referências

ALBERIGO, G. El concilio Vaticano I (1869-1870). *In*: ALBERIGO, G. (ed.). *Historia de los Concilios Ecumenicos*. Salamanca: Sígueme, 1993, p. 313-333.

ALBERIGO, G. El concilio Vaticano II (1962-1965). *In*: ALBERIGO, G. (ed.). *Historia de los Concilios Ecumenicos*. Salamanca: Sígueme, 1993, p. 335-375.

ALBERIGO, G. La transición hacia una nueva era. *In*: ALBERIGO, G. (dir.). *Historia del concilio Vaticano II*. Leuven: Peeters; Salamanca: Sígueme, 2008. V. 5, p. 509-569.

ALTMANN, W. *Lutero e a libertação*. São Leopoldo: Sinodal, 1994.

ALVES, R. *Da esperança*. Campinas: Papirus, 1987.

ALVES, R. *Towards a theology of liberation*: an exploration of the encounter between the languages of humanistic messianism and messianic humanism. 1968. Dissertação de Doutorado – Seminário Teológico de Princeton, Princeton, 1968.

AMADO, J. P. Mudança de época e conversão pastoral: uma leitura das conclusões de Aparecida. *Atualidade Teológica*, ano XII, n. 30, p. 301-316, set./dez. 2008. Disponível em: https://www.maxwell.vrac.puc-rio.br/18418/18418.PDF. Acesso em: 12 dez. 2021.

ANDRADE, P. F. C. Um novo paradigma na Doutrina Social da Igreja. *Revista Eclesiástica Brasileira*, vol. 79, n. 314, p. 615-636, 18 dez. 2019. Disponível em: https://revistaeclesiasticabrasileira.itf.edu.br/reb/article/view/1913. Acesso em: 10 jan. 2022.

AQUINO JÚNIOR, F. 50 anos de Medellín – 5 anos de Francisco: perspectivas teológico-pastorais. *Perspectiva Teológica*, vol. 50, n. 1, p. 41-58, jan./abr. 2018. Disponível em: https://www.faje.edu.br/periodicos/index.php/perspectiva/article/view/3927/3954. Acesso em: 12 dez. 2021.

AQUINO JÚNIOR, F. *A teologia como intelecção do reinado de Deus*: o método da teologia da libertação segundo Ignacio Ellacuría. São Paulo: Loyola, 2010.

AQUINO JÚNIOR, F. La dimensión teologal de las resistencias y las luchas populares. *In*: AQUINO JÚNIOR, F.; CÉSPEDES, G.; COTTE, A. O. (eds.). *La fuerza de los pequeños*: hacer teología de la liberación desde las nuevas resistencias y esperanzas. Montevidéu: Amerindia, 2020, p. 71-99. Disponível em: https://www.amerindiaenlared.org/uploads/adjuntos/202010/1603965375_bQt7d9dV.pdf. Acesso em: 15 out. 2021.

AQUINO JÚNIOR, F. *O caráter práxico-social da teologia*: tópicos fundamentais de epistemologia teológica. São Paulo: Loyola, 2017.

AQUINO JÚNIOR, F. Problemática do Método Teológico. *In*: GUIMARÃES, E.; SBARDELOTTI, E.; BARROS, M. (orgs.). *50 anos de teologias da libertação*: memória, revisão, perspectivas e desafios. São Paulo: Recriar, 2022, vol. 1, p. 277-287.

AQUINO JÚNIOR, F. *Teologia e hermenêutica*: da "teologia como hermenêutica" ao momento hermenêutico da teologia. Petrópolis: Vozes, 2021.

AQUINO JÚNIOR, F. *Teologia em saída para as periferias*. São Paulo: Paulinas; Pernambuco: UNICAP, 2019.

ASSMANN, H. Fragmentos de sociopedagogia. *In*: ASSMANN, H.; SUNG, J. M. *Deus em nós*: o reinado que acontece no amor solidário aos pobres. São Paulo: Paulus, 2010, p. 21-49.

ASSMANN, H. *Opressión-liberación*: desafios de los cristianos. Montevidéu: Tierra Nueva, 1971.

AZEVEDO, M. C. Comunidades Eclesiales de Base. *In*: ELLACURÍA, I.; SOBRINO, J. (eds.). *Mysterium liberationis*: conceptos fundamentales de la teología de la liberación. El Salvador: UCA; Madri: 1990, t. II, p. 245-265.

BARROS, M. Da Teologia da Libertação às teologias da libertação. *In*: GUIMARÃES, E.; SBARDELOTTI, E.; BARROS, M. (orgs.). *50 anos de teologias da libertação*: memória, revisão, perspectivas e desafios. São Paulo: Recriar, 2022, vol. 2, p. 14-34.

BARROS, P. C. Concílio Ecumênico Vaticano II. *In*: DE MORI, G. (ed.). *Theologica Latinoamericana*: Enciclopédia Digital. Disponível em: http://teologicalatinoamericana.com/?p=1362. Acesso em: 11 jan. 2021.

BENTÉ, A. *La opción creyente*: introducción a la teología fundamental. Santiago: Tiberíades, 2006.

BENTO XVI, PP. *Discurso do papa na sessão inaugural dos trabalhos da V Conferência Geral do Episcopado da América Latina e Caribe em 13 de maio de 2007*. 2007. Disponível em: https://www.vatican.va/content/benedict-xvi/pt/speeches/2007/may/documents/hf_ben-xvi_spe_20070513_conference-aparecida.html. Acesso em: 15 jan. 2022.

BEOZZO, J. O. A caminhada da Teologia da Libertação: o êxito das teologias da libertação e as teologias americanas contemporâneas. *In*: GUIMARÃES, E.; SBARDELOTTI, E.; BARROS, M. (orgs.). *50 anos de teologias da libertação*: memória, revisão, perspectivas e desafios. São Paulo: Recriar, 2022, vol. 1, p. 15-87.

Bíblia de Jerusalém. São Paulo: Paulus, 2004.

BINGEMER, M. C. L. A desventura e a opção pelos pobres: Simone Weil e a Teologia da Libertação latino-americana. *Revista Eclesiástica Brasileira*, vol. 69, n. 276, p. 772-791, 11 mar. 2009. Disponível em: https://revistaeclesiasticabrasileira.itf.edu.br/reb/article/view/1251. Acesso em: 10 jan. 2022.

BINGEMER, M. C. L. A mística na raiz das teologias da libertação. *In*: GUIMARÃES, E.; SBARDELOTTI, E.; BARROS, M. (orgs.). *50 anos de teologias da libertação*: memória, revisão, perspectivas e desafios. São Paulo: Recriar, 2022, vol. 2, p. 167-181.

BINGEMER, M. C. L. Algumas tendências teológicas na América Latina. *Ephata*, vol. 2, n. 2, p. 111-143, 30 out. 2020. Disponível em: https://revistas.ucp.pt/index.php/ephata/article/view/9536. Acesso em: 10 dez. 2021.

BINGEMER, M. C. L. Crer e dizer Deus Pai, Filho e Espírito Santo. *Atualidade Teológica – Revista do Departamento de Teologia da PUC-Rio*, Rio de Janeiro, vol. 5, n.9, p. 181-203, jul./dez. 2001.

BINGEMER, M. C. L. Desafíos y tareas de la teologia en América Latina hoy. *Theologica Xaveriana*, vol. 62, n. 174, p. 399-432, jul./dez. 2012. Disponível em: https://revistas.javeriana.edu.co/index.php/teoxaveriana/article/view/9331. Acesso em: 20 jan. 2022.

BINGEMER, M. C. L. Novos horizontes e expectativas da contemplação e da práxis: o "novo" e o "antigo" na mística e na política. *In*: BINGEMER, M. C.; BARTHOLO JR., R. S. (orgs.). *Mística e Política*. São Paulo: Loyola, 1994, p. 287-294.

BINGEMER, M. C. L. Secularização e experiência de Deus. *In*: BINGEMER, M. C. L.; ANDRADE, P. F. C. (orgs.). *Secularização*: novos desafios. Rio de Janeiro: PUC-Rio, 2012, p. 105-138.

BINGEMER, M. C. L. Teologia da Libertação: uma opção pelos pobres? *Revista Eclesiástica Brasileira*, vol. 52, n. 208, p. 917-927, 31 dez. 1992. Disponível em: https://revistaeclesiasticabrasileira.itf.edu.br/reb/article/view/2851. Acesso em: 15 jan. 2022.

BINGEMER, M. C. L. *Teologia Latino-americana*: raízes e ramos. Tradução de Suzana Regina Moreira. Petrópolis: Vozes; Rio de Janeiro: PUC-Rio, 2017.

BINGEMER, M. C. L.; CASARELLA, P. Introdución: Pensando y dialogando la teologia en América. *In*: BINGEMER, M. C. L.; CASARELLA, P. (eds.). *Puentes y no muros*: construyendo la Teología a través de América. Ciudad Autónoma de Buenos Aires: Agape Libros, 2022, p. 11-41.

BOFF, C. Epistemología y método. *In*: ELLACURÍA, I.; SOBRINO, J. (eds.). *Mysterium liberationis*: conceptos fundamentales de la teología de la liberación. El Salvador: UCA; Madri: Trotta, 1990, t. I, p. 79-113.

BOFF, C. *Teoria do método teológico*: versão didática. Petrópolis: Vozes, 1998.

BOFF, C.; BOFF, L. *Como fazer Teologia da Libertação*. 8. ed. Petrópolis: Vozes, 2001.

BOFF, L. *A fé na periferia do mundo*. Petrópolis: Vozes, 1979.

BOFF, L. *Do lugar do pobre*. 4. ed. Petrópolis: Vozes, 1997.

BOFF, L. *Eclesiogênese*: a reinvenção da Igreja. Rio de Janeiro: Record, 2008.

BOFF, L. *Jesus Cristo libertador*. Petrópolis: Vozes, 2012.

BOFF, L. *O caminhar da Igreja com os oprimidos*. 2. ed. Petrópolis: Vozes, 1998.

BOFF, L. *O rosto materno de Deus*: ensaio interdisciplinar sobre o feminino e suas formas religiosas. 11. ed. Petrópolis: Vozes, 2012.

BOFF, L. *Teologia do Cativeiro e da Libertação*. 6. ed. Petrópolis: Vozes, 1998.

BOTTE, B. *O movimento litúrgico*. São Paulo: Paulinas, 1978.

BRIGHENTI, A. A sinodalidade como referencial do estatuto teológico das conferências episcopais. *Atualidade Teológica*, vol. 24, n. 64, p. 197-213, jan./abr. 2020. Disponível em: https://www.maxwell.vrac.puc-rio.br/47904/47904.PDF. Acesso em: 10 jan. 2022.

BRIGHENTI, A. Contribuições e crises da Teologia da Libertação. *In*: GUIMARÃES, E.; SBARDELOTTI, E.; BARROS, M. (orgs.). *50 anos de teologias da libertação*: memória, revisão, perspectivas e desafios. São Paulo: Recriar, 2022, vol. 1, p. 203-220.

BRIGHENTI, A. Identidade e vocação do laicato: uma abordagem histórica. *Perspectiva Teológica*, vol. 51, n. 1, p. 149-168, jan./abr. 2019. Disponível em: https://www.faje.edu.br/periodicos/index.php/perspectiva/article/view/3992. Acesso em: 10 jan. 2022.

CARIAS, C. P. Teologia Espiritual da Libertação: indicações preliminares para a continuidade da Teologia da Libertação. *Atualidade Teológica*, ano XI, n. 25, jan./abr. 2007. Disponível em: https://www.maxwell.vrac.puc-rio.br/rev_ateo.php?strSecao=fasciculo&fas=26002&NrSecao=X3&secao=ARTIGOS&nrseqcon=18595. Acesso em: 20 jan. 2022.

CASTELLS, M. *A Era da Informação: Economia, Sociedade e Cultura*: sociedade em rede. 3. ed. Lisboa: Fundação Calouste Gulbenkian, 2007, vol. I.

CASTELLS, M. *A Era da Informação: Economia, Sociedade e Cultura*: o poder da identidade. 2. ed. Lisboa: Fundação Calouste Gulbenkian, 2007, vol. II.

CASTELLS, M. *A Era da Informação: Economia, Sociedade e Cultura*: o fim do milênio. Lisboa: Fundação Calouste Gulbenkian, 2003, vol. III.

CATECISMO DA IGREJA CATÓLICA. 3. ed. Petrópolis: Vozes; São Paulo: Paulinas; Loyola; Ave-Maria, 1993.

Celam. *Documento [Conclusivo] de Medellín*. 1968. Disponível em: https://celam.org/documentos/Documento_Conclusivo_Medellin.pdf. Acesso: 14 jan. 2022.

Celam. *Documento [Conclusivo] de Santo Domingo*. 1992. Disponível em: https://celam.org/documentos/Documento_Conclusivo_Santo_Domingo.pdf. Acesso: 14 jan. 2022.

Celam. *Documento de Aparecida*: texto conclusivo da V Conferência Geral do Episcopado Latino-Americano e do Caribe. 12. ed. Brasília: Edições CNBB; São Paulo: Paulinas; Paulus, 2011.

Celam. *Puebla*: a evangelização no presente e no futuro da América Latina. Conclusões da III Conferência Geral do Episcopado Latino-americano. 2. ed. [São Paulo]: Paulinas, 1979.

CODINA, V. Crônica de Santo Domingo. *Perspectiva Teológica*, vol. 25, n. 65, p. 79, 1993. Disponível em: https://www.faje.edu.br/periodicos/index.php/perspectiva/article/view/1235/1633. Acesso em: 14 jan. 2022.

CODINA, V. Eclesiologia do Vaticano II. *Perspectiva Teológica*, vol. 45, n. 127, p. 461-472, set./dez. 2013. Disponível em: http://www.faje.edu.br/periodicos/index.php/perspectiva/article/view/2791/2965. Acesso em: 5 dez. 2021.

CODINA, V. O Vaticano II, um Concílio em processo de recepção. *Perspectiva Teológica*, vol. 37, n. 101, p. 89-104, 2005. Disponível em: https://www.faje.edu.br/periodicos/index.php/perspectiva/article/view/415/792. Acesso em: 10 dez. 2021.

COMBLIN, J. O Vaticano II cinquenta anos depois. *Revista Eclesiástica Brasileira*, vol. 71, n. 283, p. 629-641, 19 fev. 2011. Disponível em: https://revistaeclesiasticabrasileira.itf.edu.br/reb/article/view/1001. Acesso em: 10 dez. 2021.

CONGAR, Y. *Situação e tarefas atuais da teologia*. São Paulo: Paulinas, 1969.

CONGREGAÇÃO PARA A DOUTRINA DA FÉ. *Instrução sobre alguns aspectos da "Teologia da Libertação"*. 6 ago. 1984. Disponível em: https://www.vatican.va/roman_curia/congregations/cfaith/documents/rc_con_cfaith_doc_19840806_theology-liberation_po.html. Acesso em: 18 jan. 2022.

CONGREGAÇÃO PARA A DOUTRINA DA FÉ. *Libertatis Conscientia*: sobre a liberdade cristã e a libertação. 22 mar. 1986. Disponível em: http://www.vatican.va/roman_curia/congregations/cfaith/documents/rc_con_cfaith_doc_19860322_freedom-liberation_po.html. Acesso em: 20 jan. 2022.

CONSTITUIÇÃO Dogmática *Dei Verbum*. In: *Compêndio do Vaticano II*. 27. edição. Petrópolis: Vozes, 1998, p. 119-139.

CONSTITUIÇÃO Dogmática *Lumen Gentium*. In: *Compêndio do Vaticano II*. 27. edição. Petrópolis: Vozes, 1998, p. 37-117.

CONSTITUIÇÃO Pastoral *Gaudium et Spes*. In: *Compêndio do Vaticano II*. 27. edição. Petrópolis: Vozes, 1998. p. 141-256.

COSTADOAT, J. ¿Hacia un nuevo concepto de revelación? La historia como "lugar teológico" en la Teología de la liberación. *In*: AZCUY, V. R.; GARCÍA, D; SCHICKENDANTZ, C. (eds.). *Lugares e interpelaciones de Dios*: discernir los signos de los tiempos. Santiago: Editorial de la Universidad Alberto Hurtado, 2017, p. 105-132.

COSTADOAT, J. Dios habla hoy: En busca de un nuevo modo de entender la revelación. *Franciscanum*, vol. 60, n. 169, p. 171-202, 2018. Disponível em: https://revistas.usb.edu.co/index.php/Franciscanum/article/view/3696. Acesso em: 17 jan. 2022.

COSTADOAT, J. Novedad de la Teología de la liberación en la concepción de la revelación. *Teología*, vol. 54, n. 124, p. 27-45, abr. 2018. Disponível em: https://erevistas.uca.edu.ar/index.php/TEO/article/view/1069. Acesso em: 17 jan. 2022.

COSTADOAT, J. Revelación y Tradición en los Manuales de Teología Fundamental en América Latina. *Stromata*, vol. 73, n. 2, p. 245-263, 2019. Disponível em: http://revistas.bibdigital.uccor.edu.ar/index.php/STRO/article/view/3118. Acesso em: 17 jan. 2022.

DE L. COSTA, J. C. Sola Scriptura: a visão dos reformadores acerca da Bíblia. *Via Teológica*, vol. 18, n. 36, p. 121-144, 3 maio 2019. Disponível em: https://periodicos.fabapar.com.br/index.php/vt/article/view/16. Acesso em: 11 dez. 2021.

DENZINGER, H. *Compêndio dos símbolos, definições e declarações de fé e moral*. Traduzido com base na 40ª edição alemã (2005), aos cuidados de Peter Hünermann. São Paulo: Paulinas; Loyola, 2007.

DULLES, A. *El Oficio de la Teologia*: del símbolo al sistema. Barcelona: Herder, 2001.

DUQUE, J. M. A Teologia como hermenêutica da fronteira. *Ephata*, vol. 1, p. 13-30, 3 jun. 2019. Disponível em: https://revistas.ucp.pt/index.php/ephata/article/view/290. Acesso em: 17 out. 2021.

DUQUE, J. M. O conceito de Deus na Teologia Fundamental. *Didaskalia*, vol. 38, n. 2, p. 229-246, 1 jun. 2008. Disponível em: https://revistas.ucp.pt/index.php/didaskalia/article/view/1882. Acesso em: 17 out. 2021.

ECHEGARAY, H. *A prática de Jesus*. Petrópolis: Vozes, 1982.

EUFRÁSIO, T. M.; GOMES, T. F. Fides quaerens intellectum: o fundamento da teologia e a teologia fundamental na esfera pública. *Encontros Teológicos*, vol. 33, n. 1, p. 165-182, jan./abr. 2018. Disponível em: https://facasc.emnuvens.com.br/ret/article/view/833/0. Acesso em: 15 out. 2021.

FELLER, V. G. *A revelação de Deus a partir dos excluídos*. São Paulo: Paulus, 1995.

FISICHELLA, R. *Introdução à Teologia Fundamental*. 5. ed. São Paulo: Loyola, 2000.

FRANCISCO, PP. *Carta Encíclica Fratelli Tutti* sobre a fraternidade e a amizade social. Disponível em: http://www.vatican.va/content/francesco/pt/encyclicals/documents/papa-francesco_20201003_enciclica-fratelli-tutti.html. Acesso em: 22 jan. 2022.

FRANCISCO, PP. *Carta Encíclica Laudato Si'* sobre o cuidado da casa comum. Disponível em: http://www.vatican.va/content/francesco/pt/encyclicals/documents/papa-francesco_20150524_enciclica-laudato-si.html. Acesso em: 22 jan. 2022.

FRANCISCO, PP. *Exortação Apostólica Evangelii Gaudium* sobre o anúncio do Evangelho no mundo atual. Disponível em: http://www.vatican.va/content/francesco/pt/apost_exhortations/documents/papa-francesco_esortazione-ap_20131124_evangelii-gaudium.html. Acesso em: 22 jan. 2022.

FRANCISCO, PP. *Exortação Apostólica Sinodal Querida Amazônia*. Disponível em: https://www.vatican.va/content/francesco/pt/apost_exhortations/documents/papa-francesco_esortazione-ap_20200202_querida-amazonia.html. Acesso em: 10 set. 2021.

FREI BETTO. *A mosca azul*. Rio de Janeiro: Rocco, 2006.

FREIRE, P. *Pedagogia do oprimido*. 6. ed. Rio de Janeiro: Paz e Terra, 1978.

GALEANO, E. *As veias abertas da América Latina*. Tradução de Sergio Faraco. Porto Alegre: L&PM, 2021.

GEBARA, I. 50 anos de LIBERTAÇÃO de quem? *In*: GUIMARÃES, E.; SBARDELOTTI, E.; BARROS, M. (orgs.). *50 anos de teologias da libertação*: memória, revisão, perspectivas e desafios. São Paulo: Recriar, 2022, vol. 2, p. 35-52.

GORGULHO, G. S. Hermenéutica bíblica. *In*: ELLACURÍA, I.; SOBRINO, J. (eds.). *Mysterium liberationis*: conceptos fundamentales de la teología de la liberación. 2. ed. El Salvador: UCA; Madri: Trotta, 1990, t. I, p. 169-200.

GUTIÉRREZ, G. *Beber em seu próprio poço*: itinerário espiritual de um povo. 2. ed. Tradução de Hugo Pedro Boff. Petrópolis: Vozes, 1984.

GUTIÉRREZ, G. Pobres y opción fundamental. *In*: ELLACURÍA, I.; SOBRINO, J. (eds.). *Mysterium liberationis*: conceptos fundamentales de la teología de la liberación. 2. ed. El Salvador: UCA; Madri: Trotta, 1990, t. I, p. 303-321.

GUTIÉRREZ, G. *Teología de la Liberacíon*: perspectivas. 7. ed. Salamanca: Sígueme, 1975.

HETTINGER, F. *Tratado de Teología Fundamental o Apologética*. Madri: [s. n.], 1883, t. I. Disponível em: http://www.obrascatolicas.com/livros/Teologia/TEOLOGIA_FUNDAMENTAL_I.pdf. Acesso em: 20 set. 2021.

HORTAL, J. *E haverá um só rebanho*: história, doutrina e prática católica do ecumenismo. São Paulo: Loyola, 1989.

JOÃO PAULO II, PP. *Carta do papa aos bispos da Conferência Episcopal dos Bispos do Brasil*. Disponível em: https://www.vatican.va/content/john-paul-ii/pt/letters/1986/documents/hf_jp-ii_let_19860409_conf-episcopale-brasile.html. Acesso em: 19 jan. 2022.

JOÃO PAULO II, PP. *Carta Encíclica Fides et Ratio*. São Paulo: Paulinas, 1995.

JOÃO XXIII, PP. *Discurso de Sua Santidade na abertura solene do SS. Concílio em 11 de outubro de 1962*. 1962. Disponível em: https://www.vatican.va/content/john-xxiii/pt/speeches/1962/documents/hf_j-xxiii_spe_19621011_opening-council.html. Acesso em: 12 out. 2021.

JORGE, J. S. *Puebla, libertação do homem pobre*. São Paulo: Loyola, 1981.

KANT, I. Resposta à pergunta: que é "Esclarecimento"? *In*: KANT, I. *Textos seletos*. 2. ed. Petrópolis: Vozes, 1985.

KÜNG, H. Religiões mundiais e Ethos mundial. *Cadernos de Teologia Pública*, ano IV, n. 33, 2007. Disponível em: http://www.ihu.unisinos.br/images/stories/cadernos/teopublica/033cadernosteologiapublica.pdf. Acesso em: 18 out. 2021.

LATOURELLE, R. *Teologia da Revelação*. São Paulo: Paulinas, 1985.

LIBANIO, J. B. *Concílio Vaticano II*: parte 9. [S. l.: s. n.], 2012. 1 vídeo (17m25s). Publicado pelo canal Centro Loyola BH. Disponível em: https://www.youtube.com/watch?v=Rs3JjUmURNo&list=PLrJI821VLSiKamDRm00_S-nW3SBQTTfAc&index=9. Acesso em: 27 jan. 2022.

LIBANIO, J. B. Doutrina social da Igreja e teologia da libertação. *In*: IVERN, F.; BINGEMER, M. C. L. (orgs.). *Doutrina social da Igreja e teologia da libertação*. São Paulo: Loyola, 1994, p. 43-67.

LIBANIO, J. B. *Eu creio, nós cremos*: Tratado da Fé. São Paulo: Loyola, 2000.

LIBANIO, J. B. *Igreja contemporânea*: encontro com a Modernidade. São Paulo: Loyola, 2000.

LIBANIO, J. B. *Introdução à Teologia Fundamental*. São Paulo: Paulus, 2014.

LIBANIO, J. B. Panorama da Teologia da América Latina nos últimos 20 anos. *Perspectiva Teológica*, vol. 24, n. 63, p. 147-192, 1992. Disponível em: http://www.faje.edu.br/periodicos/index.php/perspectiva/article/view/1250. Acesso em: 13 jan. 2022.

LIBANIO, J. B. *Teologia da Revelação a partir da Modernidade*. 6. ed. São Paulo: Loyola, 2012 (Fé e Realidade, 31).

LIBANIO, J. B. Teologia em revisão crítica (Theology in critical review). *Horizonte*, vol. 11, n. 32, p. 1328-1356, out./dez. 2013. Disponível em: http://periodicos.pucminas.br/index.php/horizonte/article/view/P.2175-5841.2013v11n32p1328. Acesso em: 20 jan. 2022.

LIBANIO, J. B. Vida Consagrada e Medellín: 40 anos depois. *Revista CLAR*, vol. 46, n. 3, p. 20-29, 2008. Disponível em: https://revista.clar.org/index.php/clar/article/view/550/511. Acesso em: 15 jan. 2022.

LÖWY, M. *O que é Cristianismo da Libertação*: religião e política na América Latina. 2. ed. São Paulo: Fundação Perseu Abramo; Expressão Popular, 2016.

LÖWY, M.; MUNHOZ SOFIATI, F.; MARTÍNEZ ANDRADE, L. Apresentação: Cristianismo da libertação e Teologia da libertação na América Latina. *Sociedade e Cultura*, vol. 23, p. 1-9, 2020. Disponível em: https://www.revistas.ufg.br/fcs/article/view/64381. Acesso em: 14 jan. 2022.

LUSTOSA LOPES, A. de L.; PERTILE, C. A. O método Ver-Julgar-Agir: Genealogia e sua relação com a Teologia da Libertação. *Razão e Fé*, vol. 22, n. 2, p. 33-43, 2021. Disponível em: https://revistas.ucpel.edu.br/rrf/article/view/2897. Acesso em: 17 jan. 2022.

MAIA, C. P.; SALES, L. M. P. Ação Católica e Modernidade Religiosa: Um debate sobre a autonomia do leigo. *Debates do NER*, ano 19, n. 34, p. 155-182, ago./dez. 2018. Disponível em: https://seer.ufrgs.br/debatesdoner/article/view/89950. Acesso em: 15 out. 2021.

MELO, R. F. Lugar e espacialidade: contribuições para uma hermenêutica topológica. *Ekstasis*: revista de hermenêutica e fenomenologia, vol. 6, n. 1, p. 66-83, 2017. Disponível em: https://www.e-publicacoes.uerj.br/index.php/Ekstasis/article/view/30219. Acesso em: 28 jan. 2022.

MENDOZA-ÁLVAREZ, C. Teologia e pós-modernidade na América Latina e no Caribe. *In*: MORI, G. L. (ed.). *Theologica Latinoamericana*: Enciclopedia Digital. Disponível em: http://theologicalatinoamericana.com/?p=1686. Acesso em: 28 jan. 2022.

MESTERS, C. *Deus, onde estás?*: uma introdução prática à Bíblia. 15. ed. Petrópolis: Vozes, 2010.

MESTERS, C. *Flor sem defesa*: reflexões sobre a leitura popular da Bíblia. 6. ed. rev. e ampl. Petrópolis: Vozes, 2020.

MESTERS, C.; OROFINO, F. A opção pelos pobres e a leitura popular da Bíblia na dinâmica da Teologia da Libertação. *In*: GUIMARÃES, E.; SBARDELOTTI, E.; BARROS, M. (orgs.). *50 anos de teologias da libertação*: memória, revisão, perspectivas e desafios. São Paulo: Recriar, 2022, vol. 1, p. 113-128.

METZ, J. B. *A fé em história e sociedade*: estudos para uma teologia fundamental prática. São Paulo: Paulinas, 1980.

MIRANDA, M. F. *A salvação de Jesus Cristo*: Doutrina da Graça. 3. ed. São Paulo: Loyola, 2004.

MIRANDA, M. F. *O cristianismo em face das religiões*. São Paulo: Loyola, 1998.

MIRANDA, M. F. Palavra Divina ou Palavra humana? *Encontros Teológicos*, vol. 35, n. 2, p. 261-272, maio/ago. 2020. Disponível em: https://facasc.emnuvens.com.br/ret/article/view/1605/0. Acesso em: 20 out. 2021.

MOINGT, J. *Deus que vem ao homem*: da aparição ao nascimento de Deus. Aparição. São Paulo: Loyola, 2010, vol. II/1.

MOINGT, J. *Deus que vem ao homem*: da aparição ao nascimento de Deus. Nascimento. São Paulo: Loyola, 2010, vol. II/2.

MOINGT, J. *Deus que vem ao homem*: do luto à revelação de Deus. São Paulo: Loyola, 2010, vol. I.

MORAES, A. Entre mistério divino e humano: cinquenta anos de pesquisa teológica na PUC-Rio. *Atualidade Teológica*, vol. 23, n. 61, p. 149-179, jan./abr. 2019. Disponível em: https://www.maxwell.vrac.puc-rio.br/37777/37777.PDFXXvmi=. Acesso em: 17 jun. 2022.

MUÑOZ, R. *Evangelho e libertação na América Latina*: a teologia pastoral de Puebla. Tradução de Isabel Fontes Leal Ferreira. São Paulo: Paulinas, 1981.

NÓBREGA, D. Teologia Fundamental. *In*: MORI, G. L. (ed.). *Theologica Latinoamericana*: Enciclopedia Digital. Disponível em: http://teologicalatinoamericana.com/?cat=44. Acesso em: 28 jan. 2022.

NÚCLEO DE CATEQUESE PAULINA; PASTRO, C. *Iniciação à Liturgia*. São Paulo: Paulinas, 2012.

OLEKSOWICZ, M. Ragionevolezza della fede. Rapporto tra fede e ragione in Tommaso d'Aquino. *Scientia et Fides*, vol. 3, n. 1, p. 139-162, 2015. Disponível em: https://apcz.umk.pl/SetF/article/view/SetF.2015.012. Acesso em: 3 out. 2022.

OLIVEIRA, P. A. R. O método ver, julgar e agir na Teologia da Libertação: memórias e considerações teóricas. *In*: GUIMARÃES, E.; SBARDELOTTI, E.; BARROS, M. (orgs.). *50 anos de teologias da libertação*: memória, revisão, perspectivas e desafios. São Paulo: Recriar, 2022, vol. 1, p. 143-153.

OLIVEROS, R. Historia de la teología de la liberación. *In*: ELLACURÍA, I.; SOBRINO, J. (eds.). *Mysterium liberationis*: conceptos fundamentales de la teología de la liberación. 2. ed. El Salvador: UCA; Madri: Trotta, 1990, t. I, p. 17-50.

PARRA, A. *Dar razón de nuestra esperanza*: teología fundamental de la praxis latinoamericana. Bogotá: Pontifícia Universidad Javeriana, 1988.

PAULO VI, PP. *Discurso na última sessão pública do Concílio Vaticano II em 7 de dezembro de 1965*. 1965. Disponível em: https://www.vatican.va/content/paul-vi/pt/speeches/1965/documents/hf_p-vi_spe_19651207_epilogo-concilio.html. Acesso em: 12 out. de 2021.

PIÉ-NINOT, S. *La Teología Fundamental*: "dar razon de la esperanza" (1 Pe 3,15). 5. ed. Salamanca: Secretariado Trinitario, 2002.

PIO XII, PP. *Carta Encíclica Divino Afflante Spiritu* sobre os estudos bíblicos. Disponível em: https://www.vatican.va/content/pius-xii/pt/encyclicals/documents/hf_p-xii_enc_30091943_divino-afflante-spiritu.html. Acesso em: 10 jan. 2022.

PIO XII, PP. *Carta Encíclica Mediator Dei* sobre a sagrada liturgia. Disponível em: https://www.vatican.va/content/pius-xii/pt/encyclicals/documents/hf_p-xii_enc_20111947_mediator-dei.html. Acesso em: 10 jan. 2022.

PONTIFÍCIO CONSELHO "JUSTIÇA E PAZ". *Compêndio da Doutrina Social da Igreja*. Tradução da Conferência Nacional dos Bispos do Brasil (CNBB). 7. ed. São Paulo: Paulinas, 2011.

QUEIRUGA, A. T. *O diálogo das religiões*. Tradução de Paulo Bazaglia. São Paulo: Paulus, 1997.

QUEIRUGA, A. T. *Repensar a revelação*: a revelação divina na realização humana. Tradução de Afonso Maria Ligorio Soares. São Paulo: Paulinas, 2010.

RAHNER, K. *Curso fundamental da fé*: introdução ao cristianismo. Tradução de Alberto Costa. São Paulo: Paulinas, 2015 (Teologia Sistemática).

RAHNER, K. Observações sobre o conceito de revelação. *In*: RAHNER, K.; RATZINGER, J. *Revelação e Tradição*. São Paulo: Herder, 1968.

RATZINGER, J. *Introdução ao cristianismo*: preleções sobre o Símbolo Apostólico. São Paulo: Herder, 1970.

REIS, J. L. *A acolhida da fé no contexto multicultural*: contribuições de Rahner para o crer hoje. 2010. Tese (Doutorado em Teologia) – Faculdade de Teologia, Pontifícia Universidade Católica do Rio de Janeiro, Rio de Janeiro, 2010.

RIBEIRO, A. L. V. A revelação nos concílios de Trento e Vaticano II. *Teocomunicação*, vol. 36, n. 151, p. 55-74, mar. 2006. Disponível em: https://revistaseletronicas.pucrs.br/ojs/index.php/teo/article/view/1670. Acesso em: 17 dez. 2021.

RIBEIRO, C. O. (org.). *Teologia Protestante Latino-Americana*. [S. l.]: Terceira Via, 2018.

RIBEIRO, C. O.; BAPTISTA, P. A. N. Leitura das origens ecumênicas da Teologia da Libertação. *In*: GUIMARÃES, E.; SBARDELOTTI, E.; BARROS, M. (orgs.). *50 anos de teologias da libertação*: memória, revisão, perspectivas e desafios. São Paulo: Recriar, 2022, vol. 1, p. 89-111.

RIBEIRO, D. *América Latina*: a Pátria Grande. 3. ed. São Paulo: Global, 2017.

RIBEIRO, D. *O povo brasileiro*: a formação e o sentido do Brasil. São Paulo: Companhia das Letras, 1995.

ROCHA, A. R. *Experiência e discernimento*: recepção da Palavra em uma cultura pós-moderna. 2010. Tese (Doutorado em Teologia) – Faculdade de Teologia, Pontifícia Universidade Católica do Rio de Janeiro, Rio de Janeiro, 2010.

ROCHA, A. S. *Revelação e vulnerabilidade*: caminhos para uma hermenêutica da revelação a partir da presença-ausência. 2015. Tese (Doutorado em Teologia) – Faculdade de Teologia, Pontifícia Universidade Católica do Rio de Janeiro, 2015.

RUBIO, A. G. *Unidade na pluralidade*: o ser humano à luz da fé e da reflexão cristãs. 2. ed. rev. e ampl. São Paulo: Paulus, 2001 (Teologia Sistemática).

SALGUERO, J. El Concilio Vaticano I y la doctrina sobre la inspiración de la Sagrada Escritura. *Gregorianum*, vol. 47, n. 3, p. 308-343, 1970. Disponível em: http://www.jstor.org/stable/44620785. Acesso em: 6 jan. 2021.

SCANNONE, J. C. Doutrina Social da Igreja e Teologia da Libertação: duas epistemologias. *In*: IVERN, F.; BINGEMER, M. C. L. (orgs.). *Doutrina social da Igreja e Teologia da Libertação*. São Paulo: Loyola, 1994, p. 71-85.

SCHICKENDANTZ, C. Una eclipse com dos focos: hacia un nuevo método teológico a partir de *Gaudium et Spes*. *Revista Teología*, tomo L, n. 110, p. 85-109, abr. 2013. Disponível em: https://erevistas.uca.edu.ar/index.php/TEO/article/view/2036. Acesso em: 29 jan. 2022.

SCHILLEBEECKX, E. *História humana*: revelação de Deus. Tradução de João Rezende Costa. São Paulo: Paulus, 1994.

SCHILLEBEECKX, E. *Jesus, a história de um vivente*. São Paulo: Paulus, 2008.

SEGUNDO, J. L. *O dogma que liberta*: fé, revelação e magistério dogmático. São Paulo: Paulinas, 2000.

SEGUNDO, J. L. Revelación, fe, signos de los tempos. *In*: ELLACURÍA, I.; SOBRINO, J. (eds.). *Mysterium liberationis*: conceptos fundamentales de la teología de la liberación. 2. ed. El Salvador: UCA; Madri: Trotta, 1990, t. I, p. 443-466.

SEGUNDO, J. L. *Teologia da Libertação*: uma advertência à Igreja. São Paulo: Paulinas, 1987.

SERNA, E. La recepción del Concilio Vaticano II en América Latina: la mirada de un biblista. *Revista de Cultura Teológica*, ano XXIX, n. 99, p. 179-195, maio/ago. 2021. Disponível em: https://revistas.pucsp.br/culturateo/article/view/54387. Acesso em: 20 dez. 2021.

SILVA, S. *Teología Fundamental*: apuntes de clases. Santiago: Pontifícia Universidad Católica de Chile, 1989 [não publicado].

SLOTERDIJK, P. *Pós-Deus*. Petrópolis: Vozes, 2019.

SOBRINO, J. *Jesús Cristo en América Latina*: su significado para le fe y la cristología. San Salvador: UCA/Editores, 1982.

SOBRINO, J. *Ressurreição da verdadeira Igreja*. São Paulo: Loyola, 1982.

SOUZA, N. *Dei Verbum*, notas sobre a construção do texto conciliar. *Revista de Cultura Teológica*, ano XXIII, n. 85, p. 177-190, jan./jun. 2015. Disponível em: https://revistas.pucsp.br/index.php/culturateo/article/view/rct.v0i85.23778/17053. Acesso em: 15 dez. 2021.

SUNG, J. M. *A idolatria do capital e a morte dos pobres*: uma reflexão teológica a partir da dívida externa. 2. ed. São Paulo: Paulinas, 1989.

SUNG, J. M. Categorias sociais e a experiência espiritual. *In*: ASSMANN, H.; SUNG, J. M. *Deus em nós*: o reinado que acontece no amor solidário aos pobres. São Paulo: Paulus, 2010.

SUNG, J. M. Teologia da Libertação e a "revolução da estrutura mítica" do capitalismo. *Revista Eclesiástica Brasileira*, vol. 76, n. 304, p. 792-819, out./dez. 2016. Disponível em: https://revistaeclesiasticabrasileira.itf.edu.br/reb/article/view/137. Acesso em: 11 jan. 2022.

SUSIN, L. C. Teologia da Libertação: de onde viemos, para onde vamos? *Horizonte*, vol. 11, n. 32, p. 1678-1691, out./dez. 2013. Disponível em: http://periodicos.pucminas.br/index.php/horizonte/article/view/6300. Acesso em: 09 jan. 2022.

TABORDA, F. Métodos teológicos na América Latina. *Perspectiva Teológica*, vol. 19, n. 49, p. 293-319, 1987. Disponível em: http://www.faje.edu.br/periodicos/index.php/perspectiva/article/view/1695. Acesso em: 15 jan. 2022.

TAMAYO, J. J. Recepción en Europa de la Teología de la Liberación. *In*: ELLACURÍA, I.; SOBRINO, J. (eds.). *Mysterium liberationis*: conceptos fundamentales de la teología de la liberación. 2. ed. El Salvador: UCA; Madri: Trotta, 1990, t I, p. 51-77.

TAMAYO, J. J. Teologias da Libertação e pensamento decolonial. *In*: GUIMARÃES, E.; SBARDELOTTI, E.; BARROS, M. (orgs.). *50 anos de teologias da libertação*: memória, revisão, perspectivas e desafios. São Paulo: Recriar, 2022, vol. 2, p. 239-251.

TAVARES, S. S. *A cruz de Jesus e o sofrimento no mundo*: a contribuição da Teologia da Libertação latino-americana. Tradução de Ephraim Ferreira Alves. Petrópolis: Vozes, 2002.

TEPEDINO, A. M. De Medellín a Aparecida: marcos, trajetórias, perspectivas da Igreja Latino-americana. *Atualidade Teológica*, ano XIV, n. 36, p. 376-394, set./dez. 2010. Disponível em: https://www.maxwell.vrac.puc-rio.br/17718/17718.PDF. Acesso em: 15 jan. 2021.

THEOBALD, C. *A revelação*. Tradução de Maria Stela Gonçalves. São Paulo: Loyola, 2006.

TORREL, J. P. Novas correntes da teologia fundamental no período pós-conciliar. *In*: LATOURELLE, R.; O'COLLINS, G. (orgs.). *Problemas e perspectivas de teologia fundamental*. Tradução de Orlando S. Moreira. São Paulo: Loyola, 1993, p. 15-29.

VALLS, C. A. La tradición según la *Dei Verbum* y su importancia en la teología ecuménica actual. *Gregorianum*, vol. 86, n. 1, p. 163-181, 2005. Disponível em: http://www.jstor.org/stable/23582682. Acesso em: 6 jan. 2021.

VATTIMO, G. *Depois da cristandade*: por um cristianismo não religioso. Rio de Janeiro: Record, 2004.

WERBICK, J. Prolegômenos. *In*: SCHNEIDER, T. (org.). *Manual de dogmática*. 4. ed. Petrópolis: Vozes, 2012, vol. 1, p. 9-50.

WIEDENHOFER, S. Eclesiologia. *In*: SCHNEIDER, T. (org.). *Manual de dogmática*. 5. ed. Petrópolis: Vozes, 2012, vol. 2, p. 50-142.

XAVIER, D. *Teologia Fundamental*. Petrópolis: Vozes, 2021.

Série Teologia PUC-Rio

- *Rute: uma heroína e mulher forte*
Alessandra Serra Viegas
- *Por uma teologia ficcional: a reescritura bíblica de José Saramago*
Marcio Cappelli Aló Lopes
- *O Novo Êxodo de Isaías em Romanos – Estudo exegético e teológico*
Samuel Brandão de Oliveira
- *A escatologia do amor – A esperança na compreensão trinitária de Deus em Jürgen Moltmann*
Rogério Guimarães de A. Cunha
- *O valor antropológico da Direção Espiritual*
Cristiano Holtz Peixoto
- *Mística Cristã e literatura fantástica em C. S. Lewis*
Marcio Simão de Vasconcellos
- *A cristologia existencial de Karl Rahner e de Teresa de Calcutá – Dois místicos do século sem Deus*
Douglas Alves Fontes
- *O sacramento-assembleia – Teologia mistagógica da comunidade celebrante*
Gustavo Correa Cola
- *Crise do sacerdócio e escatologia no séc. V a.C. – A partir da leitura de Ml 2,1-9 e 17–3,5*
Fabio da Silveira Siqueira
- *A formação de discípulos missionários – O kerigma à luz da cruz de Antonio Pagani*
Sueli da Cruz Pereira
- *O uso paulino da expressão μὴ γένοιτο em Gálatas – Estudo comparativo, retórico e intertextual*
Marcelo Ferreira Miguel
- *A mistagogia cristã à luz da Constituição Sacrosanctum Concilium*
Vitor Gino Finelon
- *O diálogo inter-religioso para uma ecologia integral à luz da Laudato Si'*
Chrystiano Gomes Ferraz
- *A glória de Jesus e sua contribuição para a formação da cristologia lucana*
Leonardo dos Santos Silveira
- *A ecoteologia do Santuário Cristo Redentor à luz da encíclica Laudato Si'*
Alexandre Carvalho Lima Pinheiro
- *Ser presbítero católico – Estudo sobre a identidade*
Eanes Roberto de Lima
- *A pedagogia de YHWH e o seu povo diante da Lei – Uma análise de Dt 31,9-13*
Daise Gomes da Costa
- *Por uma Teologia fundamental latino-americana – Desafios para compreensão da revelação a partir dos pobres*
Flavio José de Paula
- *A Via da beleza na formação humano-cristã com catequista*
Jordélio Siles Ledo
- *A sucessão profética entre Elias e Eliseu e sua relação com os limites de seus respectivos ciclos narrativos – Estudos Exegéticos de 2Rs 1-2*
Doaldo Ferreira Belem

Conecte-se conosco:

- facebook.com/editoravozes
- @editoravozes
- @editora_vozes
- youtube.com/editoravozes
- +55 24 2233-9033

www.vozes.com.br

Conheça nossas lojas:
www.livrariavozes.com.br

Belo Horizonte – Brasília – Campinas – Cuiabá – Curitiba
Fortaleza – Juiz de Fora – Petrópolis – Recife – São Paulo

EDITORA VOZES — Vozes NOBILIS — Vozes de Bolso — Vozes Acadêmica

EDITORA VOZES LTDA.
Rua Frei Luís, 100 – Centro – Cep 25689-900 – Petrópolis, RJ
Tel.: (24) 2233-9000 – E-mail: vendas@vozes.com.br